Legenden des Grauens

Mike Vogler

IMPRESSUM

Brandenburgisches Verlagshaus
Math. Lempertz GmbH
Hauptstr. 354
53639 Königswinter
Tel.: 02223-900036
Fax: 02223-900038
info@edition-lempertz.de
www.edition-lempertz.de

1. Auflage – Juli 2018

Printed and bound in Germany
ISBN: 978-3-96058-992-1

Text: Mike Vogler
Umschlaggestaltung: Ralph Handmann
Lektorat: Daniella Fugmann, Laura Liebeskind
Design & Layout: Sarah Kassem
Titelbild: fotolia

Bildnachweis:

Titelseite:
© Fotolia: Dark Illusion

Rahmen und Hintergründe:
© Fotolia: flas100, hikolaj2, shoofly1, khius, hikolaj2, kamera_d

Abbildungen:
© Fotolia: Evgeny 183, mychadre77 175, acrogame 169, Erica Guilane-Nachez 21 und 173, samiramay 177, fotografci 134, Ole Jensen 141, Martina Berg 113, ArTo 122, fmu64 121, TELCOM-PHOTOGRAPHY 125, Jumbo2010 99, sergii rostetskyi 101, Morphart 95, Henry Czauderna 44 und 54, Archivist 47, Jakob Fischer 31, Jenny Thompson 13, pict rider 9

Alle weiteren Abbildungen:
© Privatbesitz des Autors

Mike Vogler wurde 1970 in Dresden geboren und lebt heute mit seiner Frau im Stadtteil Dresden-Klotzsche. Schon seit früher Jugend beschäftigt sich Mike Vogler mit geschichtlichen und grenzwissenschaftlichen Themen. Neben dem Heiligen Gral sind Geschichte und Mythologie unserer germanischen Vorfahren seine bevorzugten Forschungsgebiete. Ergebnisse dieser Forschung waren das Erscheinen der Bücher „Mysterium Heiliger Gral" (2010) sowie „Hexen, Teufel und Germanen" (2012). In der Folgezeit wandte sich der Autor verstärkt der historischen Erforschung von Mythen und Legenden zu, die in „Düstere Legenden" (2014) beschrieben wurden. Neben seiner Arbeit als Verlagsautor veröffentlicht Mike Vogler auch Bücher in Eigenregie, ist an verschiedenen Anthologien zu den Geheimnissen der Menschheitsgeschichte beteiligt und schreibt Artikel für Fachmagazine.

Besuchen Sie den Autor auf seiner Webseite
mike-vogler.bplaced.de

Die Teufel von Loudun oder:
Der kollektive Wahnsinn 5

Karl Stülpner –
ein sächsischer Robin Hood? 29

Die Dunkelgräfin –
Das Geheimnis von Hildburghausen 43

Das Strafgericht Gottes II –
Der Untergang von Rungholt 92

Till Eulenspiegel 111

Glanz und Elend der Gräfin Cosel 132

Rabbi Löw und der Golem von Prag 165

Tod am Djatlow-Pass 183

Der Graf von Saint-Germain –
Zeitreisender oder Scharlatan? 201

Krabat und die schwarze Mühle 230

Endnoten 248

Literaturverzeichnis 249

Die Teufel von Loudun

oder: Der kollektive Wahnsinn

Am 18. August 1643 hatte sich auf dem Marktplatz der französischen Stadt Loudun eine riesige Menschenmenge versammelt. Niemand wollte die Hinrichtung von Urbain Grandier, dem katholischen Priester und verurteilten Hexenmeister, versäumen. Grandier war von einem ordentlichen Gericht für schuldig befunden worden, mit Hilfe mehrerer Dämonen die Nonnen des ortsansässigen Ursulinenklosters verführt und zu ruchlosen Schandtaten getrieben zu haben. Noch auf dem Scheiterhaufen beschwor der Delinquent seine Unschuld, doch die Henker kannten kein Erbarmen. Selbst der versprochene gnädige Tod durch vorheriges Erdrosseln wurde Grandier verweigert, er starb schreiend in den Flammen des Scheiterhaufens.

Der Verurteilung und Hinrichtung von Urbain Grandier war ein Prozess vorangegangen, welchen man nur als Farce bezeichnen kann. Dutzende Zeugen wurden vom Gericht vernommen, welche dem Angeklagten alle erdenklichen Vergehen anlasteten. Ehebruch, einhergehend mit dem Verstoß gegen den priesterlichen Zölibat, war einer der geringsten Anklagepunkte. Diese Verfehlungen wurden gleich von mehreren betrogenen Ehemännern aus der besseren Gesellschaft von Loudun vorgebracht. Mit Recht, wie angemerkt werden muss. Urbain Grandier hatte sich wiederholt auf Affären mit verheirateten Frauen eingelassen und somit gegen sein priesterliches Gelübde verstoßen. Eigentlicher Hauptbestandteil des Prozesses gegen Urbain Grandier war die seit längerem andauernde Hysteriewelle im örtlichen Ursuli-

nenkloster, welche sich immer wieder in sexuellen Ausbrüchen manifestierte. Die Hysterie der Nonnen hatte derartige Ausmaße angenommen, dass die Kirchenoberen mehrere Exorzisten zu Rate zogen, um der Angelegenheit Herr zu werden. Jene Exorzisten gelangten schnell zur Ansicht, Urbain Grandier habe mit Hilfe mehrerer namentlich bekannter Dämonen Macht über die Nonnen erhalten und diese mit sexuellen Abartigkeiten gequält. Speziell die Mutter Oberin Jeanne des Anges war Opfer fortwährender Angriffe. Ihre detaillierten Aussagen zu Urbain Grandier und seinen Dämonen führten schließlich zur Verurteilung des Angeklagten.
Urbain Grandier war sicherlich kein tadelloser Geistlicher. Durch die zahllosen Affären mit verheirateten Frauen aus Loudun hatte er sich in der Stadt viele Feinde geschaffen und zudem in jungen Jahren durch eine Unachtsamkeit den Hass des allmächtigen Kardinals Richelieu auf sich gezogen. Aber die Anklage wegen Hexerei war eine schwerwiegende Anschuldigung. Doch wie kam es dazu? Wurde Urbain Grandier Opfer einer infamen Intrige oder sollte er tatsächlich mit dunklen Mächten im Bunde gewesen sein? Um diese Frage zu klären, ist es unabdingbar, sich zunächst mit der Person der bereits erwähnten Mutter Oberin des Ursulinenklosters, Jeanne des Anges, zu beschäftigen.

Die am 2. Februar 1602 in Saintonge geborene Jeanne war ein schwieriges Kind. Ihre Eltern, Louis Belcier Baron de Cozes und seine Gemahlin Charlotte, bemerkten frühzeitig den bizarren Charakter ihrer Tochter. Streitsüchtig und unbeherrscht vertrieb Jeanne regelmäßig Kindermädchen und Hauslehrer, welche den impulsiven Ausbrüchen des Kindes nichts entgegensetzen konnten. Auch gleichaltrige Kinder wollten nichts mit Jeanne zu tun haben, da sie diese aus nichtigen Gründen biss und schlug. Frauen schien das Mädchen generell nicht ausstehen zu können, Männern gegenüber zeigte sie eine Koketterie, die der einer erwachsenen Frau gleichkam. Die besorgten Eltern sahen keinen anderen Ausweg, als Jeanne im Alter von zehn Jahren der Obhut ihrer Tante anzuvertrauen, welche als Oberin dem Kloster von Saintes vorstand. Man hoffte, die Stille und Abgeschiedenheit des Klosters würde sich beruhigend auf die Psyche des Mädchens auswirken. Doch weit gefehlt, auch unter Aufsicht der Nonnen benahm sich Jeanne ungebührlich und war nicht zu bändigen. Mit kaum zwölf Jahren entdeckte das Mädchen seine Sexualität und begann ungeniert, die Lust am eigenen Körper auszuleben. Fast täglich rannten die Nonnen schreiend davon, wenn sie Jeanne bei ihren für ein Kloster ungebührlichen Handlungen überraschten. Immerhin fünf Jahre verbrachte das Mädchen in Saintes, bis sie von ihrer überforderten Tante zurück nach Hause geschickt wurde. Bei sich trug sie einen Brief, welcher Herrn und Frau de Cozes mitteilte, dass die unnatürlichen und perversen Neigungen ihrer Tochter Jeanne wohl unheilbar wären. Die Eltern waren ratlos. Psychologische Hilfe, wie wir sie heute kennen, gab es im 17. Jahrhundert noch nicht. Strafen und Ermahnungen halfen bei dem ungestümen Mädchens nichts, auch die strengen Worte des Beichtvaters über Sünde und den Zorn Gottes stießen bei Jeanne auf taube Ohren. Mitten in der Pubertät wurde das Zusammenleben mit der Tochter für die Familie Belcier zunehmend unerträglich. Täglich gab es Streit, oft lief Jeanne von zuhause weg und blieb tagelang verschwunden. Während dieser Zeit traf sie sich mit Männern, deren Alter und sozialer Status ihr völlig egal waren. Jedes Mal waren die Eltern krank vor Sorge und ließen nach dem Mädchen suchen. Wieder zu Hause wurde Jeanne dann mit Liebe und Zärtlichkeit überschüttet, was ihr Benehmen für einige Zeit erträglicher werden ließ. Ein heutiger Psychiater würde Jeanne möglicherweise ein Aufmerksamkeitsdefizit bescheinigen.

Nur wenige Monate nach der Rückkehr in das elterliche Haus äußerte Jeanne den für ihre Familie unverständlichen Wunsch, Nonne zu werden. Es gab wohl in ganz Frankreich kein Mädchen, das ungeeigneter für das oft triste Leben in einem Kloster war als Jeanne. Doch das Mädchen war plötzlich wie ausgewechselt, gab sich freundlich und liebevoll den Eltern gegenüber, sprach nur noch in sanften Worten davon, ihr künftiges Leben Gott weihen zu wollen. Jeanne hatte für sich die „Gesellschaft der heiligen Ursula" erwählt, eine vergleichsweise junge Ordensgemeinschaft, die im Jahre 1535 von der italienischen Geistlichen Angela Merici gegründet worden war. Hauptaufgabe der Ursulinen war die Erziehung adliger Mädchen, womit die jeweilige Ordensniederlassung auch ihren Unterhalt finanzierte. Trotz starker Bedenken gab die Familie Belcier den Wünschen ihrer Tochter

schließlich nach und Jeanne trat dem Ursulinenkloster in Poitiers bei. Während ihrer Zeit als Novizin legte das Mädchen ein tadelloses Benehmen an den Tag. Sie tat sich besonders bei der Pflege von kranken Nonnen hervor. So umsorgte sie hingebungsvoll eine Ordensschwester, die an einem Drüsenleiden erkrankt war und deren ganzer Körper eitrige Geschwüre aufwies. Ihre aufopferungsvolle Tätigkeit als Krankenpflegerin brachte der jungen Novizin den Beinamen Jeanne des Anges („von den Engeln“) ein, welchen sie in Zukunft mit Stolz führte. Dass Jeanne bei weitem kein Engel war, sollten die Nonnen im Kloster von Poitiers jedoch bald zu spüren bekommen.
In der Zwischenzeit hatte die Familie Belcier nichts unversucht gelassen, Jeanne zur Rückkehr ins elterliche Haus zu bewegen. In regelmäßigen Briefen und bei Besuchen beschworen die Eltern ihre Tochter, sich genau zu überlegen, ob sie das entbehrungsreiche Leben einer Nonne wirklich auf sich nehmen wollte. Doch Jeanne blieb bei ihrem Entschluss und legte am 8. September 1623 das Gelübde ab. Nur wenig später begannen die anderen Nonnen es zu bereuen, Jeanne des Anges in ihre Reihen aufgenommen zu haben. Sie vernachlässigte ihre Arbeit, die kranken Ordensschwestern waren ihr plötzlich völlig egal. Jeanne musste täglich ermahnt werden, ihre Gebete zu verrichten und die Ordenskleidung ordnungsgemäß zu tragen. Sie stritt sich mit den anderen Nonnen und zeigte wenig Respekt vor der Mutter Oberin. Diese befand sich in einer unangenehmen Situation. Um den Frieden im Kloster von Poitiers wiederherzustellen, wäre es unabdingbar gewesen, Jeanne des Anges aus dem Orden auszuschließen. Aber deren Eltern unterstützten die Einrichtung jährlich mit einer beträchtlichen Summe, auf welche das Kloster nicht verzichten konnte. Daher erschien es wie eine glückliche Fügung des Schicksals, als von der Ordenszentrale die Errichtung eines Nebenklosters in der Nachbarstadt Loudun geplant wurde. Die Mutter Oberin unterrichtete Jeanne des Anges von diesen Plänen, worauf diese begeistert darum bat, in dem neuen Kloster ihren zukünftigen Dienst an Gott verrichten zu dürfen. Schnell gelangweilt und vom strengen Alltag in Poitiers abgeschreckt, hoffte Jeanne auf Abwechslung in Loudun. Tatsächlich gehörte Jeanne des Anges dann zu den acht auserwählten Nonnen, welche das Ordenshaus in Loudun begründen sollten.

Die erste Zeit war schwer für die Nonnen. Das neue Ordenshaus war zunächst nichts weiter als ein heruntergekommenes Wohnhaus am Rande der Stadt. Nur mit dem Notwendigsten möbliert und ohne ausreichende Möglichkeiten, das Gebäude zu heizen, wussten die Nonnen kaum, wie sie den ersten Winter in ihrem neuen Ordenshaus überstehen sollten. Selbst die täglichen Mahlzeiten waren nicht gesichert, da es kaum Geld vom Mutterhaus in Poitiers gab und die Bürger von Loudun ihre Töchter nur zögerlich zur Erziehung in das neue Kloster gaben. Erstaunlicherweise war es in dieser schwierigen Zeit Jeanne des Anges, welche sich durch ihr mustergültiges Verhalten hervortat. Nichts war mehr von ihrer Aufsässigkeit und dem schlechten Benehmen gegen ihre Ordensschwestern zu spüren. Besonders gegenüber der Mutter Oberin zeigte sie sich demütig, betete regelmäßig, übernahm freiwillig die schwersten Arbeiten und teilte sogar ihre kargen Mahlzeiten mit den anderen Nonnen. Nach einem entbehrungsreichen Jahr hatten die Nonnen von Loudun die anfänglichen Schwierigkeiten überwunden und das Klosterleben verlief reibungslos. Inzwischen befand sich eine stattliche Anzahl von jungen Mädchen zur Erziehung im Kloster, so dass der Unterhalt der Nonnen gesichert war. Kurzfristig berief die Ordenszentrale der Ursulinen die Mutter Oberin von Loudun ab, ließ ihr nur wenig Zeit, noch schnell eine Nachfolgerin zu bestimmen. In Anbetracht ihres tadellosen Verhaltens wurde Jeanne des Anges zur neuen Mutter Oberin des Klosters von Loudun bestimmt. Obwohl sie die neue Aufgabe mit Demut übernahm, schien sie ihr zunächst nicht wirklich recht zu sein. So ist es zumindest in ihren Memoiren zu lesen. In dieser für die weiteren Betrachtungen enorm

Kardinal Richelieu

wichtigen Schrift sind zudem tiefe Einblicke in Jeannes Seelenleben erhalten, die vieles von ihrem seltsamen Verhalten in ihrer Jugend, aber auch die Gründe für die Besessenheitsepidemie im Kloster von Loudun erklären.

Jeanne war sich ihres von der damaligen Norm abweichenden Charakters schon als Jugendliche bewusst. Sie glaubte schon zu dieser Zeit, dass die vermeintlichen Dämonen, welche später das Kloster von Loudun heimsuchen sollten, ihr bereits seit der Kindheit zusetzten. Auch ihre frühzeitig erwachte Sexualität, welche das Mädchen zutiefst verstörte, schien Jeanne ein Werk dieser bösen Geister zu sein. Indem sie ihr Gelübde ablegte glaubte Jeanne, den vermeintlichen Dämonen zu entgehen. Das strenge Leben hinter den Klostermauern sollte Jeannes inneres Gleichgewicht jedoch noch weiter stören. Sie war sich wohl bewusst, mehr als ungeeignet für das Klosterleben zu sein. Seit ihrer Zeit als Novizin befand sich Jeanne mit allem Sinnen und Denken fest in den Dogmen der Kirche verankert, sah sich selbst aber zunehmend als lasterhaft und unvollkommen an. Während des Noviziats glaubte Jeanne noch fest daran, mit Hilfe des Glaubens ihren inneren Dämonen entfliehen zu können. Als geweihte Nonne wurde ihr schlagartig bewusst, dass der Dienst an Gott nichts an ihren Problemen ändern konnte. Jeanne begriff, dass ihre Wesenszüge nicht mit dem Leben einer Nonne vereinbar waren. Zudem setzte ihr die geforderte sexuelle Enthaltsamkeit zu, was Jeanne wiederum für das Werk von bösen Geistern hielt. Da die Arbeit im neuen Kloster von Loudun Ablenkung von den eigenen Problemen verhieß, setzte Jeanne alles daran, zu den auserwählten Nonnen zu gehören. Ihre zeitweilige positive Wesensänderung gab Grund zur Hoffnung.

Als Mutter Oberin führte Jeanne des Anges das Ursulinenkloster von Loudun zunächst vorbildlich. Die Zahl der Ziehkinder stieg stetig, inzwischen gehörte es zum guten Ton bei der gehobenen Gesellschaft in und um Loudun, seine Töchter im Ursulinenkloster der Stadt erziehen zu lassen. Der damit einhergehende Wohlstand steigerte auch die Lebensqualität im Kloster, das nun auch für neue Nonnen attraktiv wurde. Nach nur wenigen Jahren bestand die Ordensgemeinschaft von Loudun aus siebzehn Nonnen, darunter mehrere Damen aus adeligen Kreisen. Mutter Oberin Jeanne des Anges hätte angesichts ihrer

Erfolge glücklich und demütig sein sollen, was jedoch nicht der Fall schien. Mit dem wachsenden Ansehen der Klostergemeinschaft schien ihr Unmut zu steigen. Jeanne benahm sich zunehmend hochmütiger gegenüber ihren Mitschwestern, hatte an deren Arbeit stets etwas auszusetzen und keine der Nonnen war in der Lage, ihren hohen Ansprüchen zu genügen. Sie begann Intrigen einzufädeln, worauf es ständig Streit im Kloster gab. Es schien fast so, als seien ihre alten Dämonen zurückgekehrt. Zumindest schilderte es Jeanne des Anges so in ihren Aufzeichnungen. Es war wohl eher ihr ungestümer Charakter, welcher sich in der Routine des Klosterlebens wieder nach Abwechslung sehnte. Auch die Auflagen des kirchlichen Zölibats werden Jeanne immer wieder zugesetzt haben. Von Natur aus eine sinnliche Frau, wurde die Unterdrückung ihrer geschlechtlichen Triebe für sie zunehmend zur körperlichen und seelischen Belastung. In ihren Memoiren schrieb Jeanne des Anges, dass sie sich wiederholt dem Teufel hingegeben habe. Aus diesen Worten ist deutlich zu entnehmen, wie tief ihre innere Zerrissenheit gewesen sein mag. Gefangen zwischen religiösen Dogmen und körperlichen Bedürfnissen, sah Jeanne die Lust am eigenen Körper als teuflisches Werk an. Jeanne verfiel immer wieder in tiefe Niedergeschlagenheit und Melancholie. Diese Stimmungen wechselten sich mit Phasen voller Lebensfreude ab, die Jeanne als von Gott gegeben betrachtete. Nach heutigen medizinischen Kenntnissen litt Jeanne des Anges möglicherweise an einer manisch-depressiven Persönlichkeitsstörung, mit welcher sich auch die spätere Hysterie und vermeintliche Besessenheit erklären lässt.

Eine der Lieblingsbeschäftigungen der Mutter Oberin war es, sich mit Damen der höheren Gesellschaft im Sprechzimmer des Klosters zu treffen, um Neuigkeiten aus der Stadt zu erfahren. Im Halbdunkel hinter einem Gitter sitzend, sog Jeanne den neuesten Klatsch der Stadtbevölkerung förmlich in sich auf. Die Besucherinnen sprachen des Öfteren auch von einem gewissen Urbain Grandier, welcher Pfarrer der Kirche Saint-Pierre-du-Marché und gleichzeitig Chorherr der Kirche Sainte-Croix in Loudun war. Jener nahm es mit seinem priesterlichen Gelübde wohl nicht so genau, denn es kursierten immer wieder Gerüchte über seine heimlichen Liebschaften mit verheirateten Damen in der Stadt. Der zügellose Pfarrer schien zu einer fixen Idee der Mutter Oberin zu werden, beständig fragte sie ihre Besucherinnen nach Urbain Grandier aus. Obwohl sie den Mann persönlich nie getroffen oder gesehen hatte, wurde er zur regelrechten Obsession für Jeanne. Sie projizierte alle ihre unterdrückten Gefühle in diese Person.

Wer war jener Mann, der das Leben der Mutter Oberin Jeanne des Anges endgültig aus allen Fugen geraten lassen sollte?

Urbain Grandier, der später ein ganzes Kloster in Raserei versetzen sollte, wurde im Jahre 1590 in der kleinen französischen Gemeinde Bouère geboren. Ebenso wenig wie wir seinen genauen Geburtstag kennen, wissen wir über seine Kindheit und Jugendjahre. Bekannt ist, dass die Familie Grandier viele Geistliche hervorbrachte, so dass Urbain wohl schon frühzeitig den Wunsch verspürte, aktiv der Kirche zu dienen. Er absolvierte sein Theologiestudium an der Jesuitenschule „Collège de la Madeleine" in Bordeaux. Urbain Grandier erzielte in seinem Studium hervorragende Leistungen, so dass seine Lehrer ihn nach dessen Abschluss für entsprechende Ämter in Loudun vorschlugen. Der Geistliche soll sehr gutaussehend gewesen sein. Seine schlanke, hochgewachsene Statur und das feingeschnittene Gesicht mit dem keck gezwirbelten Schnurrbart ließen bei so mancher Dame aus Loudun unkeusche Gedanken aufkommen. Urbain Grandiers Charakter wurde als vielschichtig beschrieben. So war er Freunden und seiner Kirchengemeinde gegenüber sanft und höflich, wirkte bisweilen jedoch auch stolz und hochmütig gegenüber der besseren Gesellschaft von Loudun. Er legte viel Wert auf das Ansehen seiner kirchlichen Ämter und verteidigte vehement seine persönlichen Angelegenheiten. Schon zu Beginn seiner Amtszeit in Loudun erhob Grandier immer wieder Klage gegen verschiedene Geistliche der Stadt und strengte Prozesse gegen deren vermeintliche Verfehlungen an.

So sehr Grandier auch von seiner Kirchengemeinde verehrt und geliebt wurde, in den eigenen Reihen schuf er sich schnell mächtige Feinde. Für die Frauen von Loudun schien Urbain Grandier mit seinem guten Aussehen und seinem charismatischen Auftreten fast unwiderstehlich zu sein. Es war ein offenes Geheimnis, dass er wechselnde Liebesbeziehungen mit mehreren verheirateten Frauen der Stadt unterhielt. Die gehörnten Ehemänner verfolgten Grandier mit verständlichem Zorn, welcher jedoch durch sein kirchliches Amt geschützt war. Hätte die

Ein Haus in Loudun

Kirche Grandier für sein regelwidriges Verhalten zur Verantwortung gezogen, wäre er in eine andere Gemeinde versetzt worden. Seine Beliebtheit in der Pfarrgemeinde brachte der Kirche jedoch regelmäßig großzügige Spenden ein, auf welche der Klerus nicht verzichten wollte. So wurde über das für einen Priester unziemliche Gebaren hinweggesehen. Eine gemeinsame gerichtliche Klage mehrerer betrogener Ehemänner gegen Grandier blieb erfolglos, da sich die involvierten Frauen weigerten, gegen den Geistlichen auszusagen. Dieser beging den Fehler, nach dem gewonnenen Gerichtsprozess seine Widersacher auch noch zu verhöhnen und zu beleidigen. Die betrogenen Ehemänner begannen Rachepläne zu schmieden und so bildete sich eine breit angelegte Allianz gegen den verhassten Priester. Grandier besaß nur wenige wirkliche Freunde in Loudun, was ihm während der folgenden Ereignisse zum Verhängnis werden sollte.

Jeanne des Anges war über die Vorgänge in Loudun bestens unterrichtet. Die Geschichten über Urbain Grandiers zügelloses Liebesleben stießen die Mutter Oberin gleichzeitig ab und erregten sie. Gepeinigt vom Zölibat und ihren körperlichen Bedürfnissen wurde Grandier zur regelrechten Obsession für sie. Er erschien ihr wie der begehrenswerteste Mann und der leibhaftige Teufel zugleich. Sie dachte Tag und

Nacht an Urbain, er fand Einzug in ihre Träume, wo sie sich ihm immer wieder hingab. Ihre Pflichten als Dienerin der Kirche traten für Jeanne in den Hintergrund, sie fühlte sich ganz als Frau, die sich nach ihrem Geliebten sehnte. Wohlgemerkt war sie Urbain Grandier bisher nie begegnet. Das wollte die Mutter Oberin schleunigst ändern. Im Juni 1631 verstarb Pfarrer Moussau, der bisher als Beichtvater der Nonnen des Ursulinenklosters fungiert hatte. Jeanne des Anges bot Urbain Grandier in einem selbstverfassten Brief die Stelle als Beichtvater an, was dieser jedoch in einem höflich formulierten Antwortschreiben ablehnte. Obwohl Grandier seine Ablehnung mit den vielfältigen Pflichten in seiner Doppelfunktion als Pfarrer und Chorherr begründete, fühlte sich Jeanne persönlich zurückgewiesen.
Die Ablehnung und die sich steigernde Fixierung auf den schier unerreichbaren Mann stürzten Jeanne des Anges in eine schwere Nervenkrise. Sie wurde immer wieder von Halluzination geplagt, in denen Urbain Grandier die Hauptrolle spielte. Jener erschien Jeanne in verführerischer Gestalt, sprach von Liebe und Begehren. Jeanne fühlte sich gleichzeitig erregt und abgestoßen von der offen zur Schau gestellten Sexualität ihrer Erscheinungen. In klaren Momenten schwor sie zwar, den Versuchungen ihres vermeintlichen Verehrers widerstehen zu können, doch ihre Körpersprache und die lustvollen Ausrufe während der Erscheinungen straften ihre Worte Lügen.
Die immer wiederkehrenden hysterischen Anfälle der Mutter Oberin sorgten im Kloster von Loudun für beträchtliche Unruhe. Die Nonnen gerieten verdoppelten ihre Gebetsstunden, fasteten und geißelten ihre Körper in der Hoffnung, so ihre Mutter Oberin von deren fortschreitender Besessenheit zu befreien. Alle diese Anstrengungen waren jedoch vergebens, die Wahnvorstellungen von Jeanne des Anges übertrugen sich vielmehr auf die anderen Nonnen. Die vermeintlichen sexuellen Ausschweifungen, denen sich die Mutter Oberin in ihrer Phantasie hingab, weckten auch in den anderen Nonnen jahrelang unterdrückte Gefühle. Das durch Zölibat und Enthaltsamkeit angestaute sexuelle Begehren entlud sich in wahren Orgien hinter den Klostermauern von Loudun. Die Nonnen liefen nackt durch das Kloster, befriedigten sich schamlos voreinander und liebkosten sich gegenseitig. Der neu berufene Beichtvater Mignon schien angesichts der Gescheh-

nisse im Ursulinenkloster von Loudun völlig überfordert. Es scheint nicht nachvollziehbar, warum er sich angesichts der Zustände im Kloster nicht an seine Vorgesetzten oder das Mutterhaus in Poitiers wandte. Jeanne des Anges sprach während ihrer fast täglichen Beichte von den unaussprechlichen Dingen, welche Urbain Grandier ihr angeblich antat. Für Pater Mignons Verhalten gab es eine ganz einfache Erklärung: Er war ein Todfeind des vermeintlichen Verführers, welcher auf Grund seines legeren Umgangs mit dem priesterlichen Amt unbedingt aus dem Schoß der Kirche entfernt werden musste. Anstatt beruhigend auf Jeanne des Anges und die anderen Nonnen einzuwirken, befeuerte Pater Mignon deren überreizte Fantasien noch durch seine Predigten von Teufeln und Dämonen, welche im Kloster von Loudun Einzug gehalten hätten. Bald glaubten die Mutter Oberin und die anderen Nonnen, dass ihre Körper tatsächlich von „unreinen Geistern" heimgesucht würden. Nun sah Mignon die Zeit gekommen, aktiv gegen Urbain Grandier vorzugehen. Er informierte die zuständigen kirchlichen Stellen über die Vorkommnisse in Loudun und schaltete auch die Staatsanwaltschaft ein, indem er Urbain Grandier wegen Verführung anzeigte. Die staatlichen Stellen begannen zu ermitteln und informierten Grandier darüber, dass er als Verantwortlicher für die Hysterie im Kloster galt. Jener wandte sich sofort an verschiedene geistliche Stellen, um seine Unschuld zu beteuern. Da der Klerus selbst noch keine offiziellen Untersuchungen der Vorkommnisse im Kloster angestellt hatte, wurde Grandier vertröstet und aufgefordert, sich zunächst keine Sorgen um die weltlichen Ermittlungen zu machen.
Der inzwischen involvierte Erzbischof von Bordeaux schickte seinen Leibarzt in das Ursulinenkloster von Loudun. Dieser erklärte nach eingehender Visite die vermeintliche Besessenheit der Nonnen als typisch weibliches Nervenleiden und riet von den geplanten Exorzismen ab. Der Arzt verordnete den Nonnen verschiedene nervenberuhigende Arzneien, welche tatsächlich Wirkung zeigten. Die Situation im Kloster beruhigte sich und die Angelegenheit schien ausgestanden.
Obwohl auch Jeanne des Anges nun nicht mehr von ihren sexuell motivierten Erscheinungen heimgesucht schien, hatte die Hysterie für sie schwere gesundheitliche Schäden zur Folge. Sie verfiel in tiefe Depressionen, verließ ihr Bett tagelang nicht. Dazu kamen körperliche Ge-

brechen, sie erbrach Blut, klagte über Schmerzen im ganzen Körper und schrie ganze Nächte wie im Wahn. Dieses Verhalten war keinesfalls dazu angetan, das gerade wieder stabilisierte Leben im Kloster aufrechtzuerhalten. Nur wenige Wochen nach dem Besuch des erzbischöflichen Leibarztes begann sich erneut eine allgemeine Hysterie im Kloster zu manifestieren. Nun klagten die Nonnen gemeinschaftlich, dass es Dämonen seien, welche sie des Nachts sexuell belästigten und in die Raserei trieben. Auch Jeanne des Anges beteuerte ihrem Beichtvater Pater Mignon aufs Neue, dass es Urbain Grandier sei, welcher sie mit Hilfe von Teufeln, die er aussandte, sexuell missbrauchte. So sei ein unreiner Geist namens Isaakaaron, der der Dämon der Unzucht sei, in ihren Körper gefahren und habe sie geschwängert. Jeanne des Anges war von der Wahnidee der dämonischen Schwangerschaft derart besessen, dass sie tatsächlich Anzeichen einer Scheinschwangerschaft zeigte. Eine hinzugezogene Hebamme konnte allerdings bestätigen, dass die Mutter Oberin natürlich nicht schwanger war. Im Kloster ging es inzwischen zu wie im Tollhaus. Die liebeskranken Nonnen liefen laut den Namen Urbain Grandiers schreiend durch die Gartenanlage und fantasierten von einem Mann, den sie noch niemals zu Gesicht bekommen hatten.

Pater Mignon sah sich am Ziel seiner Pläne, beantragte bei den zuständigen klerikalen Stellen nun ein offizielles Verfahren gegen Urbain Grandier und einen Exorzismus der gesamten Klostergemeinde von Loudun. Am 20. Dezember 1634 wurden auf Erlass des Erzbischofs von Bordeaux die Patres Surin, Rosseau, Anginot und Bachellerie in das Ursulinenkloster von Loudun geschickt, um in ihrer Funktion als Exorzisten die Dämonen zu bannen. Für Jeanne des Anges war Pater Surin persönlich zuständig. Eine denkbar ungeeignete Wahl, welche bis heute nicht nachvollziehbar ist. Surin galt zwar in Kirchenkreisen als erfahrener Exorzist, doch war seine körperliche und seelische Schwäche seinen Vorgesetzten wohl bekannt. Hinter vorgehaltener Hand wurde davon gesprochen, dass Pater Surin seit Jahren schwerste Probleme mit der Einhaltung des Zölibats hatte und dieses wiederholt gebrochen haben sollte. Seine sexuellen Entgleisungen stürzten den Geistlichen jedes Mal in einen tiefen inneren Konflikt, der sich in monatelangen Nervenleiden manifestierte. Pater Surins seltsames Verhalten im Umgang mit Jeanne des Anges ist also ohne Weiteres mit seinen eigenen sexuellen Obsessionen zu erklären. So ließ er Jeanne stundenlang völlig nackt in ihrer Kammer stehen, weidete sich am Anblick ihres Körpers und murmelte dabei Texte aus den Handbüchern des Exorzismus. Um den Dämon der Unkeuschheit zu vertreiben, musste sich die unglückliche Jeanne selbst geißeln. Pater Surin wurde beobachtet, wie er dabei heimlich onanierte. Gerüchten zu Folge sollen sich auch niedere Geistliche aus dem Gefolge der Exorzisten sexuell an den Nonnen vergangen haben. Durch das ungebührliche Zutun des Pater Surin befand sich Jeanne des Anges Ostern 1635 in einem Zustand von dauerhafter sexueller Hysterie. Sie fühlte sich ständig den Verlockungen der Dämonen ausgesetzt, masturbierte mehrmals täglich und steigerte sich in einen sexuellen Wahn, aus welchem, wie sie meinte, sie nur ihr vermeintlicher Liebhaber Urbain Grandier retten konnte.

Welche widerstreitenden Gefühle die Seele der jungen Frau peinigten und welcher Art die inneren Kämpfe waren, die sie ausfocht, ist für einen Außenstehenden nur schwer nachzuvollziehen. Allerdings hat Jeanne des Anges in ihren Memoiren versucht, ihre seelische Verfassung vor sich selbst und vor der Welt zumindest ansatzweise zu erklären, so gut sie es vermochte. Bezeichnenderweise tragen die Aufzeichnungen von Jeanne des Anges den Titel „*Die Memoiren einer Besessenen*".

Ihr unsteter Charakter, die vom unmenschlichen Zölibat jahrelang unterdrückte Sexualität, übertriebener Glaubenseifer und nicht zuletzt die unerhörten Praktiken des Pater Surin hatten Jeanne des Anges in eine seelische wie körperliche Hysterie versetzt, welcher sie aus eigener Kraft nicht mehr entrinnen konnte. Ihre überreizten Sinne ließen sie tatsächlich glauben, dass der so verehrte Urbain Grandier einen Pakt mit dem Teufel geschlossen hatte, um sie mit Hilfe von Dämonen zur Unkeuschheit zu verleiten. Jeanne befand sich zu Beginn der Exorzismen bereits seit mehreren Monaten in einem Zustand von fast kompletter geistiger Abwesenheit, daher war ihr kaum bewusst, welche schändlichen Dinge ihr von Seiten des Paters Surin angetan wurden. Sie hatte sich innerlich fast völlig vom Glauben an Gott abgewandt,

was Jeanne ebenfalls als ein Symptom der Besessenheit betrachtete. In Wirklichkeit war sie nie wirklich religiös gewesen. Jeanne spricht in ihren Memoiren immer wieder von den körperlichen Versuchungen, denen sie durch die Dämonen ausgesetzt war. Das war jedoch nichts weiter als ihr natürliches sexuelles Verlagen, welches sie jahrelang unterdrückt hatte. Ihre schwärmerische Liebe zu Urbain Grandier, den sie persönlich ja gar nicht kannte, erschien Jeanne ebenfalls als Werk der bösen Geister, die sie in ihren Wahnvorstellungen peinigten. Die Behauptung, Grandier schliche sich des Nachts ins Kloster um ihr beizuliegen, entsprang offensichtlich nur dem verwirrten Geist der Mutter Oberin. Für Urbain Grandier bestand keine Möglichkeit, ungesehen ins Kloster der Ursulinen einzudringen, selbst wenn er dies tatsächlich vorgehabt hätte.
Jeanne erklärte in ihren Aufzeichnungen, dass sie keine Möglichkeit sah, den Versuchungen von Grandier und den Teufeln, die er befahl, zu widerstehen. Tief in ihrem Inneren lehnte sie das Klosterleben und den damit verbundenen Zölibat ab. Jeanne begann Gott zu hassen, da er nichts gegen die „Dämonen" und deren Versuchungen unternahm. Die Abwendung von Gott schien für sie gleichzeitig der Grund, warum diese Teufel sie so oft heimsuchten. Buchstäblich ein Teufelskreis, aus dem es kein Entrinnen zu geben schien. Während sich die allgemeine Hysterie unter den Nonnen im Kloster von Loudun immer weiter ausbreitete, zeigte die Mutter Oberin ein Benehmen, welches tatsächlich auf eine dämonische Besessenheit hinzudeuten schien. So spuckte sie beim Heiligen Abendmahl dem Priester die verabreichte Hostie ins Gesicht und ließ ein schauerliches Lachen ertönen. Auch ihre angebliche Schwangerschaft schien Jeanne durchaus real, hatte sie doch einen Brief von Isaakaaron, dem Dämon der Unzucht, erhalten, in dem er ihr ankündigte, teuflische Kinder mit ihr zu zeugen. Ein Vergleich der Handschriften bezeugte allerdings, dass Jeanne den Brief selbst verfasst hatte.

Die sich immer wiederholenden Exorzismen und die Peinigungen durch Pater Surin wirkten sich nicht nur nervlich auf Jeanne des Anges aus, auch ihr Körper begann zu versagen. Sie bekam hohes Fieber, die hinzugezogenen Ärzte diagnostizierten eine Rippenfellentzündung,

eine für die damalige Zeit lebensbedrohliche Krankheit. Obwohl der Körper der Patientin über die Maßen geschwächt war, ließen die behandelnden Ärzte Jeanne mehrmals täglich zur Ader, um die Krankheit, die sich in ihr ausgebreitet hatte, auf diese Weise zum Erliegen zu bringen. Durch die damals übliche Behandlungsmethode schwand der Lebensfunke von Jeanne des Anges immer mehr dahin. Sie glaubte sich selbst des Todes und verlangte nach den Sterbesakramenten. Nachdem ihr diese verabreicht worden waren, trat der völlige körperliche Zusammenbruch ein und die Anwesenden glaubten, dass die Mutter Oberin nun sterben werde. Jeanne stieß mehrere erstickende Seufzer aus und ihr Gesicht wurde von einer tödlichen Blässe überzogen. Mehrere Minuten vergingen, in denen die anwesenden Nonnen und Geistlichen betreten auf den sterbenden Körper Jeanne des Anges' blickten. Auf einmal ereignete sich eine jähe Wandlung, welche einem Wunder gleichzukommen schien: Das Gesicht der Sterbenden nahm wieder Farbe an, Jeanne richtete sich aus eigener Kraft auf und verkündete mit weit aufgerissenen, strahlenden Augen, sie sei dem Heiligen Joseph begegnet, der sie zurück ins Leben geschickt habe.
Nach einigen Tagen Bettruhe und ohne die endlosen Exorzismen durch Pater Surin, schien Jeanne des Anges geistig und körperlich wiederhergestellt. Das seltsame Verhalten von Pater Surin war inzwischen auch den anderen Exorzisten aufgefallen. Besonders suspekt erschien ihnen, dass dieser die Exorzismen an Jeanne des Anges immer allein hatte ausüben wollen und die angeblich von Dämonen gequälte Nonne anschließend noch verwirrter wirkte. Dem Erzbischof von Bordeaux waren mehrfach die Gerüchte von Surins sexuellen Entgleisungen im Kloster von Loudun zu Ohren gekommen, so dass er sich genötigt sah, den Pater von seiner Mission abzuziehen. Stattdessen wurde ein Geistlicher namens Pater Resses in das Ursulinenkloster beordert.

Die Kunde von den ungewöhnlichen Vorkommnissen im Kloster von Loudun war inzwischen bis an den Königshof in Paris gedrungen. Grund dafür war der Aufenthalt des königlichen Beamten Jean Martin de Laubardemont in der Stadt. Laubardemont sollte dafür sorgen, dass die Stadtbefestigungen von Loudun abgerissen wurden. Dies wurde zu jener Zeit in allen protestantisch geprägten Städten Frankreichs

auf ausdrücklichen Befehl von König Ludwig XIII. vorgenommen. So sollte verhindert werden, dass sich aufständische Hugenotten in den Städten verschanzen konnten. Urbain Grandier war Laubardemont bereits mehrmals aufgefallen, da sich jener lautstark und vehement für den Erhalt der Stadtbefestigung von Loudun ausgesprochen hatte. Der Beamte erkundigte sich bei den Stadtvätern nach Urbain Grandier und erfuhr so von der vermeintlichen Verführung der Nonnen.
Es war speziell Kardinal Richelieu, der sich für die Vorkommnisse in Loudun interessierte. Urbain Grandier war kein Unbekannter für ihn. Im Jahre 1618 wurde in Loudun ein kirchliches Konvent abgehalten, an welchem eine Vielzahl Geistlicher aus der Umgebung teilnahmen, unter anderem auch der Prior des Klosters von Coussay. Beim Beginn einer feierlichen Prozession durch Loudun stellte sich dieser Prior in die vorderste Reihe, was Urbain Grandier missfiel. Er rügte den jungen Geistlichen vor allen anwesenden Würdenträgern und verwies ihn in eine der hinteren Reihen. Als Pfarrer und Chorherr zweier Kirchen in Loudun hatte Grandier sicherlich das Recht, den ungestümen Prior zu maßregeln, doch war jener niemand geringeres als Armand-Jean du Plessis, der spätere Kardinal Richelieu. In seiner Ehre gekränkt, schwor der junge Prior, sich eines Tages an Urbain Grandier zu rächen.

Jahre später hatte der vielbeschäftigte Kardinal Richelieu den Vorfall in Loudun wohl längst vergessen, als ihm eine üble Schmähschrift gegen seine Person vorgelegt wurde. Das in ganz Frankreich verbreitete Pamphlet prangerte Richelieus Regierungsstil, seine angebliche Herrschsucht und seinen Einfluss auf den König an. Der Verfasser sparte nicht an Beleidigungen gegen den Staatsmann und seine Familie, so dass die Schrift als Majestätsverbrechen eingestuft und nach dem Verfasser gefahndet wurde. Der unglücklich gewählte Titel „Cordonnière de Loudun“ brachte die königlichen Beamten nach Loudun, wo auch Urbain Grandier ihre Aufmerksamkeit erregte. Allerdings konnte dem Geistlichen die Urheberschaft der Schmähschrift nicht zweifelsfrei nachgewiesen werden, worauf die gesamten Ermittlungen zunächst im Sande verliefen. Jean Martin de Laubardemont waren die Vorwürfe gegen Grandier jedoch wohlbekannt, welche er in seinen Bericht über dessen Kritik an der geplanten Schleifung der Stadtmauern

Darstellung des Hexensabbats

und die Vorwürfe im Zusammenhang mit den unsäglichen Zuständen im Ursulinenkloster einfließen ließ. Für Richelieu war sofort klar: Diesem aufrührerischen Grandier musste der Prozess gemacht werden. Er erwirkte beim König einen Haftbefehl und stattete seinen Schergen Laubardemont mit allen nötigen Vollmachten aus, um den vermeintlichen Fall von Besessenheit im Kloster von Loudun aufzuklären. Richelieu wies ihn vor seiner Abreise noch an, die Ermittlungen gegen Grandier in Richtung eines Hexenprozesses zu lenken. So wollte der Kardinal seine Rolle im bevorstehenden Verfahren verschleiern. Die Hexenverfolgung in Europa war zu jener Zeit auf ihrem Höhepunkt und Richelieus persönliche Motive im Falle Grandier wurden so scheinbar zur Nebensache.

Laubardemont reiste unverzüglich zurück nach Loudun und ließ Urbain Grandier verhaften. Jener hatte zufällig von seiner bevorstehenden Festsetzung erfahren, sah jedoch keinen Grund, sich dieser durch Flucht zu entziehen. Er war sich seiner Unschuld bewusst, was er auch noch bei seiner Verhaftung lautstark betonte. Urbain Grandier wurde zunächst in der Gefängniszelle des Schlosses von Angers untergebracht, wo er für vier Monate blieb. Laubardemont suchte in dieser Zeit in Loudun nach Beweisen für die Schuld des Angeklagten. Die Durchsuchung von Grandiers Wohnung brachte wenige Hinweise auf sein vermeintliches Tun als Hexenmeister. Unter seinen Habseligkeiten fand sich lediglich ein Exemplar der bewussten Schmähschrift, was aber noch keinen Prozess rechtfertigen konnte. Die Befragung der Ursulinen im Kloster von Loudun brachte dagegen eine Vielfalt an belastendem Material gegen Grandier. Die Mehrzahl der Nonnen berichtete von ausschweifenden Orgien, welche sie mit Grandier und seinen Dämonen in den klösterlichen Gemäuern gefeiert hätten. Allen voran Jeanne des Anges, welche den Beamten detailliert ihre sexuellen Ausschweifungen mit dem Geistlichen schilderte. Die Nonnen berichteten von einer unerklärlichen Liebe, in die sie zu Urbain Grandier gefallen seien und vom ungeheuren sexuellen Verlangen, das sich ihrer bemächtigt hatte. Dass die Nonnen Grandier in Wirklichkeit nie zu Gesicht bekommen hatten, kam nicht zur Sprache. Auch in Loudun wurden Zeugenbefragungen durchgeführt. Es waren überwiegend die von Grandier betrogenen Ehemänner und von ihm verschmähte Frauen, welche den Priester zahlreicher Verfehlungen beschuldigten. Insgesamt meldeten sich über sechzig Bewohner Louduns als Zeugen, die Urbain Grandier unter anderem der Gotteslästerei, des Bruchs des Zölibats, der Blutschande und sogar des sexuellen Verkehrs an geweihten Orten beschuldigten. Das reichte Laubardemont, um eine offizielle Anklage gegen Grandier zu führen. Für den Prozess wurde der Angeklagte wieder nach Loudun gebracht. Da die Stadt über kein Gefängnis verfügte, wurde Grandier in einem Haus seines Todfeindes Pater Mignon untergebracht. Die Dachkammer des Hauses wurde „teufelssicher“ gemacht, indem an der Tür ein starkes Schloss sowie mehrere Riegel angebracht und der Kamin als vermeintlicher „Hexenschlupf“ vergittert wurde. Diese Maßnahmen waren ein eindeutiger Hinweis, dass die Verhandlung gegen Grandier zu einem Hexenprozess werden sollte, bei dem der Ausgang schon so gut wie feststand.

Der Prozess gegen den mutmaßlichen Hexenmeister Urbain Grandier war eine einzige Farce. Die bereits erwähnten angeblichen Zeugen wiederholten vor Gericht ihre zum Teil abstrusen Anschuldigungen. Höhepunkt der Verhandlung war zweifelsohne der Auftritt von Jeanne des Anges und weiteren sechzehn Nonnen vor Gericht. Die einst so keuschen Damen erzählten ungezwungen von ihrer unstillbaren Liebe und Sehnsucht nach Urbain Grandier, von den unsagbar schändlichen Dingen, welche sie mit dem Geistlichen getan hatten. Alle Nonnen waren sich einig, dass nur teuflische Wesen sie zu solchen Dingen hatten zwingen können. Eine der Nonnen berichtete gar, dass ihr Verlangen nach Urbain Grandier so groß war, dass sie mit dem Kruzifix masturbiert habe, während sie sich Akte der Wollust mit ihm ausmalte. Dass hier der Teufel am Werk war, darin waren sich die Richter einig. Zudem lag dem Gericht ein schriftlicher Vertrag zwischen Urbain Grandier und dem Teufel vor, der zudem von allen Dämonen unterzeichnet war, welche ihr Unwesen im Kloster von Loudun trieben. Grandier bestritt, diesen Vertrag je gesehen, geschweige denn unterzeichnet zu haben. Vielmehr erklärte er, nichts mit der angeblichen Besessenheit der Nonnen des Ursulinenklosters zu tun zu haben. Er ließ zwar verlauten, dass er der Wollust gefrönt und damit sein Keuschheitsgelübde gebrochen habe, aber nie Kontakt zu den Nonnen gehabt und keinerlei Kontakt zu irgendwelchen Dämonen gepflegt habe. Diese Anschuldigungen seien von seinen weltlichen und geistlichen Feinden erfunden worden, um ihm zu schaden. Obwohl das Gericht eine Vielzahl von Zeugenaussagen zu Grandiers Untaten vorweisen konnte, fehlte letztendlich ein Geständnis des Angeklagten, um den Prozess im Sinne der Anklage abschließen zu können. Um von Grandier ein Geständnis zu erpressen, ordnete das Gericht die Folter an. Die Qualen, welche der unglückliche Angeklagte erleiden musste, waren schauderhaft. Die Folterknechte leisteten ganze Arbeit. An Grandier wurden so gut wie alle in der Folterkammer vorhandenen Marterwerkzeuge ausprobiert. Er erlitt unsägliche Qualen auf der Streckbank, im „spanischen Stiefel“ wurden seine Beine gequetscht und danach noch mit Hämmern zerschlagen, bis das Knochenmark austrat. Urbain Grandier wurde während der Misshandlungen mehrfach ohnmächtig, in lichten Momenten beschwor er jedoch immer wieder seine Unschuld. Dass er trotz der unmenschlichen Folter weiterhin seine angeblichen Untaten leugnete, sah das Gericht als Teufelswerk an. Niemand konnte solche Qualen ohne dämonische Hilfe überstehen. Obwohl Urbain Grandier kein Geständnis ablegte, stellte das Gericht seine zweifellose Schuld fest. Im Urteil hieß es, er habe einen Pakt mit dem Teufel geschlossen,

um die Nonnen des Ursulinenklosters zu verführen. Das war Hexerei, die mit dem Tod durch das Feuer bestraft wurde.
Selbst die Hinrichtung am 18. August 1634 wurde für den geschundenen Grandier noch zur Tortur. Da er auf Grund der Folterungen nicht mehr laufen konnte, wurde er auf einen Karren gebunden und durch die Hauptstraßen von Loudun gefahren. Alle Stadtbewohner sollten den Missetäter sehen und ihren Abscheu kundtun. Grandier wurde beschimpft, bespuckt und mit fauligem Gemüse beworfen. Auf der Richtstätte unternahm ein Geistlicher einen letzten Versuch, dem Angeklagten ein Geständnis abzuringen. Doch auch hier leugnete Grandier, mit der vermeintlichen Besessenheit der Nonnen in Verbindung zu stehen. Vielmehr wollte er dem anwesenden Volk seine Unschuld verkünden. Um das zu verhindern, schlug ihm der anwesende Geistliche mehrfach mit einem Kruzifix ins Gesicht und gab dem Henker ein Zeichen, den Scheiterhaufen zu entzünden. Grandier schrie noch, dass ihm das Gericht einen Gnadentod durch vorheriges Erdrosseln zugesichert hätte, doch der Henker lachte nur höhnisch. Schnell züngelten die Flammen an dem trockenen Holz empor und Urbain Grandier starb schreiend in den Flammen.

Man sollte nun annehmen, dass der Tod ihres angeblichen Peinigers Jeanne des Anges Frieden gebracht hätte. Dem war jedoch nicht so. Der Tod ihres vermeintlichen Liebhabers stürzte sie in eine erneute nervliche und körperliche Krise. Jeanne fantasierte wochenlang von Urbain Grandier und erzählte den anderen Nonnen von orgiastischen Liebesnächten mit dem Geliebten. Sie schlief wenig, nahm kaum noch Nahrung zu sich und masturbierte mehrmals täglich, wobei sie eine zwanghafte Zurschaustellung vor den anderen Nonnen und den noch im Kloster befindlichen Geistlichen an den Tag legte. Es folgte ein vollständiger körperlicher Zusammenbruch und Jeanne des Anges war erneut dem Tode nahe. Die hinzugezogenen Ärzte erklärten, nichts mehr für Jeanne tun zu können. Ihr wurden erneut die Sterbesakramente verabreicht. Danach blieb Jeanne in der Obhut einiger Nonnen, die am Bett kniend für ihr Seelenheil beteten. Doch erneut blieb Jeanne vom Tod verschont. Nach einigen Tagen und Nächten im Dämmerzustand schlug sie die Augen auf und berichtete von einer neuerlichen

Begegnung mit dem Heiligen Joseph. Jener habe sie mit einem wundertätigen Öl bestrichen, welches ihr Leben gerettet hätte. Zum Beweis zeigte sie ihr Untergewand, auf dem fünf ölige Flecken zu sehen waren, von denen ein angenehmer Duft ausging. Voller Ehrfurcht betrachteten Nonnen und Geistliche das Gewand und nahmen wahr, dass auch vom ganzen Körper der Mutter Oberin ein lieblicher Duft ausging. Es schien den Anwesenden, als sei Jeanne des Anges von Gott berührt. Nur wussten sie nicht, dass Jeanne eine Meisterin im Herstellen von Salben und Essenzen war. Der wohlriechende Duft stammte mit Sicherheit von einer selbst hergestellten Tinktur, mit welcher Jeanne des Anges sich eingerieben hatte. Alle im Kloster glaubten jedoch an das himmlische Öl und seine wundersame Wirkung. Jeanne ging es von Tag zu Tag besser und sie verkündete, dass der Heilige Joseph sie nun endlich von den Dämonen befreit hätte.
In Loudun sprach sich die Geschichte vom wundertätigen Öl schnell herum. Täglich kamen Kranke in den Sprechraum des Klosters, um sich von ihren Gebrechen heilen zu lassen. Es war von mehreren Spontanheilungen die Rede, welche jedoch niemals offiziell bestätigt wurden. Jeanne begann ihr angeblich mit wundertätigem Öl beflecktes Gewand geschickt zu vermarkten. Geistliche verkündeten die „Wunder" von Loudun in ganz Frankreich, so dass in der Folgezeit täglich Massen von Gläubigen zum Ursulinenkloster pilgerten. Auch der erkrankte Kardinal Richelieu erfuhr durch seinen Beamten Laubardemont vom Öl des Heiligen Joseph und ließ Jeanne des Anges nach Paris bringen. Doch dem Kardinal blieb eine spontane Genesung verwehrt, er sollte den Rest seines Lebens unter Geschwüren an Armen und Gesäß leiden. In Paris wurde Jeanne des Anges auch von Königin Anna empfangen, die zu jener Zeit im sechsten Monat schwanger war. Sie empfing Jeanne mit aller Herzlichkeit und atmete tief das wohlriechende Öl ein, in Hoffnung auf eine komplikationslose Geburt. Anna von Österreich und Kardinal Richelieu kamen auf die Idee, Jeanne auf eine Pilgerfahrt durch Frankreich zu schicken, um den Ruhm des wundertätigen Gewands zu mehren und die Menschen im ganzen Land daran teilhaben zu lassen. Mit reichlich finanziellen Mitteln, einer bequemen Kutsche und einer Leibgarde versehen, reiste Jeanne des Anges nun durchs ganze Land, um von den Wundern des

Heiligen Joseph zu berichten und Wunder zu bewirken. Überall wurde die Pilgerin begeistert von den Menschen empfangen, welche das Gewand berührten und küssten, so dass es fast täglich gewaschen werden musste. Das Wunder schien echt, auch nach vielen Wäschen waren die Tropfen des heiligen Öls noch vorhanden und verströmten ihren lieblichen Geruch. Offenbar hatte Jeanne vorgesorgt und genügend von ihrer selbstgemischten Tinktur mit auf Reisen genommen. Der Bischof von Poitiers ließ Jeanne offiziell zu den vorgeblichen Wundern und ihrer Begegnung mit dem Heiligen Joseph befragen. Nur kurze Zeit später erklärte der Bischof das Gewand zur Reliquie und ließ verlauten, dass Jeanne des Anges damit die Dämonen für immer aus ihrem Körper vertrieben hätte. Jeanne schien tatsächlich körperlich und geistig völlig genesen. Das hatte aber sicherlich nicht mit einigen Tropfen Öl zu tun, vielmehr war ihre hysterische Phase nun überwunden, auch, da sie nicht mehr den zweifelhaften Machenschaften der Exorzisten ausgeliefert war. Das sollte sich jedoch schnell ändern. Bei einer Wallfahrt traf Jeanne des Anges am Grab des Heiligen Franziskus von Sales in Annecy auf ihren ehemaligen Peiniger Pater Surin. Dieser litt seit Monaten unter einer mysteriösen Stimmbandlähmung. Kaum war er Jeanne begegnet und hatte das wundertätige Gewand berührt, fand er seine Sprache wieder. Vor grenzenloser Dankbarkeit warf sich Surin Jeanne zu Füßen und bat, sie auf ihrer weiteren Pilgerreise begleiten zu dürfen. Warum Jeanne diesem Ansinnen zustimmte, ist unverständlich. Sie schien vergessen zu haben, wie Surin sie gequält und an ihr seine sexuellen Obsessionen ausgelebt hatte. Möglicherweise befand sich Jeanne durch die Verehrung der Menschen in ganz Frankreich in einer Art religiös-verzücktem Taumel, welcher ihr Urteilsvermögen trübte.

Pater Surin befand sich noch immer in der Gesellschaft von Jeanne des Anges, als diese wieder in das Kloster in Loudun zurückkehrte. Die über ein Jahr andauernde Pilgerreise hatte die Nonne körperlich erschöpft, so dass erste Symptome ihres früheren Nervenleidens wieder auftraten. Die Begleitung von Pater Surin wird dabei jedoch ebenfalls eine Rolle gespielt haben. Der Empfang im Ursulinenkloster war erstaunlich kühl. Während der Abwesenheit der Mutter Oberin war die Hysterie der anderen Nonnen abgeklungen. Die Nonnen und noch anwesenden Geistlichen fürchteten, dass die Anwesenheit von Jeanne des Anges eine neue Hysteriewelle auslösen könnte. Nicht ohne Grund, denn die Mutter Oberin begann sich äußerst seltsam zu verhalten, kaum dass sie das Kloster betreten hatte. Sie schlich des Nachts in die Zellen der Nonnen und zwang sie, das wundertätige Gewand zu küssen. Ansonsten würden die alten Dämonen zurückkehren und erneut ihr Unheil im Kloster treiben. Jeanne wurde nach eigenen Aussagen wieder von abartigen sexuellen Träumen und Zwangsvorstellungen gepeinigt, woran wohl Pater Surin nicht ganz unschuldig war. Er fand sich fast ununterbrochen in Jeannes Gesellschaft und war mit Sicherheit der Auslöser für ihre erneuten hysterischen Anfälle. Obwohl Pater Surin einige Zeit später auf ausdrückliche Anweisung des Bischofs von Poitiers das Kloster verlassen musste, erholte sich Jeanne des Anges nie mehr vollständig von ihrem Nervenleiden.

Neuer geistlicher Beistand von Jeanne des Anges wurde der Jesuitenpater Saint-Jure, den der Bischof von Poitiers persönlich auswählte. Keine wirklich gute Wahl, da abzusehen war, dass ein strenger Jesuit sich negativ auf die sowieso schon angeschlagene Psyche der Nonne auswirken würde. Jeanne und ihr Beichtvater führten täglich theologisch-mystische Gespräche, die bei Jeanne eine nie gekannte Frömmigkeit auslösten. War sie allein, betete sie fast unaufhörlich, ihr Flehen an Gott wurde jedoch immer wieder von erotisch-religiösen Wahnvorstellungen unterbrochen, in denen sie sich verschiedenen Heiligen sexuell hingab. Auf Anweisung von Pater Saint-Jure geißelte sich Jeanne nach solchen obszönen Visionen. Sie schlug ihren Leib blutig, stach sich mit Dornen und wälzte sich auf glühenden Kohlen. Aber auch so ließen sich ihre „Dämonen" nicht bekämpfen. Es gab auch immer wieder ruhigere Phasen in Jeannes Leben, in denen sie jedoch fast katatonisch versunken dahinvegetierte. Jeanne behauptete, in diesen Zeiten Zwiesprache mit Jesus zu führen. Wo ihr verwirrter Geist in Wahrheit weilte, wird niemand je erfahren. Den anderen Nonnen gegenüber wurde Jeanne des Anges mit den Jahren immer unleidlicher. Mit einigen zeitlichen Unterbrechungen fungierte sie immer noch als Mutter Oberin, wobei sie das Klosterleben immer strenger regelte. Wenn sie nicht gerade an ihren Wahnvorstellungen litt, kontrollierte Jeanne minutiös das Leben der anderen Nonnen und bestrafte kleinste

Unachtsamkeiten mit unverhältnismäßig harten Strafen. Unterstützung erfuhr sie dabei von Pater Saint-Jure, welcher das Fegefeuer für jede der Nonnen beschwor, die nicht dem Willen der Mutter Oberin gehorchten.

Auch im fortgeschrittenen Alter wurde Jeanne des Anges von ihren sexuellen Dämonen gequält, geißelte sich regelmäßig und entwickelte ein ungesund zu nennendes Verhältnis zu Jesus, der sie angeblich fast täglich in ihrer Klosterzelle besuchte. Auch wenn es die Nonnen und der Beichtvater nicht wahrhaben wollten, die Mutter Oberin hatte den Verstand verloren. Ab dem Jahr 1661 verlor Jeanne des Anges jeglichen Bezug zur Realität. Sie lebte nur noch in ihrer einerseits religiös, andererseits sexuell geprägten Fantasiewelt und verkündete, sie sei die Braut Jesu. Jeannes körperlicher Verfall schritt gleichzeitig mit der Verwirrung ihres Geistes voran. Durch einen Schlaganfall wurde ihr Körper rechtsseitig gelähmt, sie war nun ein Pflegefall. In ihrem letzten Lebensjahren war Jeanne des Anges fast ständig geistig abwesend und starb am 29. Januar 1665 an den Folgen einer Lungenentzündung. Am 21. April des gleichen Jahres starb auch Pater Surin. Kardinal Richelieu war bereits im Jahre 1642 verstorben. Alle wichtigen Akteure im Falle der Besessenheit im Kloster von Loudun waren tot, der wirkliche Leidtragende war der unschuldig hingerichtete Urbain Grandier.
Grandier war mit Sicherheit kein Heiliger, er verstieß gegen den Zölibat, war anmaßend und verhöhnte seine Gegner mit Freuden. Sein unsteter Lebenswandel hatte ihm viele Feinde in Loudun geschaffen. Einzig seine Mutter sprach zu seinen Gunsten vor Gericht. Letztendlich war es jedoch der machtversessene und nachtragende Kardinal Richelieu, welcher für den Tod von Urbain Grandier verantwortlich war. Richelieu stand während seiner Amtszeit als Kardinal dem Thema Hexerei eher skeptisch gegenüber. Wiederholt äußerte er Zweifel an der in Europa praktizierten Hexenverfolgung. Das stand im eklatanten Widerspruch zu seiner Forderung, gegen Urbain Grandier einen Hexenprozess zu führen. Hierbei spielten eindeutig niedere persönliche Motive eine Rolle, welche nur als Rachsucht betrachtet werden können.

Karl Stülpner
Ein sächsischer Robin Hood

Die Geschichten um den englischen Volkshelden Robin Hood sind weltweit bekannt. Als vogelfreier Wegelagerer beraubte er mit einer Bande wagemutiger Halunken die reiche Obrigkeit und verteilte seine Beute an die arme Bevölkerung. Seine Taten wurden in Balladen besungen, in Büchern beschrieben und später sogar verfilmt. Allerdings ist sich die Geschichtswissenschaft heute ziemlich sicher, dass es den vom Volke so verehrten Helden als historische Person niemals gegeben hat. Ganz anders der sächsische Volksheld Karl Stülpner, der Robin Hood des Erzgebirges. Auch heute noch erzählt man sich von Stülpner die verwegensten Geschichten und sein Andenken wird weiterhin hochgehalten. Aus ärmsten Verhältnissen stammend nahm Karl Stülpner sein Schicksal frühzeitig selbst in die Hand, begehrte gegen die herrschende Klasse auf und beugte sich nicht vor den adligen Herren. Viele Geschichten über den sächsischen Volkshelden wurden über die Maßen ausgeschmückt, viele davon frei erfunden. Heute ist es im Falle Stülpner fast unmöglich, Wahrheit und Mythos voneinander zu trennen. War er tatsächlich ein Held, der gegen Adel und Gerichtsbarkeit rebellierte oder war er nur ein Gesetzloser, der aus Eigennutz handelte? Um diese Frage klären zu können, müssen wir den Lebenslauf von Karl Stülpner genau betrachten.

Der Volksheld Karl Stülpner, eigentlich Carl Heinrich Stilpner, wurde am 20. September 1762 im erzgebirgischen Scharfenstein geboren. Die weitverzweigte Familie Stülpner bestand seit Generationen hauptsächlich aus Bauern. Da die einzelnen Familien meist mehrere Söhne hatten, die das elterliche Erbe nicht alle ernähren konnte, mussten sich die jüngeren Söhne oft in anderen Berufen verdingen. So erging es auch Karls Vater Johann Christoph Stülpner, der als Müllerbursche arbeitete. Dessen Frau Marie Sophie, geborene Schuberth, hatte etwas Geld mit in die Ehe gebracht, so dass sich die Familie ein bescheidenes Haus und ein kleines Stück Land mit Wald leisten konnte. Die Familie Stülpner hatte bereits sieben Kinder, Karl war ein Nachzügler, seine Mutter bei der Geburt schon 45 Jahre alt. Eigentlich konnte sich die Familie nicht noch ein Kind leisten, doch zum Glück wurden Taufpaten gefunden. Bei den armen Leuten im Erzgebirge war es üblich, als Taufpaten für die Kinder Freunde und Bekannte auszuwählen, denen es finanziell besser ging und die so freigiebig waren, dem Taufkind eine gewisse Summe Geld in das Taufkissen zu stecken, um die Familie zu unterstützen. Im Falle des kleinen Karl waren die Taufpaten die Tochter eines wohlhabenden Bauern aus dem benachbarten Ort Venusberg, ein Kleinbauer aus Grießbach und ein wohlhabender Zimmermann aus Krumhermersdorf.

Karl Stülpner wurde in eine schwere Zeit hineingeboren. Der Siebenjährige Krieg hatte das Land ausgeblutet, die ohnehin schon arme Landbevölkerung verelendete immer mehr. Die breite Masse der Menschen im Erzgebirge ergab sich stumm ihrem Schicksal, viele lebten von den Almosen des Staates. Ein kleiner Teil der Bevölkerung revoltierte jedoch gegen dieses erbärmliche Leben. Es waren Menschen unterschiedlichster Herkunft und sozialen Standes, die sich zu Banden zusammenschlossen. Entlassene Soldaten, Deserteure, verarmte Bauern und selbst Adlige, die im Krieg ihr Hab und Gut verloren hatten, taten sich zusammen, um ihren Lebensunterhalt mit Diebstahl, Raub und Wilderei zu bestreiten. Obwohl diese Menschen außerhalb des Gesetzes standen, wurden sie im Volk bewundert. Ihr Leben schien so frei und unabhängig, sie nahmen sich, was sie zum Leben brauchten, bettelten nicht um Almosen. Im Volk wurden die tolldreisten Geschichten von den Raubzügen gefeiert und weitererzählt. Es war die Sehnsucht nach einem besseren Leben ohne Sorgen und Nöte, die aus Gesetzlosen Helden werden ließ.

Auch der junge Karl Stülpner wuchs mit den Geschichten um die vogelfreien Wegelagerer auf und träumte wohl schon als Kind davon,

Winterliche Impressionen der Burg Scharfenstein

später ebenfalls mal ein Leben in Freiheit und Unabhängigkeit zu führen. Zunächst lernte er jedoch das Leben in Armut und bescheidenen Verhältnissen kennen. Die Herrschaften von Burg Scharfenstein gaben den Menschen im Ort zwar Lohn und Brot, erwarteten aber dafür, dass schon die Kinder des Dorfes Gesindedienste leisteten. Auch Karl musste frühzeitig mit zum Unterhalt der Familie beitragen. Auch wenn die Stülpners arme Leute waren, galten sie in Scharfenstein doch als ehrliche und rechtschaffene Familie. Bis zum Jahre 1769, als Johann Christoph Stülpner des Diebstahls angeklagt wurde. Er hatte bei seinem Dienstherrn Leinöl gestohlen, das sich die armen Leute aufs Brot strichen, um die unerschwingliche Butter zu ersetzen. Später wurde auch die Mutter Stülpner beim Stehlen erwischt. In ihrer Not hatte sie aus der übervollen Speisekammer der Burg ein wenig Fleisch entwendet, um ihre vielen Kinder satt zu kriegen. Die Stülpners waren nun geächtet in Scharfenstein, dem Vater wollte niemand mehr Arbeit geben und die Familie musste oft hungern. Da schien es fast wie ein Wunder, dass der Förster Müller aus dem benachbarten Ehrenfriedersdorf einen Gehilfen suchte und seine Wahl auf den jungen Karl Stülpner fiel. Er hatte wohl von den Problemen der Familie gehört und wollte helfen. Für Karl ging ein Traum in Erfüllung. Schon als kleines Kind hatte er sich für die Jagd interessiert, lag doch das Waidhandwerk in der Familie. Großvater Stülpner war herrschaftlicher Jäger gewesen und hatte an unzähligen kurfürstlichen Hofjagden teilgenommen. Stundenlang hatte der Junge sich begeistert die Jagdgeschichten angehört, die seine Großmutter von ihrem verstorbenen Mann berichten konnte, und sich in den Jagdbildern verloren, die das Haus der Großeltern schmückten. Es war nicht verwunderlich, dass ein Junge sich für das Jägerhandwerk begeisterte. Der Alltag war eintönig, die herrschaftlichen Jagden dementsprechend ein Großereignis. Der Berufswunsch des Jägers war für einen heranwachsenden Burschen im Erzgebirge des 18. Jahrhunderts somit etwas, das Abenteuer und den Ausbruch aus dem bäuerlichen Leben der Landbevölkerung zu bieten schien. Bei Förster Müller in Ehrenfriedersdorf lernte Karl Stülpner das Waidhandwerk nun von der Pike auf. Er kümmerte sich um den Vogelherd, den Platz, an dem die Wildvögel gefangen werden, und lernte das Führen des Jagdhundes sowie das Fährtenlesen und alle weiteren Dinge, die einen guten Jäger und Förster ausmachten. Nur schießen durfte er nicht, was Stülpner sehr verdross. Doch er erinnerte sich an die alte Flinte seines Großvaters auf dem Dachboden und fieberte dem Tag entgegen, an dem er sie endlich ausprobieren würde. Der Förster schickte seinen Zögling auch für drei Jahre auf die Knabenschule in Ehrenfriedersdorf, wo Karl allerdings nicht durch besonderen Lerneifer auffiel.

Während der Junge ein unbeschwertes Leben bei seinem Lehrmeister genoss, wurde das Erzgebirge von einer großen Hungersnot heimgesucht. Zwei aufeinanderfolgende Missernten in den Jahren 1771/72 hatten die Lage der Landbevölkerung im Erzgebirge dramatisch verschlechtert. Karl Stülpner bekam davon im Hause des Försters Müller wenig mit. Erst als ihn die Mutter zurück nach Scharfenstein rief, bekam er den Ernst der Lage zu spüren. Der Vater war gestorben und die Familie fast mittellos. Am Ende kam es so schlimm, dass das elterliche Haus und das Stück Land zwangsversteigert werden musste.

Um der Not zu entgehen, meldete sich Stülpner freiwillig zum Militär und nahm als Trossknecht am Bayerischen Erbfolgekrieg 1778/79 teil. Ein Jahr später meldete er sich freiwillig zum Regiment „Prinz Maximilian“ in Chemnitz. Zwischenzeitlich hielt sich Stülpner wieder in seinem Heimatdorf Scharfenstein auf, wo er zum ersten Mal die Wilderei betrieb, um die Not seiner Familie zu lindern. Wilderei war zur damaligen Zeit ein schweres Verbrechen, auf das der Tod stand. Der Wald war übervoll mit Wild, doch das gehörte den adeligen Herren. Karl Stülpner, der im Krieg das Schießen gelernt und es in kürzester Zeit zum Meisterschützen gebracht hatte, scherte sich nicht um die Gesetze. Frisches Wildbret auf dem Tisch verdrängte die Angst vor harten Strafen. Bei seinen Vorgesetzten im Regiment „Prinz Maximilian“ sprach sich schnell herum, dass Stülpner ein guter Jäger war. Den Offizieren behagte die fade Militärkost wenig und Rekrut Stülpner erhielt den dienstlichen Befehl zur Jagd.

Das Leben schien es mit Stülpner zur Abwechslung mal wieder gut zu meinen, durfte er doch nun uneingeschränkt seiner Jagdleidenschaft frönen und erhielt auch noch Sold dafür. Doch sein unsteter Charakter und seine Abneigung gegen Vorschriften ließen ihn schnell wieder in Schwierigkeit geraten. Mit dem örtlichen Forstmeister war von Seiten der Offiziere genauestens abgesprochen worden, wie viel Wild Stülpner für die Regimentsküche erlegen durfte. Nur hielt sich Stülpner nicht daran. Er schoss, was ihm vor die Flinte kam und verkaufte das überschüssige Fleisch an die Bewohner von Chemnitz. Nachdem mehrere Klagen über Stülpners Wilderei beim Regiment „Prinz Maximilian“ eingegangen waren, sahen sich seine Vorgesetzten genötigt, diesen in ein anderes Regiment zu versetzen, um Unannehmlich-

Der trutzige Bergfried von Burg Scharfenstein

keiten zu vermeiden. Soldat Stülpner wurde zur 2.Grenadierkompanie in Zschopau abkommandiert, was jenem nur Recht war. Zschopau lag nahe seinem Heimatort Scharfenstein, hier kannte er die Wälder, wurde er doch von seinem neuen Vorgesetzten ebenfalls zur Jagd geschickt. Doch auch hier ließ der Ärger nicht lange auf sich warten. Während eines Urlaubs, den Stülpner natürlich mit Wilderei verbrachte, stieß er mit dem Zschopauer Jäger Ziegler zusammen Es kam zu einer wüsten Schlägerei, die Zieglers Vorgesetzter, der Oberforstmeister von Augustusburg, umgehend anzeigte. Im Januar 1785 wurde Stülpner unter Arrest gestellt und in das Regimentsstabsquartier nach Chemnitz überführt. Hier saß er 32 Wochen in der Arrestzelle und wurde nicht weniger als 22 Mal zum Vorfall mit dem Jäger Ziegler verhört. Im schlimmsten Falle drohte Stülpner eine Verurteilung wegen Wilderei und Angriff auf einen Staatsbediensteten, die jahrelange Festungshaft und Zwangsarbeit nach sich zog. Doch das Schicksal schien dem Angeklagten hold zu sein. Die gesamte sächsische Armee rückte im Sommer zu ihrem jährlichen Großmanöver ins Lager bei Mühlberg an der Elbe ein. Das Regiment „Prinz Maximilian“ führte sämtliche Arrestanten mit sich, darunter auch Karl Stülpner. Während des Manövers gelang Stülpner die Flucht aus der Gefangenschaft. Bis heute hält sich hartnäckig das Gerücht, dass ihm seine nächsten Vorgesetzten bei der Flucht behilflich waren. Stülpner war bei den Unteroffizieren beliebt, hatte er sie doch jahrelang mit schmackhaftem Wildbret versorgt. Die von den Offizieren für Stülpner veranstaltete Kollekte, die über 20 Taler zusammenbrachte, spricht dafür, dass es bei der Flucht Helfer gab. Das Geld konnte Stülpner gut gebrauchen, musste er als Deserteur doch für eine längere Zeit untertauchen. Über die genauen Umstände der Flucht ist nichts bekannt, in den Regimentslisten ist nur vermerkt: „Carl Heinrich Stilpner, 74 Zoll, 24 Jahre, unverheiratet, ohne Kinder, gedient 5 Jahre und sieben Monate, desertierte am 3. Juli 1785 auf dem Rückmarsch. Im Marschquartier Simßelitz außen Arrest bei Stab desertiert.“[1]

Stülpner war nun zwar wieder frei, doch in Sachsen konnte er nicht bleiben. Als Deserteur drohte ihm jahrelange Kerkerhaft. Es begann eine Zeit, die Stülpner später als seine „Große Wanderung“ beschrieb.

Sein Weg führte ihn zunächst ins benachbarte Böhmen, wo er sich im Ort Grümau für zwei Jahre als Knecht in einem Gasthaus verdingte. Danach verbrachte er drei Jahre als Forstgehilfe im Dienste des Grafen von Nostiz in Heinrichsgrün. Dort lernte Stülpner den ungarischen Grafen Wesslini kennen, der zu Besuch bei seinem Dienstherrn war. Jener war anscheinend begeistert von Stülpners Jagdgeschick, denn er bot ihm eine gutbezahlte Stelle als Jäger an. In seiner neuen Heimat im ungarischen Debrezyn blieb Stülpner allerdings nur zehn Monate, da er sich nicht in den Hofstaat einfügte und es immer wieder zu ausufernden Streitigkeiten bis hin zu Schlägereien mit den anderen Angestellten des Grafen kam. Weitere Stationen von Stülpners „Großer Wanderung" waren Österreich, die Schweiz und schließlich das bayrische Bayreuth, wo er preußischen Werbern in die Hände fiel, die ihn für das Regiment „Prinz Heinrich" in Spandau zwangsrekrutierten.
Solche Zwangsrekrutierungen waren in Kriegszeiten keine Seltenheit. Oft wurden die potentiellen Rekruten von den Werbern betrunken gemacht und dann zur Unterschrift genötigt. Hatten die frischgebackenen Soldaten dann ihren Rausch ausgeschlafen, war es zu spät und es hieß: Auf in den Krieg! Im Falle Stülpners war es der Interventionskrieg gegen Frankreich. Preußen hatte sich der europäischen Allianz zur Zerschlagung der Französischen Revolution angeschlossen und brauchte dringend Soldaten. Stülpner wurde in der Schlacht am 28. November 1793 bei Kaiserslautern leicht verwundet und in ein Militärlazarett gebracht, wo ihm die Flucht aus dem aufgezwungenen Dienstverhältnis gelang.
Ostern 1794 verbrachte er wieder in Scharfenstein. Fast zehn Jahre war Stülpner in der Fremde gewesen und hoffte, seine Fahnenflucht vom Regiment „Prinz Maximilian" sei inzwischen verjährt. Stülpners Mutter lebte inzwischen in einer ärmlichen Unterkunft, die von der Familie von Einsiedel bezahlt wurde, den Grundherren von Scharfenstein. Ihren Lebensunterhalt fristete sie mit einer winzigen Rente aus der Armenkasse. Für Stülpner stellte sich die Frage, wie er in Zukunft sein Leben in Scharfenstein bestreiten sollte. Die Aussicht auf eine schlecht bezahlte Stelle als ungelernter Arbeiter oder als Knecht bei einem Bauern schien ihm nicht sehr verlockend. Außer dem Jägerhandwerk hatte Stülpner nichts gelernt, doch die Hoffnung auf eine Anstellung

als staatlicher oder herrschaftlicher Jäger war bei seiner Vorgeschichte aussichtslos. Also blieb wieder nur die Wilderei, um den Lebensunterhalt zu bestreiten. Mit einigen Freunden aus seiner Jugendzeit, die ebenfalls einem Leben in Knechtschaft und Armut entgehen wollten, gründete Stülpner eine Wildererbande, die bald das ganze Erzgebirge in Atem hielt.

Beim einfachen Volk waren Stülpner und seine Männer beliebt, versorgte er die Menschen doch gegen ein kleines Entgelt mit frischem Wild. Schnell wurde auch die Obrigkeit auf das Treiben der Wilddiebe aufmerksam, doch jeder Versuch, den Männern habhaft zu werden, misslang. Das lag in erster Linie auch an der breiten Unterstützung durch die Landbevölkerung. Es herrschte eine Vereinbarung zwischen Stülpners Bande und den einfachen Leuten im Erzgebirge. Die Wilddiebe lieferten Fleisch, dafür wurde absolutes Stillschweigen gegenüber den Behörden gewahrt. Nur so war es Stülpner und seinen Männern über mehrere Jahre möglich, ungehindert der Wilderei nachzugehen. In jener Zeit entstand die Mehrzahl der abenteuerlichen Geschichten über Karl Stülpner. Viele davon waren der Fantasie von begabten Geschichtenerzählern entsprungen, andere wiederum entsprachen der Wahrheit. Wie etwa die Belagerung der Burg Scharfenstein, ein tolldreistes Abenteuer, das sich tatsächlich ereignet hat.

Die Gerichtsbarkeit für Scharfenstein lag zu jener Zeit in den Händen des Gerichtsdirektors Günther aus Thum. Jener hatte es sich zur persönlichen Aufgabe gemacht, Stülpner hinter Schloss und Riegel zu bringen. Günther war zu Ohren gekommen, dass sich der Wilddieb öfters im Haushalt seiner Mutter aufhielt und dort auch übernachtete. Mit einigen Gerichtsdienern und einer Gruppe Soldaten richtete sich Günther in aller Heimlichkeit im Schloss Scharfenstein ein und wartete auf eine günstige Gelegenheit, des Wilddiebes habhaft zu werden. Am 12. Oktober 1795 war es dann soweit: Ein Späher berichtete dem Gerichtsdirektor, er habe Stülpner das Haus seiner Mutter betreten sehen. Als der Trupp um Gerichtsdirektor Günther kurz danach das Haus der Mutter Stülpners betrat, war der gesuchte Wilddieb jedoch nicht zu finden. Jener hatte das Haus kurz zuvor verlassen, um einen Freund im Ort zu besuchen. Aus sicherer Entfernung beobachtete Stülpner, wie die Männer ihre Wut ob der missglückten Festnahme an

Innenhof der Burg Scharfenstein. Hier hatten sich Stülpners Gegner verschanzt.

seiner unglücklichen Mutter ausließen. Sie beschimpften die alte Frau und verwüsteten das Haus. Voller Wut wollte sich Stülpner auf die Soldaten stürzen, doch er besann sich eines Besseren. Hier war er der Übermacht unterlegen, aber möglicherweise ließe sich das an anderer Stelle ändern. Nach einiger Zeit kehrte Gerichtsdirektor Günther mit seinen Männern zur Burg Scharfenstein zurück, um dort zu übernachten und am kommenden Morgen abzureisen. Stülpner kümmerte sich derweil um seine Mutter und half ihr, das Haus wieder aufzuräumen. Die Schergen des Gerichtsdirektors hatten Ausrüstungsgegenstände und Waffen von Stülpner beschlagnahmt, was diesen jedoch weniger kümmerte, da sich solche Gegenstände wiederbeschaffen ließen. Vielmehr regte ihn die Behandlung seiner Mutter auf, die von den Gerichtsdienern sogar geschlagen worden war, um sie dazu zu bringen, den Aufenthaltsort ihres Sohnes zu verraten. Nach einer kurzen Nacht machte sich Stülpner frühmorgens um sechs Uhr zur Burg auf und postierte sich nahe dem Tor an einer geschützten Stelle. Einige Zeit später erschien der Trupp des Gerichtsdirektors, der die Heimreise antreten wollte. Stülpner gab zwei Schüsse ab, worauf sich die Männer erschrocken in das Innere der Burg zurückzogen und das Tor schlossen. Drohend trat Stülpner aus seinem Versteck und rief mit lauter Stimme: „Hat einer Lust und Belieben, auf mich Feuer zu geben, so schieß' er in drei Teufelsnamen. Mich schießt keiner tot!"[2] Stülpner zog sich wieder in sein Versteck vor dem Burgtor zurück und wartete. Die Soldaten waren derart von Stülpners Tun überrascht, dass sie den ganzen Tag ausharrten, ohne einen Ausfall gegen den einzelnen Mann zu wagen. Was auch verständlich war, da jener sofort feuerte, wenn sich etwas in seinem Sichtfeld bewegte. So hielt Stülpner die Männer in der Burg den ganzen Tag über in Atem und zog erst bei Anbruch der Nacht ab. Die Geschichte von der Belagerung der Burg Scharfenstein verbreitete sich in Windeseile im ganzen Erzgebirge. Die Menschen bewunderten Stülpner wegen seines Mutes und lachten über seine Häscher, die er ganz allein einen Tag in Angst und Schrecken versetzt hatte.

Nach der Belagerung der Burg Scharfenstein war für die Behörden das Maß voll. Am 14. November 1795 gab das Justizamt Wolkenstein einen Steckbrief heraus, in dem auf Stülpner ein Kopfgeld ausgesetzt wurde und man ihn für vogelfrei erklärte. Eine ernsthafte Sache, machte sich nun doch jedermann strafbar, der dem Wilddieb half. Nachdem nun offiziell nach Stülpner und seinen Männern gefahndet wurde, zog sich die Bande endgültig in ein geheimes Lager in den erzgebirgischen Wäldern zurück. Über die Lage dieses Verstecks ist bis heute nichts bekannt. Es lag allerdings nicht an den Greifensteinen, wie so oft fälschlicherweise behauptet wurde. Die Greifensteine waren schon zu Stülpners Zeiten ein beliebter Ausflugsort, also denkbar ungeeignet als Versteck einer Wildererbande.

Trotz der Verfolgung durch die Behörden waren die Jahre von 1795 bis 1800 wohl die glücklichsten in Stülpners Leben. Er führte mit seinen Männern ein ungebundenes Leben in den Wäldern, ging seiner Lieblingsbeschäftigung, der Jagd, nach und fühlte sich frei von den Zwängen des Lebens der einfachen Bevölkerung. In jenen Jahren verliebte sich Stülpner auch zum ersten Mal. Seine Angebetete war Christiane Wolf, die Tochter des Ortsrichters aus Scharfenstein. Mit ihren erst achtzehn Jahren war es zunächst wohl nur eine romantische Schwärmerei, welche Christiane für den fünfzehn Jahre älteren Stülpner empfand. Aus dieser Schwärmerei wurde jedoch ein richtiges Liebes-

verhältnis, am 11. Juli 1799 brachte Christiane eine Tochter zur Welt. Bis dahin hatte das Liebespaar sein Verhältnis geheim halten können, doch nun herrschte helle Aufregung in Scharfenstein. Unerhört, der seit Jahren gesuchte Wilddieb Karl Stülpner und die behütete Tochter des Ortsrichters waren ein Paar und hatten zudem noch ein Kind bekommen. Vater Wolf tobte vor Wut und drohte, seine Tochter zu enterben. Trotz aller Widerstände kämpfte Christiane Wolf für ihre Liebe und setzte auf eine Eheschließung mit Stülpner. Jener entschloss sich nach der Geburt seiner Tochter Eleonore, das unstete Wildererleben aufzugeben. Stülpner verhandelte im Frühjahr 1800 mit den Behörden in Wolkenstein und bat um seine Begnadigung als Wilddieb. Diese Begnadigung wurde ihm schließlich gewährt, allerdings mit der Auflage, sich wieder beim Regiment „Prinz Maximilian" in Chemnitz einzufinden. Schweren Herzens kehrte Karl Stülpner am 11. September zum Militär zurück. Erstaunlicherweise wurde er für seine Fahnenflucht von 1785 nicht belangt, nur die ursprüngliche Dienstzeit von acht Jahren begann von vorn. So gut es ging, fügte sich Stülpner in den Regimentsalltag ein, hatte er doch nun Frau und Kind zu versorgen.
Am 4. Januar 1806 gebar Christiane eine weitere Tochter, welche jedoch nach nur wenigen Tagen starb. Im gleichen Jahr musste Stülpner mit seinem Regiment in den Krieg gegen Napoleon ziehen. Die traumatischen Kriegserlebnisse machten Stülpner endgültig klar, dass er nicht fürs Militär geschaffen war. Daher reichte er im Frühjahr 1807 sein Entlassungsgesuch ein, was jedoch abgelehnt wurde. Stülpner sah nun keinen anderen Ausweg, als im Mai des gleichen Jahres während eines Urlaubs erneut zu desertieren. Er floh nach Böhmen, wo er aus der Zeit seiner ersten Flucht noch Freunde hatte. Im September 1807 folgte ihm Christiane Wolf nach Böhmen, nachdem sie von ihrer Familie tatsächlich enterbt worden war. Arm, aber glücklich, konnten die beiden Verliebten nun endlich auch Hochzeit feiern. In Zobietitz pachtete die Familie Stülpner eine Gastwirtschaft, die ihnen für die folgenden Jahre ein einträgliches Auskommen sicherte. Doch die Sehnsucht nach der Heimat blieb. Als es in Sachsen im Jahre 1813 eine Generalamnestie gab, kehrte die Familie Stülpner nach Scharfenstein zurück. Die Wirtschaft in Böhmen hatte einiges Geld abgeworfen, so dass Stülpner ein annehmbares Haus in seinem Geburtsort erwer-

ben konnte. Am 24.11.1816 gebar Christiane erneut eine Tochter, die ebenfalls bereits wenige Tage nach der Geburt starb. Es war bereits das dritte tote Kind, das die unglückliche Mutter zu beklagen hatte, da sie bereits im Jahr 1796 in aller Heimlichkeit ein Kind bekommen hatte, einen kleinen Sohn, der allerdings eine Totgeburt gewesen war. Immerhin blieb den traurigen Eltern ihre geliebte Tochter Eleonore, die mittlerweile zu einer siebzehnjährigen jungen Frau herangewachsen war. Ein gewisser Anton Schönherr aus Lauterbach, Sohn einer begüterten Familie, machte der anmutigen Eleonore Stülpner einige Jahre in aller Form den Hof, was ihr Vater lange Zeit argwöhnisch beobachtete, dem jungen Glück dann aber doch seinen Segen gab. Im März 1820 heiratete das junge Paar und zog in das Haus in Scharfenstein ein. Karl Stülpner hatte das Haus an seinen Schwiegersohn verkauft, da es ihn erneut nach Böhmen zog. Obwohl er seine Heimat im Erzgebirge liebte, hatte er in den vergangenen Jahren den Lebensunterhalt für seine Familie mehr schlecht als recht mit Gelegenheitsarbeiten bestritten. In Böhmen hoffte er, erneut eine florierende Wirtschaft zu eröffnen. Daraus wurde aber nichts, denn seine geliebte Frau Christiane verstarb völlig unerwartet am 31. Mai 1820, kurz nachdem Stülpner im böhmischen Preßnitz ein Haus gekauft hatte.

Erneut entwurzelt, begann Stülpner ein weiteres Mal ein illegales Leben, in dem er Schmuggelhandel an der sächsisch-böhmischen Grenze betrieb. In jener Zeit lernte er seine zweite Frau, die dreißig Jahre jüngere Veronika Wentzora, kennen. Viel Zeit scheint Stülpner nicht mit Trauern um seine verstorbene Frau Christiane verbracht zu haben, denn Veronika Wentzora gebar ihm bereits am 24. April 1821 den gemeinsamen Sohn Carl Friedrich. Am 11. August 1823 heiratete das Paar. Stülpner hatte es inzwischen zu einem gewissen bürgerlichen Wohlstand und Ansehen gebracht. Mit finanzieller Hilfe seines Schwiegersohns erwarb er in Preßnitz eine Zwirnfabrik, die gute Gewinne abwarf. Das machte ihn wohl attraktiv für die junge Veronika Wentzora. Viel Glück war dieser Verbindung jedoch nicht vergönnt, Stülpner verließ seine Frau bereits 1827 wieder, als sie ein zweites Mal schwanger war.
Ein Jahr später ereilte Karl Stülpner ein schwerer Schicksalsschlag: Er erkrankte am Grauen Star und erblindete. Nach drei Jahren in völliger

Dunkelheit gelang es dem Chirurgen Seyfarth aus Mittweida, Stülpner durch eine Operation die Sehkraft auf dem linken Auge zurückzugeben. Glücklich über das wiedergewonnene Augenlicht musste Stülpner jedoch auf die Scherben seines Lebens blicken. Seine Zwirnfabrik war inzwischen pleite gegangen und er stand völlig allein im Leben. Mit Wehmut dachte er an die unbeschwerte Zeit im Wald zurück, wo er sich frei und ungebunden gefühlt hatte. Wie um diese längst vergangene Zeit erneut zu erleben, machte sich Stülpner zu einer großen Wanderung durch das Erzgebirge auf. Sein Name genoss immer noch einen guten Ruf in der Bevölkerung und allerorts kamen die Leute herbei, um den Geschichten des früheren Wilddiebes zu lauschen. In diesen Geschichten mischte sich immer mehr Wahrheit mit Wunschdenken und einem gehörigen Schuss Wildhüter-Romantik. Es war Karl Stülpner höchstselbst, der sein idealisiertes Bild vom Volkshelden entwarf. Aus dem Wilddieb, der sein illegales Tun aus der Not heraus begonnen hatte, wurde nun der Beschützer der Armen und Schwachen, der die einfachen Leute gegen den ausbeuterischen Adel und sogar gegen Räuberbanden beschützte. Später griffen immer wieder örtliche Chronisten und auch bekannte Schriftsteller die Geschichten von Stülpners unglaublichen Abenteuern auf. Bereits 1832 veröffentlichte der preußische Offizier und Schriftsteller Max von Sydow ein Buch mit dem klangvollen Titel „Der berüchtigte Wildschütz des sächsischen Erzgebirges Carl Stülpner, ein biografisches Gemählde, der Wahrheit treu angelegt und mit romantischen Farben ausgemalt“. Zum eigentlichen Chronisten von Karl Stülpners Leben wurde der Heimatforscher Carl Heinrich Schönberg, dem Stülpner seine ausgeschmückte Lebensgeschichte bereits 1835 erzählte. Diese erschien dann in gedruckter Form unter dem Titel „Carl Stülpners merkwürdiges Leben und Abenteuer als Wildschütz im sächsischen Hochgebirge“. Schon kurz nach Erscheinen wurde die Stülpner-Biografie vom Ministerium des Inneren als staatsgefährdend eingestuft und beschlagnahmt. Heute gilt das Buch als Hauptwerk über Karl Stülpners Leben.

Gegen Ende seines wechselvollen Lebens wurde Karl Stülpner zum staatlichen Versorgungsfall. 1839 kehrte er im Alter von 77 Jahren völlig mittellos in sein Heimatdorf Scharfenstein zurück. Er erhielt Bezüge aus der Armenkasse und wurde bei verschiedenen Dorfbewohnern untergebracht. Am 24. September 1841 starb Karl Stülpner und wurde auf dem Friedhof im benachbarten Großolbersdorf beerdigt. Sein Grab befindet sich heute noch dort und ist ein gern besuchter Ort für historisch interessierte Touristen.

Zum Abschluss der hier vorliegenden Betrachtungen stellt sich erneut die Frage, ob Karl Stülpner ein Volksheld im Stile des legendären Robin Hood war. Diese Frage muss mit nein beantwortet werden. Sicherlich war Stülpner beim einfachen Volk beliebt und geachtet. Die arme und geknechtete Bevölkerung im Erzgebirge sah im Leben des Wildschützen die eigene Hoffnung auf ein besseres und selbstbestimmtes Leben. Ein Held war Karl Stülpner aber sicherlich nicht, dazu haben ihn erst die Legenden über sein vermeintlich abenteuerliches Leben gemacht. Dieses Leben war jedoch durch staatliche Verfolgung, persönliche wie berufliche Rückschläge und ein Lebensende in bitterer Armut geprägt. Wirklich glücklich war Stülpner nur in den Jahren mit seiner Wildererbande und der gemeinsamen Zeit mit seiner ersten Frau Christiane und der gemeinsamen Tochter Eleonore.

Das heute noch erhaltene Grab des legendären sächsischen Volkshelden

Die Dunkelgräfin

Das Geheimnis von Hildburghausen

Kurz vor Mitternacht des 7. Mai 1807 passierte eine Kutsche das Stadttor von Hildburghausen, ohne angehalten und kontrolliert zu werden. Bei den Insassen der Kutsche musste es sich also um hochgestellte Personen halten, die wahrscheinlich sogar unter der Obhut des Herzogs von Sachsen-Hildburghausen standen. Ziel der Kutsche war das „Gasthaus zum Englischen Hof", wo die nächtlichen Gäste schon erwartet wurden. Bereits mehrere Wochen zuvor hatte der Hofkommissionär Johann Carl Andreä den Betreibern des Gasthauses die Ankunft zweier hochrangiger Gäste angekündigt, die auf unbestimmte Zeit in Hildburghausen verweilen wollten. Der Kutsche entstiegen ein elegant gekleideter Herr und eine tief verschleierte Dame, begleitet nur von einem einzelnen Mann, der Kutscher und Diener zugleich zu sein schien. Wie Hofkommissionär Andreä veranlasst hatte, waren die Türen des Gasthauses weit geöffnet, das Treppenhaus und das gemietete Zimmer hell erleuchtet. Die Betreiber des Hauses hielten sich diskret in der Gaststube auf, so dass das Paar, wie gewünscht, ungesehen ihr Domizil beziehen konnte. Diskretion hatte für das geheimnisvolle Paar oberste Priorität. Darum war es im „Gasthaus zum Englischen Hof" jedoch nicht gut bestellt. Schnell hatte sich die Ankunft der Fremden in Hildburghausen herumgesprochen und täglich

Apostelkirche in Hildburghausen

versuchten neugierige Gäste oder Stadtbewohner einen Blick auf die verschleierte Dame zu erhaschen. Aus unerfindlichen Gründen hieß es in der Stadt, die Dame verstecke einen Schweinerüssel unter ihrem Schleier. Dieses obskure Gerücht heizte die Neugier der Leute nur noch mehr an, was Herrn Vavel de Versay mit verständlichem Zorn erfüllte. Mit diesem Namen hatte sich der Begleiter der mysteriösen Dame den Besitzern des Gasthauses vorgestellt. Dass es sich hierbei natürlich um ein Pseudonym handelte, darin waren sich die Bürger von Hildburghausen einig. Versay verlangte von Hofkommissionär Andreä umgehend ein neues Quartier. Als Zwischenlösung wurde das ebenfalls am Markt gelegene herzogliche Kavaliershaus gewählt, das von mehreren Soldaten bewacht wurde. Doch auch hier verweilte das Paar nicht lange, durch die oft wechselnden Logiergäste fühlte sich die Dame gestört. Durch den Aufenthalt im herzoglichen Quartier wurde die Gerüchteküche von Hildburghausen erneut befeuert, da im Haus ausschließlich adelige Gäste logieren durften. Also war die verschleierte Dame möglicherweise eine hochrangige Aristokratin auf der Flucht vor ihrem eifersüchtigen Ehemann und Vavel de Versay ihr Geliebter. Jener beauftragte Hofkommissionär Andreä mit der Suche nach einem weniger zentral gelegenen Haus in der Stadt.

Die Wahl fiel auf ein Haus in der Neustadt, das nach seiner Besitzerin „Radefeldsches Haus“ genannt wurde. Frau Assistenzrätin Philippine Radefeld war zunächst wenig begeistert darüber, die geheimnisvollen Gäste aufzunehmen. Sie fürchtete die Neugier der Nachbarn und war über die Gerüchte betreffs der Dame verunsichert. Das Paar sollte sich legitimieren und die Dame ihr Gesicht zeigen, das waren die Bedingungen von Frau Radefeld, welche Versay natürlich vehement ablehnte. Erst die Intervention der Herzogin Charlotte von Sachsen-Hildburghausen bewog die Vermieterin, ihre Meinung zu ändern. Die Herzogin ließ Frau Radefeld extra zu sich bestellen und erklärte ihr die prekäre Lage, in welcher sich das Paar befand. Es war dringend notwendig, dass die Dame in Ruhe und Zurückgezogenheit leben konnte, da sie vor einiger Zeit ein schwerer Schicksalsschlag getroffen hatte. Sie war weder die Geliebte noch eine Gefangene von Vavel de Versay. Jener war lediglich von höchsten adligen Kreisen verpflichtet worden, für die Sicherheit der Dame zu sorgen und ihr Wohlergehen zu gewährleisten. Nach der Fürsprache durch die Herzogin war Frau Radefeld gern bereit, das geheimnisvolle Paar in ihrem Haus zu beherbergen. Das Paar bezog den ersten Stock des Hauses, welcher mit gemieteten Möbeln behaglich eingerichtet wurde. Für das leibliche Wohl sorgte eine Köchin namens Johanna Weber. Auch bei ihr wurde auf äußerste Diskretion geachtet, sie durfte sich nur in der Küche aufhalten und bekam so die Dame nie zu Gesicht, welche sich in der Wohnung unverschleiert bewegte. Das „Radefeldsche Haus“ besaß zwei parallel angeschlossene Nebengebäude, welche den Hof vor neugierigen Blicken schützten. Das gefiel dem Grafen, wie Versay inzwischen in Hildburghausen genannt wurde. So war es möglich, unbeobachtet die Kutsche für die täglichen Ausfahrten mit der Dame zu besteigen.

Üblicherweise auf äußerste Diskretion bedacht, führte Versay hin und wieder kurze Gespräche mit Frau Radefeld. Sie schilderte den Grafen als vollendeten Kavalier mit tadellosem Benehmen. Er sprach ein ausgezeichnetes Deutsch, wenn auch mit einem deutlichen Akzent. Über seine Begleiterin verlor Versay nie auch nur ein einziges Wort. Nach Ansicht von Frau Radefeld war sie definitiv nicht seine Gemahlin oder Geliebte. In einigen heimlich beobachteten Situationen hatte sich der Graf der Dame gegenüber fast unterwürfig verhalten, was eine Beziehung zwischen den beiden ausschloss. Im „Radefeldschen Haus" schien für Vavel de Versay die Diskretion gewahrt, denn er verweilte immerhin zweieinhalb Jahre mit der geheimnisvollen Dame an diesem Ort. Auch das Interesse der Ortsansässigen ließ mit der Zeit nach, so dass die Identität seiner Begleiterin geschützt blieb. Versay wurde jedoch nicht müde, seine Aufgabe zu erfüllen. Er sorgte für ständig verhangene Fenster, überwachte penibel das Kontaktverbot für die Angehörigen der Hausbesitzerin und trug ständig eine geladene Waffe bei sich. Einen Handwerkerlehrling, der unabsichtlich den ersten Stock des Hauses betrat, soll Versay mit vorgehaltener Pistole vertrieben haben.

Der geplante Verkauf des Hauses im Jahre 1810 stürzte Vavel de Versay in arge Bedrängnis. Frau Radefeld konnte er vertrauen, ob es bei einem neuen Besitzer ebenso sein würde, war nicht abzuschätzen. Wiederum wurde Hofkommissionär Andreä mit der Suche nach einer neuen Bleibe beauftragt. Seine Wahl fiel auf das leer stehende Schloss des Ortes Eishausen, etwa 15 Kilometer von Hildburghausen entfernt. Der Tipp kam von Herzogin Charlotte. Das Schloss war erst kürzlich von der herzoglichen Kammerverwaltung erworben worden, ein weiterer Hinweis darauf, dass der Herzogin das Wohlergehen des geheimnisvollen Paares am Herzen lag. Laut Aussagen von Bediensteten des herzoglichen Hofes soll es zu jener Zeit zu mehreren Treffen von Vavel de Versay mit dem Herzog von Sachsen-Hildburghausen und dessen Frau gekommen sein. Es muss sich bei Versay und seiner Begleiterin also zweifellos um hochrangige Persönlichkeiten gehandelt haben. Im Schloss Eishausen wurde der zweite und dritte Stock für Versay und seine Gefährtin hergerichtet. Das Erdgeschoss wurde zunächst weiterhin von den Verwaltern, dem Ehepaar Handschuch, bewohnt. Versay fühlte sich von dem Ehepaar in seiner Diskretion erwartungsgemäß gestört und verhandelte mit ihnen über ihren Auszug aus dem Schloss. Nach Zahlung einer beträchtlichen Summe bezog Familie Handschuch eine Wohnung im Dorf. Nun wurde das geräumige Schloss nur noch von Vavel de Versay, der geheimnisvollen Unbekannten, dem treuen Diener Scharr und der Köchin Johanna Weber bewohnt. Schloss Eishausen war wie geschaffen für das zurückgezogene Leben des Paares. Es verfügte über genügend hohe Mauern zum Sichtschutz,

Louis XVI. und Marie Antoinette im hochzeitlichen Gewand, 1770

welcher von mehreren Wirtschaftsgebäuden noch verstärkt wurde. Beim Abbruch des Schlosses im Jahre 1873 wurde zudem ein Geheimgang vom Keller zu einem nahegelegenen Waldstück entdeckt. Bei unliebsamem Besuch hätte das Paar also auch ungesehen verschwinden können. Zum Zeitvertreib für die Dame mietete Versay einen an das Schloss grenzenden Garten, welcher trotz hoher Hecken noch mit einem zweieinhalb Meter hohen Bretterzaun versehen wurde. Die Dame ging mehrmals täglich im Garten spazieren, wobei sie Versay aus einem Schlossfenster heraus mit geladener Pistole bewachte.

Das Leben des geheimnisvollen Paares im Schloss Eishausen verlief nach täglicher Routine. Zwischen fünf und sieben Uhr morgens lieferten verschiedene Boten Lebensmittel und Zeitungen im Schloss ab. Das Paar pflegte gegen neun Uhr zu frühstücken und unternahm täglich ab zehn Uhr eine Kutschfahrt in die nähere Umgebung. Nach einem frühen Mittagessen las Versay seine Zeitungen, während die Dame sich mit Handarbeiten beschäftigte oder mit ihren Katzen spielte. Nachmittags und am frühen Abend unternahm die Dame dann ihre täglichen Spaziergänge im Garten. Am Abend dinierte das Paar großzügig, trank dabei erlesene Weine und Liköre.

Des Öfteren wurde das abgeschiedene Leben des Paares jedoch durch widrige Begebenheiten gestört. Erstes tragisches Ereignis war der Tod des treuen Dieners Scharr am 6. April 1817. Er hinterließ zwei Kinder, welche er mit der Köchin Johanna Weber gezeugt hatte, die nun die einzige Bedienstete im Schloss war. Das nächste schmerzliche Ereignis war der Tod von Herzogin Charlotte, die bis dahin immer ihre Hand schützend über das geheimnisvolle Paar gehalten hatte. Die einschneidendste Entwicklung war aber zweifellos die politische Neuordnung im Herzogtum Sachsen-Hildburghausen. Nach einem Teilungsvertrag vom 12. November 1826 verließ Herzog Friedrich das Land, um die Herrschaft über das verwaiste Sachsen-Altenburg zu übernehmen. Neuer Landesherr wurde Herzog Bernhard II. von Sachsen-Meiningen-Hildburghausen.

Obwohl Versay vom scheidenden Landesherren einen Schutzbrief erhalten hatte, drängten die neuen Behörden auf eine Legitimierung der Bewohner des Schlosses Eishausen. In dieser Situation erwog Versay ernsthaft, das Herzogtum zu verlassen. Erst das Eingreifen von Hofkommissionär Andreä veranlasste Versay zu bleiben. Andreä regte beim Magistrat von Hildburghausen die Ernennung Versays zum Ehrenbürger an. Der Ernennung wurde gern stattgegeben, da Versay durch seine Wohltätigkeit in der Gegend sehr beliebt war. Mit der Würde des Ehrenbürgers war die Legitimierung als Ehrenmann gewährleistet und die Behörden belästigten Versay und seine Begleiterin nicht mehr. Als Dank an die Stadt Hildburghausen erwarb Versay über Hofkommissionär Andreä ein Haus in Hildburghausen. Andreä ließ das sogenannte „Schwarzkopfsche Haus“ umfassend sanieren, einrichten und den Garten mit einem hohen Zaun versehen. Im Parterre wohnte das Verwalterpaar Schmidt mit seinen beiden Söhnen, der Rest des Hauses war den neuen Besitzern vorbehalten. Versay und seine Begleiterin unternahmen mehrmals wöchentlich Ausflüge zu ihrer neuen Besitzung, übernachteten allerdings niemals dort. Im Übrigen galt die übliche Diskretion wie in allen Behausungen des Paares. Das Haus sollte jedoch nicht der letzte Immobilienkauf des Paares bleiben. Während einer Spazierfahrt nach Hildburghausen wies die Dame auf ein Haus an der Nordseite des Stadtberges, das ihr außerordentlich gut gefiel. Es gehörte damals dem Geheimrat von Schuler, weshalb

der Standort auch als Schulersberg bezeichnet wurde. Im Jahre 1833 wurden sich Versay und der Besitzer über den Verkauf des Objektes einig und das Haus auf dem Schulersberg wurde zum Lieblingsdomizil der geheimnisvollen Dame. Sie war in den letzten Jahren zunehmend kränklich geworden und die ständige Geheimhaltung zerrüttete sie nervlich. Auf dem Schulersberg konnte sich die Dame ungezwungener bewegen, was ihrer Gesundheit zu Gute kam. Als Verwalter fungierte Simon Schmidt, ein Sohn des Verwalterpaares Schmidt, welcher mit seiner Frau Dorothea und seinem Sohn Johann Ludwig auch im Haus auf dem Schulersberg wohnte. Versay schien großes Vertrauen in die gesamte Familie Schmidt gesetzt zu haben, denn deren anderer Sohn Johann Eberhard und seine Frau Friederike ersetzten ab 1835 das bisherige Personal im Schloss Eishausen.
Mittlerweile war die geheimnisvolle Dame ernsthaft krank. Sie war zeitweilig bettlägerig und wurde hingebungsvoll von Friederike Schmidt gepflegt. Auch Versay war gealtert und wurde von der Gicht geplagt, stellte jedoch seine Gesundheit hinten an, um die Dame weiterhin zu beschützen. Mehrmals wurden Ärzte in das Schloss gerufen, welche die Dame aber nicht persönlich untersuchen durften. Sie wurden in einem Nebenzimmer über das Krankheitsbild der Dame informiert, die mit ihrem Begleiter Zwiesprache hielt. Es wurden verschiedene Medikamente verordnet, über die genaue Krankheit der Dame ist jedoch nichts bekannt. Die von der Hildburghausener Apotheke gelieferten Heilmittel lassen jedoch auf ein nervöses Nervenleiden schließen. Trotz der verordneten Medikamente wurde die Dame nie wieder richtig gesund. Im Oktober 1837 erlitt sie im Garten des Schlosses einen Schwächeanfall und konnte das Bett anschließend nicht mehr verlassen.

Am 25. November 1837 verstarb die geheimnisvolle Dame in den Armen ihres treuen Beschützers Vavel de Versay. Ein herbeigerufener Arzt stellte eine natürliche Todesursache fest und schätzte das Alter der Dame auf etwa sechzig Jahre. Die Dienerschaft erklärte später, sie sei an allgemeiner Schwäche gestorben. Auf Wunsch der Dame sollte sie auf dem Schulersberg beerdigt werden, jenem Ort, den sie so geliebt hatte. Um ihr diesen Wunsch erfüllen zu können, musste

Versay den Behörden die Identität der Dame preisgeben. Nach anfänglichem Zögern erklärte er den Behörden, die Dame sei eine gewisse Sophia Botta gewesen, achtundfünfzig Jahre alt, ledig und bürgerlichen Standes. Die Behörden gaben sich mit den Angaben zufrieden und gestatteten die Beerdigung der Dame auf dem Schulersberg. Am 28. November 1837 setzte sich der Trauerzug mit dem Sarg der Dame um vier Uhr morgens vom Schloss Eishausen Richtung Hildburghausen in Bewegung. Am Schulersberg angekommen, wurde der Sarg von mehreren Männern zur vorbereiteten Grabstätte auf halber Höhe des Berges getragen. Im Lichte vieler Fackeln ließen die Träger den Sarg in aller Stille in das Grab hinab. Noch während ein anwesender Priester das „Vaterunser“ sprach, verließ der bestürzte Versay das Begräbnis. Niemand sollte die Tränen sehen, die er um seine Gefährtin vergoss. Versay besuchte die Grabstätte nur ein einziges Mal. Das war im Jahre 1838, wobei er auf Grund von Altersschwäche und Gicht schon von seinen Dienern gestützt werden musste.
Seinen Lebensabend verbrachte Vavel de Versay gemeinsam mit den beiden jungen Familien Schmidt im Schloss Eishausen. Geheimhaltung war nun nicht mehr von Nöten, allerdings verließ der kränkelnde Versay das Schloss nur noch selten und versank in selbstgewählte Einsamkeit. Obwohl ihm seine Dienerschaft das Leben so angenehm wie möglich machte, konnte Versay den Tod seiner Gefährtin nicht verwinden. Am 8. April 1845 verstarb er im Beisein seiner Angestellten im Schloss von Eishausen. Das Begräbnis von Vavel de Versay am 11. April 1845 wurde zu einem wahren Volksauflauf. Die gesamte Bevölkerung von Eishausen und zahlreiche Gäste aus Hildburghausen erwiesen dem Wohltäter die letzte Ehre. Der kleine Friedhof von Eishausen konnte die Masse der Trauergäste nicht fassen. Dort wurde Versay neben dem früheren Pfarrer Kühner beerdigt, mit dem ihn eine Freundschaft verbunden hatte. Warum Vavel de Versay seine letzte Ruhestätte nicht neben seiner Gefährtin auf dem Schulersberg fand, wie es sein letzter Wunsch war, bleibt verborgen.
Nach der Sichtung des Nachlasses von Versay stellte sich heraus, dass er in Wirklichkeit Leonardus Cornelius van der Valck hieß, 1769 in Amsterdam geboren wurde und vormals Gesandtschaftssekretär der batavischen Republik, dem späteren Königreich Holland, gewesen

Das „Radefeldsche Haus“: Zwischenzeitliches Domizil der Dunkelgräfin

war. Er hatte in Bonn und Göttingen studiert und ab 1792 in Paris gelebt. Dort verkehrte er in aristokratischen Kreisen und war mit Claude Joseph Rouget de Lisle, dem Komponisten der Marseillaise, befreundet. Mit der finanziellen Unterstützung seiner Großmutter kaufte sich Valck eine Offiziersstelle in der französischen Armee und diente in einem Jägerbataillon an der preußischen Grenze. Im Mai 1795 geriet er bei Kämpfen in preußische Gefangenschaft, wo er Prinz Karl von Hohenlohe-Bartenstein kennenlernte. Dieser machte ihn mit Wilhelmus van Bennekom, dem Sekretär der batavischen Republik, bekannt, welcher ihm nach der Entlassung aus der Kriegsgefangenschaft die Stelle des Gesandtschaftssekretärs der batavischen Republik in Paris besorgte.

Wie Cornelius van der Valck vom Diplomaten zum Schutzherren der geheimnisvollen Dame von Hildburghausen wurde, ist bis heute unklar. Einige Forscher sehen eine Querverbindung zwischen seiner Freundschaft mit Rouget de Lisle und dessen Teilnahme am Begleitkommando der französischen Prinzessin Marie Thérèse Charlotte de

Bourbon, genannt Madame Royale, die Tochter des französischen Königs Ludwig XVI und seiner Frau Marie Antoinette. Diese wurde am 24.12.1795 im Grenzort Hüningen im Austausch gegen französische Kriegsgefangene an Österreich übergeben. Dass Valck zum Beschützer der ausgetauschten Madame Royale geworden sei, basiert auf der Theorie, dass die geheimnisvolle Dame von Hildburghausen Marie Thérèse war. Wie kam es zu jener Vorstellung?

Es ist zumindest klar, dass es sich bei der Dunkelgräfin um eine hochgestellte Person gehandelt haben muss. Nach dem Tod von Cornelius van der Valck stellte sich nämlich heraus, dass der Hofkommissionär Andreä weit tiefer in die Angelegenheiten von Valck und der geheimnisvollen Dame eingeweiht war, als bislang vermutet wurde. So berichtete er von einem Begleitschreiben an die Herzogin von Sachsen-Hildburghausen, in welchem sie von einer hochstehenden Person aus dem europäischen Adel aufgefordert worden war, Valck und seine Begleiterin unter allen Umständen zu unterstützen. Wenn Andreä auch den Namen der hochrangigen Persönlichkeit nicht verriet, so ist doch klar, dass die geheimnisvolle Dame aus den höchsten Kreisen des europäischen Adels stammen musste. Außerdem erklärte Andreä, dass sich die Dame freiwillig mit Cornelius van der Valck in Hildburghausen und Eishausen niederließ, somit keine gefangene oder entführte Person war, wie oft vermutet wurde.
Schon kurz nach dem Tod von Cornelius van der Valck setzte eine kontroverse Diskussion über ihn und die Identität der geheimnisvollen Dame ein, die bis heute anhält. Die ausufernden Beschreibungen von Valck in Büchern und Presse zeichneten diesen vom liebevollen Beschützer bis hin zum gnadenlosen Verbrecher, der seine Geliebte 27 Jahre gefangen hielt. Der objektivste Bericht kam wohl von Dr. Karl Kühner, dem Sohn des Eishausener Pfarrers Heinrich Kühner, dem Cornelius van der Valck ja in einer seltsamen Art von Freundschaft verbunden war. Die Männer tauschten täglich kurze Briefe aus und diskutierten auf diese Weise über Politik, Kultur und Religion. Erstaunlicherweise wechselten sie persönlich niemals ein Wort. Auf Grund der erhaltenen Korrespondenz und seinen persönlichen Erlebnissen entwarf Dr. Karl Kühner ein interessantes Porträt von Valck

und dessen Schützling. Obwohl mit den Augen eines Kindes gesehen, hatte er doch die Ereignisse um die geheimnisvolle Dame und ihren Beschützer aus nächster Nähe erlebt. Mit seiner Veröffentlichung „Die Geheimnisvollen im Schlosse von Eishausen“ brachte Kühner das Thema der Vertauschung der französischen Prinzessin Marie Thérèse Charlotte de Bourbon erstmals einem breiteren Publikum nahe. Andere Forscher und Autoren griffen seine Thesen in der Folgezeit immer wieder auf, die sich dann mit der Zeit sozusagen verselbstständigten und schnell zu einer feststehenden Tatsache wurden, obwohl es keine stichhaltigen Beweise dafür gab. Aufbauend auf Kühners Vermutungen veröffentlichten verschiedene Autoren aus dem Raum Hildburghausen auch Romane, die sich mit den Geschehnissen um Cornelius van der Valck und seine geheimnisvolle Begleiterin beschäftigten. Obwohl ihre Bücher in Romanform erschienen, versuchten diese Autoren, die Identität der geheimnisvollen Dame zu klären. Bis heute gern gelesen ist Ludwig Bechsteins „Der Dunkelgraf“ von 1854. Der von Bechstein geprägte Begriff „Dunkelgraf“ bürgerte sich nach der Veröffentlichung des Buches schnell als Bezeichnung für Cornelius van der Valck ein. Die ehemaligen Bewohner des Schlosses Eishausen wurden nun auch als das Dunkelgrafenpaar bezeichnet.
Ab 1880 betrieb Kirchenrat Dr. Rudolf Armin Human intensive Forschungen, um das Geheimnis des Dunkelgrafenpaares zu lösen. Er unterzog den schriftlichen Nachlass von Cornelius van der Valck sowie die von Pfarrer Kühner erhaltenen Papiere einer sorgfältigen Studie und veröffentlichte die Ergebnisse seiner Arbeit 1883 in der historisch fundierten Dokumentation „Der Dunkelgraf von Eishausen“. Das Buch gilt noch heute als Standardwerk zur Dunkelgrafenforschung. Human war es auch, der die Öffnung des Grabes der Dunkelgräfin anregte, um anhand der sterblichen Überreste Hinweise auf die Identität der geheimnisvollen Dame zu finden. Nach Klärung der behördlichen Auflagen fanden sich am 8. Juli 1890 neben Dr. Human der Arzt Dr. von Mielecki sowie ein örtlicher Totengräber auf dem Schulersberg ein, um die Exhumierung der Dunkelgräfin vorzunehmen. Aufschlussreiche Ergebnisse brachte das Vorhaben jedoch nicht. Dr. von Mielecki konnte anhand des Skeletts lediglich feststellen, dass es sich um eine erwachsene weibliche Person handelte, wobei die Knochenabnutzun-

Schlosspark in Hildburghausen

gen das Sterbealter von 58 Jahren bestätigten. Bis auf die Schuhe war von der Kleidung der Dame nichts mehr erhalten, so dass auch hierdurch kein Hinweis auf ihre Identität möglich war. Doch Dr. Human wollte noch nicht aufgeben. Weitere Nachforschungen ergaben, dass einige Möbelstücke aus dem Nachlass von Cornelius van der Valck und der geheimnisvollen Dame die drei heraldisch stilisierten goldenen Lilien des Hauses Bourbon aufwiesen. Human sah darin einen Hinweis auf die Herkunft der Dame. War die Dunkelgräfin tatsächlich Marie Thérèse Charlotte de Bourbon? Oder vielleicht stand die Dame aus dem Eishausener Schloss den Bourbonen ebenfalls nahe?

Der französische Historiker G. Lenôtre führte am 30. November 1899 ein Gespräch mit einer russischen Großfürstin, welche eine geborene Herzogin von Mecklenburg-Strelitz war. Die Dame stand auch in weitläufiger verwandtschaftlicher Beziehung zu Charlotte von Sachsen-Hildburghausen, die ja seit langem als die Beschützerin der geheimnisvollen Dame von Hildburghausen galt. Die Großfürstin erzählte dem französischen Forscher, im europäischen Adel sei es wohlbekannt gewesen, dass es sich bei der Dunkelgräfin um die französische Prinzessin Marie Thérèse gehandelt habe. Aufbauend auf dieser nicht bewiesenen Aussage verfasste Lenôtre sein 1907 erschienenes Buch „La Fille de Louis XVI: Marie-Thérèse Charlotte de France, Duchesse d'Angoulême", in welchem er speziell auf die angebliche Wesensveränderung der französischen Prinzessin als spätere Herzogin von Angoulême einging.

Im Jahr 1912 war es der Berliner Forscher Dr. Richard Henning, welcher anhand von Porträtvergleichen von Marie Thérèse und der Herzogin von Angoulême beweisen wollte, dass es eine Vertauschung der französischen Prinzessin gegeben hatte. An späterer Stelle in diesem Kapitel soll anschaulich ausgeführt werden, dass solche Vergleiche wissenschaftlich nicht haltbar sind.

Der Forscher Otto Victor Maeckel bekam im Jahr 1927 die Gelegenheit, die Korrespondenzen verschiedener deutscher Adelshäuser zu sichten, unter anderem auch des Hauses Sachsen-Altenburg. Ihm fiel auf, dass darin viele Passagen geschwärzt waren, die in die Zeit des Aufenthaltes von Cornelius van der Valck und seiner Begleiterin in Hildburghausen und Eishausen fielen. Maeckel schlussfolgerte, dass hier eine hochstehende Dame der europäischen Adelsgesellschaft geschützt werden sollte. Vom Haus Sachsen-Altenburg erhielt Maeckel die Erlaubnis, in den noch erhaltenen Kellergängen des 1873 abgerissenen Schlosses Eishausen Grabungen durchzuführen. Er hoffte, dort versteckte Dokumente zu finden. Die Suche war allerdings nicht von Erfolg gekrönt. Im Frühjahr 1928 reiste Maeckel nach Amsterdam, um den schriftlichen Nachlass von Cornelius van der Valck zu sichten, der von einem Verwandten aufbewahrt wurde. Seine Erkenntnisse veröffentlichte Maeckel in dem Buch „The Dunkelgraf Mystery", welches 1929 in London erschien. Wie zu erwarten, präsentierte auch Maeckel die französische Prinzessin Marie Thérèse Charlotte de Bourbon als Dunkelgräfin von Hildburghausen, was sich natürlich auf den Verkaufserfolg des Buches positiv auswirkte, da die vorherrschenden Vermutungen wieder bestätigt wurden. In den folgenden zehn Jahren versuchte Maeckel weiterhin, stichhaltige Beweise für seine Theorie zu finden, die bislang nur aus Indizien und Gerüchten bestand. Kurz vor der Fertigstellung eines neuen Manuskripts starb Otto Victor Maeckel am 4. Oktober 1939 in Frienlendorf bei Kassel. Seine Erben überließen das Manuskript dem Historiker und Archäologen Friedrich Ernst Prinz von Sachsen-Altenburg zur Fertigstellung.

Gemeinsam mit Maeckels Mitarbeiterin Rosa Saur aus Hildburghausen überarbeitete Prinz Friedrich Ernst das Manuskript und versah es mit eigenen Gedanken und Schlussfolgerungen. Im Jahre 1954 erschien das Buch dann unter dem Titel „L'Ènigme de Madame Royale" in Frankreich. Als alleiniger Autor fungierte der Prinz von Sachsen-Altenburg. Im Wesentlichen folgte der Autor der vorherrschenden Meinung, dass es sich bei der Dunkelgräfin um Prinzessin Marie Thérèse gehandelt habe. Als Ersatzperson für die französische Prinzessin präsentierte Prinz Friedrich Ernst Ernestine Lambriquet, eine Ziehtochter von Marie Antoinette. Da der Autor dem Hause Sachsen-Altenburg entstammt, das bekanntlich in das Geheimnis der Dame von Hildburghausen verwickelt war, galt sein Wort als besonders gewichtig.

In späterer Zeit war es die deutsche Helga Rühle Gräfin von Lilienstern, welche mit ihren Veröffentlichungen die These von der Vertauschung von Madame Royale immer wieder zu bestätigen versuchte, obwohl es keine stichhaltigen Beweise gab. Die Gräfin starb am 7. April 2013, erlebte die Widerlegung ihrer Theorie also nicht mehr.

Wen beschützte der holländische Diplomat Cornelius van der Valck nun tatsächlich? Warum wurde Marie Thérèse Charlotte de Bourbon als die Dunkelgräfin gehandelt? Um diese Fragen klären zu können, müssen wir uns zunächst mit dem Werdegang der französischen Prinzessin beschäftigen.

Marie Thérèse Charlotte de Bourbon wurde am 19.12.1778 im königlichen Schloss von Versailles geboren. Ihr Vater, König Louis XVI., galt im französischen Volk als schwacher, wenig durchsetzungsfähiger Monarch, der lieber seinem Hobby, dem Sammeln und Reparieren von seltenen Uhren, nachging, als sich um die Regierungsgeschäfte zu kümmern. Diese besorgte an seiner Statt seine aus dem kaiserlich-österreichischen Geschlecht stammende Frau Marie Antoinette, die beim Volk ob ihrer ausländischen Herkunft und ihrer vermeintlichen Verschwendungssucht regelrecht verhasst war. Fast schon legendär ist ihr Ausspruch, das Volk solle doch Kuchen essen, wenn es kein Brot habe. Heute wissen wir jedoch, dass ihr dieser Satz fälschlicherweise von einem Vertreter der Französischen Revolution untergeschoben wurde und dass das Herrscherpaar sein Land nicht besser oder schlechter als ihre Vorgänger regierte.

König Louis XVI. hatte zwar auf einen Thronfolger, sprich einen Sohn, gewartet, freute sich aber über die gesunde Tochter, die seine Frau zur Welt brachte. Schon kurz nach ihrer Geburt wurde für Marie Thérèse ein beachtlicher Hofstaat zusammengestellt. Dieser bestand aus mehreren Geistlichen, neun Ärzten, einem Barbier, verschiedenen Lehrern und einer Vielzahl von Zofen. Anders als in Adelskreisen üblich kümmerte sich Marie Antoinette persönlich um das Wohlergehen ihrer Tochter. Für die eigentliche Erziehung des Mädchens waren mehrere Gouvernanten zuständig. Marie Thérèse wuchs jenseits der strengen höfischen Etikette auf, verbrachte mit ihrer Mutter viel Zeit auf dem kleinen Schloss Petit Trianon, das in der Nähe von Versailles lag. Am königlichen Hof sah die Etikette für königliche Prinzessinnen enge, unbequeme Kleider und ein strenges Protokoll vor. Im Petit Trianon trug Marie Thérèse einfache Kleidung, spielte mit den Kindern der Bediensteten und kümmerte sich, so hieß es später, liebevoll um die dort lebenden Haustiere. Von Zeitgenossen wurde die heranwachsende Marie Thérèse als sanftes und zurückhaltendes, fast schon etwas melancholisches Wesen beschrieben. Neben ihren leiblichen Geschwistern adoptierte das Königspaar im Jahre 1788 die zehnjährige Marie-Philippine Lambriquet, die Tochter der kürzlich verstorbenen königlichen Kammerfrau Philippine Lambriquet. Um Verwechslungen vorzubeugen, erhielt das Mädchen nach der Adoption den Rufnamen Ernestine. Um die Geburt des Mädchens rankte sich eine delikate Legende. Obwohl mit dem Kammerherren Jacques Lambriquet verheiratet, soll Philippine ihre Tochter mit dem König gezeugt haben. Frisch genesen nach der Operation seiner Phimose soll der König eine „Nacht auf Probe“ mit der Kammerfrau verbracht haben, deren Ergebnis die Geburt von Ernestine war. Allerdings handelt

es sich hierbei nur um eines der vielen Gerüchte um Louis XVI. und Marie Antoinette, welches nicht stichhaltig bewiesen ist. Verfechter der Vertauschungstheorie sehen jedoch in Ernestine Lambriquet die „falsche“ Madame Royale, die spätere Herzogin von Angoulême. Als fadenscheinige Argumente werden die Adoption und die vermeintliche Ähnlichkeit mit Louis XVI. angeführt. In Wahrheit hatte sich das Königspaar schon verschiedener Waisenkinder ihres Hofstaates angenommen und das Aussehen von Ernestine Lambriquet kennen wir nur von Gemälden. Da das Mädchen nun zur königlichen Familie gehörte, ist es durchaus anzunehmen, dass die Maler eine gewisse Familienähnlichkeit in die Gesichtszüge der jungen Dame „hineinschummelten“.
Das Ziehkind von Marie Antoinette wurde völlig in die königliche Familie integriert, genoss alle Vorzüge wie die leiblichen Kinder des Herrscherpaares. Gemeinsam wurden sie von den besten Lehrern des Landes unterrichtet und auf ihre exponierte Stellung am königlichen Hofe vorbereitet. Marie Thérèse und Ernestine waren unzertrennlich, genossen gemeinsam ihre unbeschwerte Kindheit und Jugend. Mit dieser Idylle sollte es jedoch schlagartig vorbei sein. Schon seit Jahrzehnten gärte die Wut des französischen Volkes auf ihre bourbonischen Herrscher. Beginnend mit dem „Sonnenkönig“ Louis XIV. hatten auch die folgenden Könige eine Verschwendungssucht an den Tag gelegt, die immer mehr auf Kosten der einfachen Leute ging. Immer wieder wurden im Land die Rufe nach einer konstitutionellen Monarchie laut, welche durch die Obrigkeit jedoch brutal unterdrückt wurden. Auf die Einzelheiten der beginnenden Französischen Revolution einzugehen, ist aus Platzgründen hier leider nicht möglich. Es sei nur so viel gesagt, dass die Ursachen der Revolution aus den sozialen Spannungen der drei französischen Stände entstanden, Adel, Klerus und der sogenannte „Dritte Stand“, Bürger und Bauern. Immer lauter wurden die Forderungen nach der Abschaffung der absoluten Monarchie zu Gunsten der konstitutionellen Monarchie. In der ersten Phase der Revolution kam es zum berühmt-berüchtigten „Sturm auf die Bastille“, dem heute bekanntesten Symbol dessen, was wir heute als Französische Revolution beschreiben.
Das Königspaar versuchte zunächst, die Wirren der Revolution von ihren Kindern fernzuhalten. Marie Thérèse und ihre Geschwister leb-

ten ungehindert ihr gewohntes Leben in Versailles weiter, während in Paris der Mob wütete. Die Idylle konnte jedoch nicht mehr lange aufrechterhalten werden. Der eigentlich als Demonstration geplante „Zug der Fischweiber“ nach Versailles artete zu einem gewalttätigen Fanal aus, in dessen Zentrum die königliche Familie stand. Die Männer der sich selbst als Nationalgarde bezeichnenden Bürgermiliz stürmten das Schloss, töteten die Wachen und besetzten die Gemächer der Herrscherfamilie. Von radikalen Vertretern der Revolution angestachelt, wurde lauthals der Tod von Louis XVI. und Marie Antoinette gefordert. Der Sturm auf das heimische Schloss, die Demütigung der Eltern, der grausame Tod des Wachpersonals, das alles wirkte sich traumatisierend auf die Psyche der Prinzessin Marie Thérèse aus. Dieses Trauma führte nach Ansicht von Vertretern der Vertauschungstheorie später zum völligen psychischen Zusammenbruch der Prinzessin.

Die Nationalversammlung forderte die königliche Familie unmissverständlich auf, von Versailles nach Paris zu ziehen. Es hieß, das Volk brauche seinen König, was wohl eher eine galante Umschreibung der wirklichen Gründe war: Der Adelsstamm der Bourbonen war in Europa weit verzweigt und die Revolutionäre fürchteten eine Flucht der Königsfamilie. Neuer Wohnort der königlichen Familie wurden die Tuilerien, das alte Stadtschloss in Paris. Das seit Jahrzehnten leer stehende Schloss bot wenig Annehmlichkeiten, wurde jedoch notdürftig mit Möbeln, Gemälden und Teppichen aus Versailles hergerichtet. Der König erkannte in dieser Zeit den Ernst der Lage nicht, die Gefahr, die für Leib und Leben seiner Familie bestand. Während der Zeit in den Tuilerien war eine Flucht ins Ausland noch möglich. Das Schloss wurde zwar von Nationalgardisten bewacht, die königliche Familie konnte sich jedoch noch frei bewegen. Offiziell war König Louis XVI. zwar noch an der Macht, doch die Politik in Paris machte die Nationalversammlung. Auf deren Beschluss wurde dem König die Umwandlung der absoluten Monarchie in eine konstitutionelle Monarchie vorgeschlagen mit dem Hinweis, dass er nur so seinen Thron behalten könnte. Schweren Herzens stimmte der König dieser Änderung zu und verkündete am 4. Februar 1790 vor der Nationalversammlung, die Verfassung der konstitutionellen Monarchie anzunehmen. Der Jubel der Versammelten ließ im König die Hoffnung aufkeimen,

Schuhe aus dem Nachlass der Dunkelgräfin

dass sich die Dinge nun doch noch zum Guten wenden würden. Diese Hoffnung hielt immerhin bis zum 14. September 1790 vor, an dem Louis XVI. die Verfassung unterzeichnete. Obwohl die Bourbonen nominell immer noch das Herrschergeschlecht in Frankreich waren, hatten die Bürger jeglichen Respekt vor der Königsfamilie verloren. Fast täglich zog der Pöbel plündernd durch die Tuilerien, beschimpfte die königliche Familie und drohte ihr gar mit dem Tode. Immer öfter wurde Marie Antoinette zur Zielscheibe des Hasses. Sie drängte ihren Gatten, die Flucht der Familie aus Paris zu organisieren. Obwohl die Nationalversammlung von diesen Plänen der Königsfamilie erfahren hatte, gelang ihnen in der Nacht des 20. Juni 1791 die Flucht aus dem bewachten Schloss. Mit einer Kutsche und einigen vertrauenswürdigen Adligen zu Pferde flohen sie in Richtung des österreichischen Hoheitsgebietes, wo man auf Asyl hoffte. Die Flucht der königlichen Familie endete jedoch in der Ortschaft Varennes. Der dort geplante Pferdewechsel konnte nicht stattfinden, da die Flüchtenden mehrere Stunden nach dem vereinbarten Zeitpunkt ankamen und die wartenden Verbündeten bereits verschwunden waren in der Annahme, der Fluchtversuch sei fehlgeschlagen. Unvorsichtigerweise stieg der König aus der Kutsche und wurde sofort von Passanten erkannt, die ihm laut-

Bildnis und Hinterlassenschaften von Leonardus Cornelius van der Valck

stark huldigten. Nur wenige Minuten später erfuhr der Bürgermeister von Varennes vom unerwarteten Besuch in seiner Stadt und setzte mit Hilfe von mehreren bewaffneten Bürgern die Königsfamilie fest. Die eiligst informierte Nationalversammlung schickte Gardisten nach Varennes, um Louis XVI. und seine Familie zurück nach Paris zu bringen. Die Rückreise der königlichen Familie geriet zu einem wahren Spießrutenlauf. In jeder durchquerten Ortschaft wurde sie von wütenden Anhängern der Revolution mit Verwünschungen überschüttet. Der Empfang in Paris war regelrecht feindselig. In der Annahme einer gelingenden Flucht hatte der König die Nationalversammlung in einem Schreiben darüber informiert, dass er seine Zustimmung zur Errichtung der konstitutionellen Monarchie für nichtig erklärte. Das wurde Louis XVI. nun als Hochverrat ausgelegt. Die Königsfamilie wurde zunächst wieder in den Tuilerien untergebracht, nun aber als Gefangene behandelt.

Inzwischen hatte die Revolution in Frankreich für politisches Aufsehen in Europa gesorgt. Die führenden Großmächte, allen voran die spanischen Bourbonen, forderten die Habsburger auf, eine militärische Allianz gegen die französischen Revolutionäre zu schmieden. Nur

Kaiser Leopold II. als höchste Instanz des Heiligen Römischen Reiches Deutscher Nation war berechtigt, einen gemeinsamen Krieg gegen Frankreich auszurufen. Der Kaiser zögerte jedoch lange Zeit, was bis heute als Todesurteil für Louis XVI. und seine Frau Marie Antoinette betrachtet wird. Nach dem Tode Leopolds II. am 1. März 1792 begann sein Nachfolger Kaiser Franz II. mit den Kriegsvorbereitungen gegen Frankreich. Er forderte von der französischen Nationalversammlung die sofortige Wiedereinsetzung Louis' XVI. in alle seine Rechte, was von Frankreich am 20. April 1792 mit der Kriegserklärung an Österreich beantwortet wurde. Nun war der Weg für die europäische Allianz frei, den revolutionären Spuk aus Frankreich zu vertreiben.
Die Lage für die königliche Familie in Paris war mittlerweile äußerst prekär geworden. Der König galt im Volk als Verräter, seine Familie war ständigen Repressalien ausgesetzt. Um seine Familie zu schützen, sah sich Louis XVI. gezwungen, am 13. September 1791 endgültig die Verfassung der konstitutionellen Monarchie anzunehmen. Er bezog nun seine Macht durch das Volk und war praktisch von der Nationalversammlung abhängig, deren Gesetze er absegnen und durchsetzen musste. Obwohl sich der König in diese demütigende Szenerie fügte, änderte sich nichts an den Lebensumständen seiner Familie. Die Versorgung in den Tuilerien war schlecht. Die Lieferanten verweigerten immer wieder die notwendigsten Dinge des alltäglichen Gebrauchs. Zudem war die königliche Familie ständig von Soldaten der Nationalgarde umgeben, die sich Tag und Nacht auch in den Gemächern des Königs aufhielten – angeblich zur Unterstützung der Schweizergarde, die traditionell das Leben des französischen Monarchen schützte. Die Revolutionäre befürchteten indes eine erneute Flucht, ließen die Königsfamilie daher rund um die Uhr bewachen. Am 10. August 1792 kam es durch den Pöbel von Paris zum Sturm auf die Tuilerien. Obwohl die Soldaten der Nationalgarde für den Schutz des Königs und seiner Familie verantwortlich waren, ließen sie den wütenden Mob ohne Gegenwehr durch das Schloss toben. Die wenigen verbliebenen Mitglieder der Schweizergarde stellten sich schützend vor die königliche Familie, wobei die Mehrzahl der treuen Männer von der aufgebrachten Menge getötet wurden. Vom revolutionären Machtrausch getrieben und sicherlich von Alkohol aufgeputscht, warfen einige der

Aufrührer die Leiche eines Schweizergardisten in ein Kohlebecken, zerrissen den halb verbrannten Körper und begannen in ihrer sinnlosen Wut Stücke des Leichnams zu verzehren. Das alles geschah vor den Augen der fassungslosen Ernestine Lambriquet, welche von den Männern für die Prinzessin Marie Thérèse gehalten wurde. Diese befand sich inzwischen im Gewahrsam einiger Nationalgardisten, die sich erbarmt hatten, wenigstens das Leben der königlichen Familie zu schützen. Ernestine gelang mit Hilfe einiger Gouvernanten die Flucht, das Mädchen war aber Zeit ihres Lebens von den schrecklichen Erlebnissen in den Tuilerien traumatisiert.

Da der Pöbel die Tuilerien völlig zerstört hatte, wurde die königliche Familie zunächst im Gebäude der Nationalversammlung untergebracht, wo sie angeblich von der in Paris tobenden Meute besser geschützt war. Was der König nicht wusste: Die Massen waren von Mitgliedern der Nationalversammlung inkognito angeheizt worden, und nun musste sich die Nationalversammlung dem vermeintlichen Willen der Pariser beugen, die eine sofortige Absetzung von Louis XVI. forderten. Der infame Plan ging auf. Unter tosendem Jubel des Pöbels wurde der König öffentlich seines Amtes enthoben und gemeinsam mit seiner Familie zu ihrem neuen Aufenthaltsort, dem Pariser Temple gebracht. Der Temple war die ehemalige Burg des Tempelritterordens in Paris, im 14. Jahrhundert als europaweite Zentrale des Ordens erbaut. Nach der Zerstörung der Bastille diente der Temple den Revolutionären als Gefängnis. Die Mitglieder der königlichen Familie wurden im wenig wohnlichen Bergfried untergebracht und waren nun wirklich Gefangene der Revolutionäre. Die Familie blieb glücklicherweise zunächst noch zusammen, wurde aber streng bewacht und genoss keinerlei Annehmlichkeiten mehr. Das Personal wurde auf ein Minimum reduziert, die Versorgung war schlecht und das Benehmen der Gefängniswärter unerträglich. Den Gefangenen war jeglicher Kontakt zur Außenwelt untersagt, jeder Hofgang musste von der Nationalversammlung genehmigt werden.

Am 21. September 1792 erklärte der neugewählte Nationalkonvent die Monarchie in Frankreich für beseitigt und ließ die Französische Republik ausrufen. Nun war der Weg für den Prozess gegen Louis XVI. frei. Am 11. Dezember 1792 wurde der König zu einem ersten Verhör abgeholt und durfte nicht mehr zu seiner Familie zurückkehren. Erst sechs Wochen später durfte sich die Familie noch einmal für wenige Stunden in den Armen liegen. Es war der Tag vor der Hinrichtung des Königs. In einem skandalösen Prozess wurde Louis XVI. des Hochverrats am französischen Volk für schuldig gesprochen und mit 387 gegen 334 Stimmen der Abgeordneten zum Tode verurteilt. Am 21. Januar 1793 wurde der König auf dem Place de la Révolution, dem heute weltberühmten Place de la Concorde, im Beisein einer johlenden Menge mit einer Guillotine hingerichtet.

Nach dem Tod des Königs wurde das Leben von Marie Antoinette und ihren Kindern im Temple fast unerträglich. Die Wachen hatten jeden Respekt vor den ehemaligen Herrschern von Frankreich verloren, Beleidigungen und Demütigungen waren an der Tagesordnung. Die Wärter machten sich einen widerlichen Spaß daraus, des Nachts lärmend in die Schlafgemächer der Familie einzudringen und nicht einmal bei den kargen Mahlzeiten wurden die Gefangenen in Ruhe gelassen.

Um die grausame Rache an den verhassten Bourbonen auf die Spitze zu treiben, hatte der Nationalkonvent auch den Prozess gegen Marie Antoinette vorbereitet. Der früheren Königin wurde indirekte Beihilfe zum Hochverrat des Königs und Verschwendung von Steuergeldern vorgeworfen. Zudem wurde sie der Verschwörung mit den alliierten Mächten verdächtigt, mit dem Ziel, die Französische Republik zu stürzen. Am 1. August 1793 wurde die Familie endgültig auseinandergerissen. Marie Antoinette brachte man in das Gefängnis Conciergerie auf der Seine-Insel Saint-Louis, der erst achtjährige Louis Charles wurde bei dem Schuster Antoine Simon, einem fanatischen Anhänger der Revolution, in die Lehre gegeben. Später wurde der Thronfolger erneut im Temple untergebracht, wo er fast völlig isoliert dahinvegetierte und im Juni 1795 verstarb. Marie Antoinette verurteilte der Nationalkonvent in einem Schauprozess zum Tode und ließ sie am 10. Oktober 1793 hinrichten.

Prinzessin Marie Thérèse erfuhr nichts vom traurigen Schicksal ihrer Familienangehörigen. Sie lebte nun in Einzelhaft im Temple und war auf Gedeih und Verderb den Launen ihrer Gefängniswärter ausgesetzt.

Autor Mike Vogler am Grab der Dunkelgräfin

Die folgenden Jahre wurden zu einem wahren Alptraum für die heranwachsende Marie Thérèse. Sie war die ersten Jahre nur von feindselig gesinnten Männern umgeben, mit denen sie wohl kaum die Sorgen und Nöte ihrer beginnenden Pubertät teilen konnte. Marie Thérèse konnte sich nicht wie ihre Altersgenossen an eine liebevolle Mutter oder verständnisvolle Freundin wenden. Verfechter der Vertauschungstheorie weisen immer wieder auf den Wesensunterschied von Madame Royale und der späteren Herzogin von Angoulême hin. Marie Thérèse soll ein freundliches und einnehmendes Wesen besessen haben, die Herzogin von Angoulême war dagegen verschlossen und abweisend gegenüber ihren Mitmenschen. Das ist aber keineswegs ein Beweis, dass Madame Royale gegen eine andere Person ausgetauscht wurde. Die Wesensveränderung von Marie Thérèse ist vielmehr auf die jahrelange Einzelhaft zurückzuführen, während der sie lernen musste, sich nur auf sich selbst verlassen zu können.

Die internen Streitigkeiten im Nationalkonvent, welche mit dem Sturz des Terrorregimes von Robespierre und dessen Hinrichtung endeten, führten auch zur Hafterleichterung von Marie Thérèse. Die brutalen und gefühllosen Wärter wurden gegen Männer mit gesellschaftlichen Manieren ausgetauscht, darunter ein gewisser Gomin, zu dem Marie Thérèse sogar so etwas wie ein freundschaftliches Verhältnis entwickelte. Auf ihr flehendes Bitten erhielt die gefangene Prinzessin endlich auch eine weibliche Gesellschafterin. Die Wahl der zuständigen Stelle fiel auf Renée de Chanterenne, Frau eines hohen Geheimpolizisten und glühende Verfechterin der jungen Französischen Republik. Madame de Chanterenne wurde nicht ohne Grund für die Stelle als Betreuerin der Prinzessin ausgesucht. Der Nationalkonvent vermutete, dass Marie Thérèse nach einer möglichen Freilassung zur Galionsfigur einer Konterrevolution werden könnte und wollte die Prinzessin in diese Richtung hin von Madame de Chanterenne aushorchen lassen. Marie Thérèse war jedoch weit entfernt von solchen Plänen und es entwickelte sich eine tiefe Freundschaft zwischen den zwei jungen Frauen. Von Madame de Chanterenne erfuhr die Prinzessin auch vom Tod ihrer Mutter und des Bruders, was zeitweilig zu einem vollständigen psychischen Zusammenbruch bei ihr führte. Dieser Zusammenbruch wurde immer wieder als Grund für die angebliche Vertauschung von Marie Thérèse angeführt. Die Prinzessin verfügte jedoch trotz der wiederholten Schicksalsschläge über einen erstaunlich starken Charakter, der sie diese nervliche Krise meistern ließ. Ab August 1795 erhielt Marie Thérèse die Erlaubnis, Besucher aus ihrem vertrauten Umfeld zu empfangen und auch Hofspaziergänge waren erlaubt. Der gewünschte Kontakt zu ihrem Onkel Louis XVIII. wurde Marie Thérèse jedoch verwehrt. Jener hatte sich nach dem Tod des Dauphins in Wien zum französischen Exilkönig ausrufen lassen. Ein Affront für die französischen Revolutionäre, die in Louis XVIII. die Symbolfigur der europäischen Allianz sahen, welche in Frankreich erneut die Monarchie der Bourbonen errichten wollte. Der Krieg zwischen der Republik Frankreich und den Alliierten dauerte mittlerweile über drei Jahre an, wobei keine der beiden Parteien die Oberhand gewinnen konnte. Daher kam es bereits im Sommer 1794 zu ersten Friedensverhandlungen. Als oberste Bedingung der Alliierten für einen dauerhaften Frieden wurde die Auslieferung der Kinder von Louis XVI. an das spanisch-bourbonische Königshaus genannt, was die Franzosen zunächst

vehement ablehnten. Am 30. Juni 1795 übermittelte der Nationalkonvent dem österreichischen Kaiser den Vorschlag, Marie Thérèse gegen prominente französische Kriegsgefangene auszutauschen. Der Thronfolger Louis Charles de Bourbon war wenige Tage zuvor im Alter von zehn Jahren im Temple verstorben, in der einzigen Überlebenden der königlichen Familie, Marie Thérèse, sahen die Revolutionäre mittlerweile keine Gefahr mehr für ihre junge Republik.
Ohne es zu wollen, wurde Marie Thérèse zum Spielball politischer Interessen. An ihrem persönlichen Schicksal war wohl keine der beteiligten Parteien wirklich interessiert. Frankreich wollte Frieden mit den Alliierten und die letzte Angehörige der königlichen Familie außer Landes bringen, um die Republik zu schützen. Österreich sah vor allem finanzielle Interessen. Die finanzielle Aussteuer der aus Österreich stammenden Marie Antoinette konnte einbehalten werden, wenn keine ihrer Nachkommen mehr in Frankreich lebte. Zudem bestand eine vage Möglichkeit auf den französischen Thron, wenn Marie Thérèse den Erzherzog Karl heiraten würde und die Royalisten wieder die Monarchie in Frankreich erzwingen könnten.
Die bevorstehende Entlassung der Prinzessin aus der Gefangenschaft im Temple sorgte für freudige Erregung unter den Pariser Bürgern. Einige Jahre zuvor hatten die gleichen Leute den Tod ihrer Eltern auf dem Schafott bejubelt. Inzwischen war jedoch wieder Ruhe und Besonnenheit in Paris eingekehrt. Die Übergabe der Madame Royale an Österreich wurde sorgfältig vorbereitet. Es gab sogar eine Bewerbung für ihren Begleittross, die regen Anklang fand. Fast täglich erschienen Schneider im Temple, um Maß bei Marie Thérèse zu nehmen, die mit einer komplett neuen Garderobe ausgestattet werden sollte. Es erschienen sogar Festschriften zur feierlichen Übergabe der einst so verhassten Bourbonenprinzessin.
Im Zuge des Austausches der Prinzessin gegen französische Kriegsgefangene fiel auch der Name Ernestine Lambriquet, die auf Wunsch des Kaisers Marie Thérèse nach Österreich begleiten sollte. Der französische Nationalkonvent erklärte umgehend, dieser Bitte Folge zu leisten. Diese so schnell geäußerte Bereitwilligkeit ist nicht wirklich nachvollziehbar, da Ernestine zu dieser Zeit praktisch von der Bildfläche verschwunden war. Nach dem bereits beschriebenen traumatischen

Erlebnis während des Sturmes auf die Tuilerien war es den Gouvernanten Madame de Mackau und Marquis de Soucy gelungen, Ernestine Lambriquet in Sicherheit zu bringen. Danach verlor sich jedoch die Spur des Mädchens. Laut einer Zeitzeugin soll sich Ernestine noch einige Zeit in der Obhut von Madame de Mackau befunden haben, die jedoch später verhaftet wurde. Auch Ernestines leiblicher Vater war verhaftet und am 17. Juli 1794 hingerichtet worden. Als möglichen Aufenthaltsort des Mädchens vermuten Forscher das Kloster Sainte Marie, wo ihre Ziehmutter Marie Antoinette Ernestine während des Fluchtversuches der königlichen Familie abgegeben hatte. Auch ein Aufenthalt bei Verwandten in ländlicher Gegend ist denkbar. In einer erhalten gebliebenen Akte über die Familie Lambriquet wird im Verweis auf einen Familienrat vom 14. August 1794 der Name Ernestine erwähnt, welche mit „Verwandten und Freunden" anwesend war. Das mit der Angelegenheit beauftragte französische Innenministerium erklärte jedoch, das Mädchen sei unauffindbar. Die zuständigen Stellen aus Wien ließen daraufhin verlauten, dass Ernestine Lambriquet bei der Präfektur Versailles registriert sei und Madame de Mackau über den Aufenthaltsort des Mädchens informiert sei. Auf diese Auskunft reagierte das französische Innenministerium jedoch nicht und erklärte erneut, man könne Ernestine Lambriquet nicht finden. Es stellt sich die Frage, warum die Pariser Behörde so ein Geheimnis um die betreffende Person machte. Hatten die Beamten Ernestine an ihrem Aufenthaltsort besucht und ein völlig verstörtes, traumatisiertes Mädchen entdeckt? Ein psychisch gestörtes Ziehkind der früheren Königsfamilie, für dessen Zustand die Revolution direkt verantwortlich war, das hätte sich in den Friedensverhandlungen mit den Alliierten mit Sicherheit nicht gut gemacht. Ernestine Lambriquet musste also im Verborgenen bleiben.

Als Ort für den offiziellen Austausch von Marie Thérèse gegen Kriegsgefangene wurde der französische Grenzort Hüningen bestimmt. Am 19. Dezember 1795 verließ die mittlerweile 17-jährige Marie Thérèse nach dreieinhalb Jahren Haft den Temple. In ihrer Begleitung befanden sich außer dem früheren Kammerdiener Huë und dem Wächter Gomin keine weiteren Personen, die sich Marie Thérèse zum Geleit gewünscht hatte, weder die geliebte Freundin Renée de Chanterenne

noch Madame de Tourzel, welche der Prinzessin seit Kindertagen sehr nahegestanden hatten. Als Gesellschafterin reiste vielmehr eine Madame de Soucy mit Marie Thérèse, die kurzzeitig Untergouvernante in Versailles gewesen war. Die Zusammenstellung der Reisegesellschaft erscheint mehr als merkwürdig. Die Adoptivschwester wurde angeblich nicht gefunden, die einzige Freundin als Begleitung nicht akzeptiert und die frühere Kinderfrau kurzfristig gegen eine fast unbekannte Person ausgewechselt. Die ersten Merkwürdigkeiten im Zuge des Austausches, denen noch weitere folgen sollten.
Über mehrere Stationen erreichten Marie Thérèse und ihre Begleitung schließlich am Abend des 24. Dezember 1795 den Grenzort Hüningen. Die Prinzessin wurde im Gasthof „Zum Raben" untergebracht, wo sie bis zum offiziellen Austausch verbleiben sollte. Der Gasthof wurde von mehreren Soldaten bewacht, die Order hatten, niemanden zu Marie Thérèse vorzulassen. Trotz der strengen Bewachung gelang es einer als Dienerin verkleideten Person, in das Quartier der Prinzessin zu gelangen. Die Dame hielt sich die ganze Nacht in der Gesellschaft der Prinzessin auf und verließ erst im Morgengrauen unbehelligt den Gasthof. Hatten die Soldaten möglicherweise den Befehl erhalten, diese einzelne Person einzulassen, die Prinzessin aber ansonsten abzuschirmen? Vertreter der Vertauschungstheorie bejahen diese Frage und sehen in der verkleideten Dienerin die Austauschperson für Madame Royale. Angeblich habe diese Person in einem mehrstündigen Gespräch Marie Thérèse von der Flucht überzeugen können und deren Identität angenommen.
Marie Thérèse hatte dann also die Dienstkleidung der Dame angezogen und unerkannt den Gasthof verlassen. Die Begleitpersonen sahen die Prinzessin erst am Abend des 26. Dezember 1795 zum offiziellen Austausch wieder. Auf Grund der eisigen Temperaturen hatte sich Marie Thérèse in einen weiten Mantel gehüllt und trug zudem eine ausladende Kopfbedeckung, so dass ihr Antlitz fast vollständig verhüllt war. Keiner der Anwesenden hätte Verdacht geschöpft, wenn es sich hierbei möglicherweise nicht um die echte Prinzessin gehandelt hätte.
Auf ihrer Weiterreise nach Wien begleiteten Marie Thérèse von französischer Seite nur noch der Kammerdiener Huë sowie Madame de Soucy. Laut der Vertauschungstheorie waren beide in die Intrige ein-

geweiht. Der Austausch in Hüningen wurde von einer weiteren Merkwürdigkeit begleitet. Wie bereits erwähnt, hatten mehrere Schneider in Paris eine komplett neue Garderobe für Marie Thérèse hergestellt, welche sie mit auf die Reise nahm. Am Tage des Austauschs erklärte die Prinzessin jedoch urplötzlich, die Kleider gefielen ihr nicht und sie wolle sich in Wien nach der dortigen Mode einkleiden. Die Pariser Garderobe wurde zurückgeschickt und Marie Thérèse reiste nur mit einer minimalen Ausstattung nach Wien weiter. Was war der Grund für diesen plötzlichen Sinneswandel? In Paris war Marie Thérèse noch überglücklich über die neue Garderobe gewesen, hatte sie im Temple doch nur einfachste Kleider tragen dürfen. Falls es tatsächlich eine Austauschperson war, die an Österreich übergeben wurde, passten dieser die Pariser Kleider womöglich nicht und wurden daher abgelehnt. Nach außen hin verlief der Austausch von Marie Thérèse gegen die französischen Kriegsgefangenen ohne Zwischenfall. Die angesprochenen Indizien deuten jedoch darauf hin, dass es möglicherweise doch einen Plan gab, die französische Prinzessin gegen eine Doppelgängerin auszutauschen.

Die Gruppe der Vertreter der Vertauschungstheorie teilt sich von jeher in zwei Lager. Da gibt es einmal jene mit der Ansicht, Marie Thérèse sei durch die schrecklichen Erlebnisse in ihrer Jugend derart traumatisiert gewesen, dass sie unmöglich das ereignisreiche Leben an einem herrschaftlichen Hof hätte ertragen können. Die Verantwortlichen in Frankreich hätten daher für die Prinzessin ein Leben in Ruhe und Abgeschiedenheit vorgesehen, derweil eine andere Person ihren Platz am kaiserlichen Hof in Wien einnehmen sollte. Dass Marie Thérèse mehr Schicksalsschläge hatte erdulden müssen, als für ihre Psyche gut war, steht außer Frage. Die Schrecken der Revolution, der Tod von Eltern und Bruder, die Isolationshaft im Temple und die Schikanen der Wärter, die von Beleidigungen bis hin zu Vergewaltigungen gereicht haben sollen, das alles waren traumatische Erlebnisse, die tiefe Wunden in der Seele der jungen Adeligen hinterlassen hatten. Im Zuge der Freilassung von Marie Thérèse erschienen unzählige Veröffentlichungen über die Prinzessin, worin jedoch mit keinem Wort ihr angeblich labiler geistiger Zustand erwähnt wurde. Auch von offizieller Seite gab es keine Hinweise darauf, dass Marie Thérèse an psychischer Erschöpfung oder Krankheit litt. Im Gegenteil, als die Prinzessin endlich wieder Besuch im Temple empfangen durfte, waren alle Besucher erstaunt darüber, wie selbstbewusst Marie Thérèse wirkte. Die Jahre der Einsamkeit und Schikane hatten die junge Frau mental nicht verändert. Die Behauptung, dass Marie Thérèse auf Grund ihrer labilen Psyche gegen eine andere Person ausgetauscht werden musste, ist daher schlichtweg falsch.

Die andere Fraktion der Vertauschungstheorie führt politische Gründe ins Feld, um ihre Ansichten zu untermauern. Als Drahtzieher der vermuteten Vertauschung von Madame Royale wird Paul François Jean Nicolas, Vicomte de Barras, genannt, ein führendes Mitglied der französischen Nationalversammlung und gleichzeitig Opportunist, der im Geheimen mit den Bourbonen über eine Rückkehr auf den Thron verhandelte. Er soll Madame Royale gegen eine Ersatzperson ausgetauscht haben, um die echte Marie Thérèse bei der Rückkehr der Bourbonen für seine eigenen Interessen verwenden zu können. Diese politisch motivierte Vertauschung basiert auf der Annahme, Marie Thérèse würde den Erzherzog von Österreich heiraten und wäre so als Faustpfand bei der Rückkehr der Bourbonen nach Frankreich verloren. Tatsache ist, dass solch eine Hochzeit nie ernsthaft geplant war. Obwohl der Kaiser eine Verbindung zwischen seinem Bruder und der französischen Prinzessin befürwortete, stand diese nie offiziell zur Debatte. Vielmehr war schon frühzeitig die Vermählung von Marie Thérèse mit ihrem Cousin, dem Herzog von Angoulême, geplant worden. Der französische Innenminister Pierre Bénézech soll in den infamen Plan des Vicomte de Barras eingeweiht gewesen sein, da jener die Reisebegleitung der Prinzessin so zusammenstellte, dass die Vertauschung unentdeckt geblieben wäre. Wieder nur Gerüchte und Indizien, handfeste Beweise sind nicht vorhanden. Um diesen Indizien Gewicht zu verleihen, wurde noch der französische Gesandte François Barthélemy bemüht, welcher die Vertauschung der Madame Royale in Hüningen vorgenommen haben soll. Es gibt jedoch keinen stichhaltigen Beweis, dass Barthélemy in solch eine Intrige verwickelt war. Man will uns weismachen, führende Köpfe der Französischen Republik hätten gegen ihre ureigensten Ideale opponiert. Wie absurd! Die Vertauschung von Madame Royale aus politischen Gründen kann getrost als Hirngespinst abgetan werden.

Obwohl die Verschwörungstheoretiker verschiedene Gründe für die Vertauschung von Madame Royale anführen, sind sie sich bei der Identität der Ersatzperson erstaunlich einig. Als Doppelgängerin wird Ernestine Lambriquet präsentiert, die Ziehtochter von Marie Antoinette. Bekanntermaßen sollte Ernestine die Prinzessin nach Wien begleiten, war jedoch unauffindbar. Sicherlich wäre Ernestine Lambriquet prädestiniert für die Rolle der falschen Madame Royale gewesen, Am französischen Hof erzogen, war sie mit den königlichen Familienverhältnissen und der Hofetikette vertraut. Zudem soll Ernestine Marie Thérèse sehr ähnlich gesehen haben, da sie ja angeblich ein uneheliches Kind von Louis XVI. war. Dass Ernestine Lambriquet im Vorfeld der Reise von Marie Thérèse nach Wien unauffindbar war, wird damit begründet, dass sie bereits als Austauschperson vorgesehen war. Dieser angebliche Austausch hat aber niemals stattgefunden. Was tatsächlich aus Ernestine Lambriquet wurde, wird an späterer Stelle geklärt werden.

Am 9. Januar 1796 traf Marie Thérèse in Wien ein, wo sie vom kaiserlichen Hof und Volk gleichermaßen freundlich empfangen wurde. Vom ersten Tag an bürgerte sich für die französische Prinzessin der Name Madame Royale ein, eine Ehrerbietung vor ihrer gesellschaftlichen Stellung. Wenn auch in Frankreich die Monarchie zunächst abgeschafft war, galt Marie Thérèse für die Österreicher weiterhin als Thronerbin. In der kaiserlichen Familie wurde Madame Royale wie eine Tochter aufgenommen. Allerdings wurde ihr der Trubel um ihre Person schnell zu viel. Nach den Jahren der Einsamkeit im Pariser Tempel konnte sich Marie Thérèse nur schwer an das Leben bei Hofe gewöhnen. Sie lebte die erste Zeit in Wien sehr zurückgezogen, empfing fast keine Besuche und lehnte die begeisterten Huldigungen französischer Emigranten ab, welche durch die Tochter von Louis XVI. auf eine dauerhafte Erneuerung der Monarchie in Frankreich hofften. Dieses befremdliche Verhalten machte die Royalisten zwar stutzig, ließ aber noch keinen Verdacht aufkeimen, dass die Prinzessin nicht die Person wäre, für die sie sich ausgab.

Ihrem Onkel Louis XVIII., der sich mittlerweile im Exil in Deutschland aufhielt, schrieb Marie Thérèse: „Ich misstraue allen um mich herum." Was für eine Ironie! In Wien gab es jede Menge Leute, die es gut mit der Prinzessin meinten und gerade ihrem Onkel vertraute sie, der nur an seinen eigenen Vorteil dachte. Louis XVIII. strebte nach der erneuten Machtherstellung der Bourbonen in Frankreich, das persönliche Schicksal seiner Nichte war ihm egal. In erster Linie stand die Hochzeit von Marie Thérèse mit Louis-Antoine de Bourbon, dem Herzog von Angoulême, auf seiner Agenda. Jener war der Sohn seines Bruders Charles Philippe, also der Cousin von Madame Royal. In diesem Paar sah Louis XVIII. die ideale Konstellation für die politische Zukunft der Bourbonen, da dessen Nachkommen die direkte Linie des Hauses Bourbon verkörpern würden.

Da für die Heirat zwischen nahen adligen Verwandten die Zustimmung des Papstes erforderlich war, stellte Louis XVIII. die entsprechenden Anträge, ohne Nichte und Neffen zu informieren. Die zuständigen päpstlichen Stellen gaben ihr Einverständnis und Louis XVIII. konnte somit seine eigennützigen Pläne weiter vorantreiben. Kaiser Franz II. wollte zwar ebenfalls die Bourbonen wieder auf dem Thron von Frankreich sehen, doch die Machenschaften von Louis XVIII. waren ihm zuwider. Der Kaiser hatte ganz andere Vorstellungen von der Zukunft der französischen Prinzessin.

Die kaiserlichen Pläne, Marie Thérèse mit seinem jüngeren Bruder, dem Erzherzog Karl, zu verheiraten, scheiterten an der vehementen Ablehnung des potentiellen Bräutigams. Die Pläne des Kaisers, mit dieser Verbindung einen direkten Einfluss auf die Krone Frankreichs zu erhalten, waren damit gescheitert und er gab seine erforderliche Zustimmung zur Vermählung von Madame Royale mit dem Herzog von Angoulême. Alle diese verschiedenen Hochzeitspläne setzten natürlich die Erneuerung der absoluten Monarchie in Frankreich voraus, an der in den europäischen Königshäusern jedoch niemals Zweifel herrschte. Die Französische Republik wurde als zweifelhafter Spuk betrachtet, der über kurz oder lang wieder vorbei sein würde.

Von den weitreichenden politischen Plänen der europäischen Elite mit ihrer Person bekam Marie Thérèse zunächst gar nichts mit. Am kaiserlichen Hof erklärte sie, die offizielle Trauerzeit für ihre verstorbenen

Eltern nachholen zu wollen und zog sich in ein Quartier im Schloss Belvedere zurück. Nach Beendigung der Trauerzeit zu Ostern 1796 nahm Marie Thérèse wieder am öffentlichen Leben teil und erfuhr von den Hochzeitsplänen, welche ihr Onkel für sie schmiedete. Sie stand einer Hochzeit mit dem Herzog von Angoulême keineswegs ablehnend gegenüber, da diese auch ein Wunsch ihrer Eltern gewesen war. Auch Louis-Antoine de Bourbon war mit der Verbindung einverstanden. In einem Brief aus seinem schottischen Exil in Edinburgh an Marie Thérèse erklärte er, es sei ihm eine Ehre und eine Freude, die Ehe mit ihr eingehen zu dürfen. Allerdings vergingen auf Grund von politischen und militärischen Zwischenfällen noch fast drei Jahre bis zur geplanten Eheschließung. Am 10. Juni 1799 konnten sich Louis-Antoine de Bourbon und Marie Thérèse de Bourbon in Mitau, dem heutigen Jelgava in Lettland, das Jawort geben. Der russische Zar Paul I. hatte das wunderschöne Schloss von Mitau großzügig zur Verfügung gestellt, wo die Hochzeit der beiden französischen Adelssprösslinge mit einem rauschenden Fest begangen wurde. Marie Thérèse nannte sich von nun an offiziell Herzogin von Angoulême.
Das frischvermählte Paar lebte zunächst bis 1806 in Warschau und siedelte dann nach England über, wo inzwischen die Mehrzahl der im Exil lebenden französischen Bourbonen auf Schloss Hartwell bei Oxford residierte. Das Leben im Exil war zunehmend von Entbehrungen geprägt, die finanziellen Mittel waren knapp, da die französischen Revolutionäre die Vermögen aller aus Frankreich geflohenen Bourbonen beschlagnahmt hatten. Immerhin verfügte die Herzogin von Angoulême über Gelder, die ihr Vater vor der missglückten Flucht von 1791 ins Ausland hatte transferieren können. Diese Gelder waren in Österreich in Fonds angelegt worden und bei der Hochzeit auf die Herzogin umgeschrieben worden. Von diesem Geld musste Marie Thérèse jedoch auch ihren Onkel Louis XVIII. unterstützen, der völlig mittellos war. Die Jahre im Exil waren von beschaulicher Langeweile geprägt. Die Herzogin legte viel Wert auf ihre Privatsphäre, empfing kaum Besuch und zog sich auch von den anderen Exilfranzosen zurück. Der von vielen Anhängern der französischen Krone baldigst erhoffte Thronfolger blieb ebenfalls aus.
Die Rückeroberung des französischen Thrones für die Bourbonen rückte indes in immer weitere Ferne. Die jahrelangen, immer wieder

durch Kriegshandlungen unterbrochenen Friedensverhandlungen zwischen der Französischen Republik und den alliierten Streitmächten trugen endlich Früchte. Verschiedene europäische Länder erkannten die Französische Republik nun offiziell als eigenständigen Staat an. Der inzwischen in Frankreich herrschende Napoleon Bonaparte schickte sogar einen Botschafter an den Exilhof nach England, um die französischen Bourbonen per Dekret dazu aufzufordern, ihre Ansprüche auf den französischen Thron dauerhaft aufzugeben. Louis XVIII. als designierter König und auch der Herzog von Angoulême als potentieller Thronfolger lehnten dieses Ansinnen natürlich vehement ab, worin sie auch von allen Prinzen aus den Häusern Bourbon, Condé und Orléans unterstützt wurden, die auf ihren angestammten Rechten in Frankreich beharrten.

Jahre des Wartens vergingen, doch ab 1812 keimte wieder Hoffnung am Exilhof in England auf. Napoleon Bonaparte hatte sich durch den desaströsen Russlandfeldzug bei seinen Anhängern ins politische Aus manövriert und dankte am 6. April 1814 ab. Die französische Übergangsregierung bot auf Druck der Bevölkerung Louis XVIII. die Königswürde an, auf die jener so lange spekuliert hatte. Die Erwartungshaltung beim französischen Volk und bei den zurückkehrenden Bourbonen war gleichermaßen groß. Volk und Königshaus waren sich fremd geworden. Nur Marie Thérèse und ihr Onkel Louis XVIII. waren in Frankreich wirklich bekannt, die junge Generation von Bourbonen, welche nun die Regierungsposten besetzten, wurden in Paris argwöhnisch beobachtet. Kaum dass sich der neue Königshof konstituiert hatte, kam es wieder zu bürgerkriegsähnlichen Zuständen in der französischen Hauptstadt. Das lag zum einem an Louis XVIII., der den vorgelegten Verfassungsentwurf für eine konstitutionelle Monarchie ablehnte, zum anderen an Napoleon Bonaparte, der unerwartet mit einer schlagkräftigen Truppe von 1000 Männern aus seinem Exil auf der Insel Elba nach Frankreich zurückkehrte, wo er von großen Teilen des französischen Militärs begeistert empfangen wurde. Der königliche Hof um Louis XVIII. floh Hals über Kopf aus Paris, der Traum von der neuen Monarchie der Bourbonen schien ausgeträumt. Die „Herrschaft der Hundert Tage“ von Napoleon Bonaparte endete jedoch in seiner vernichtenden Niederlage in der Schlacht von Waterloo. Das Schicksal

der Französischen Republik war nun besiegelt und Louis XVIII. kehrte triumphal nach Paris zurück. Die folgenden Jahre seiner Herrschaft waren jedoch von ständigen Querelen zwischen Royalisten und Revolutionsanhängern geprägt. Die Herzogin von Angoulême wurde in jener Zeit zur Symbolfigur der royalistischen Franzosen, welche die Politik der Restauration mit allen ihr zur Verfügung stehenden Mitteln verteidigte. Obwohl ihr Onkel Louis XVIII. nominell der König war, galt Marie Thérèse als wahre Herrscherin Frankreichs. Nach dem Tod von Louis XVIII. am 16. September 1824 übernahm dessen Bruder, der Comte d'Artois, als Charles X. die Königswürde. Die Herzogin von Angoulême war nun offiziell die Dauphine, die nach dem Tod ihres Schwiegervaters französische Königin werden würde.
Charles X. war den Franzosen kein wirklich guter König. Er liebte den Luxus und die Jagd mehr als sein Volk. Sein Lebensstil war derart extravagant, dass die königliche Kasse ständig leer war und dem Volk immer neue Steuern aufgebürdet wurden. Die reaktionäre Politik von Charles X., seine fortwährenden Versuche, die Vorherrschaft des Adels in Frankreich zu erneuern und schließlich der Versuch, das Parlament aufzulösen, führte schließlich zum Aufstand in Paris, der heute als die Julirevolution von 1830 bekannt ist. Die dreitägigen blutigen Kämpfe in den Straßen von Paris führten schließlich zur Abdankung und Flucht des Königs.
Nun war der Thron frei für die so beliebte Madame Royale, doch das Parlament scherte sich nicht um die Thronfolge, sondern setzte mit Louis Philippe von Orléans einen „Bürgerkönig“ ein, der mit sofortiger Wirkung die konstitutionelle Monarchie ausrief, was ihm den Segen des französischen Volkes einbrachte. Das Herzogpaar von Angoulême verließ am 16. August 1830 Paris, um erneut im Vereinigten Königreich um Asyl zu ersuchen, das sie gemeinsam mit anderen Bourbonen auf Schloss Holyrood bei Edinburgh fanden. Die Enttäuschung der Königsfamilie war groß, die Chance der Restauration schien endgültig vertan. Die Wiederherstellung der bourbonischen Monarchie war in weite Ferne gerückt, wenn nicht gar unmöglich. Das lag in erster Linie am „Bürgerkönig“ Louis Philippe, dem Spross einer eher unbedeutenden Nebenlinie der Bourbonen, der mit seiner modernen Politik in Frankreich zunehmend Anhänger fand. Die militärische Allianz der

europäischen Alliierten war seit langem aufgelöst, schnell erkannten alle wichtigen Staaten Louis Philippe von Orléans als rechtmäßigen König von Frankreich an. Die europäischen Regierungen waren froh, dass sich die politische Lage in Frankreich stabilisiert hatte. Die jahrelangen Kriege für die erneute Einsetzung der Bourbonen hatten die Länder erschöpft, ein weiteres Eingreifen kam nicht in Frage. Immerhin hatten die Bourbonen mit Charles X. ihren Anspruch auf die Krone von Frankreich selbst verspielt.

Die Herzogin von Angoulême sollte ihr Heimatland Frankreich nie wiedersehen. Im Herbst 1832 verwies der König von England die Bourbonen seines Landes, worauf Marie Thérèse und ihr Mann zunächst Unterschlupf in Wien fanden. Auf Bitten des Paares gab der österreichische Kaiser schließlich seine Zustimmung, dass Herzog und Herzogin von Angoulême dauerhaftes Wohnrecht auf dem Prager Hradschin erhielten. Doch auch diese Bleibe war nicht von Dauer. In der Folgezeit hielt sich das Paar wechselnd auf Schloss Grafenberg in Görz im heutigen Slowenien und Schloss Kirchberg in Niederösterreich auf. Nach dem Tod ihres Mannes am 3. Juni 1844 kaufte die Herzogin von Angoulême das Schloss Frohsdorf bei Lanzenkirchen in Niederösterreich. Für den Rest ihres Lebens führte Marie Thérèse ein zurückgezogenes, von Religion geprägtes Leben und verstarb schließlich am 19. Oktober 1851 an einer Lungenentzündung. Ihre sterblichen Überreste wurden am 28. Oktober 1851 in der Bourbonengruft im Kloster Kostanjevica in Görz beigesetzt, wo sie bis heute ruhen.

Obwohl niemals offen darüber gesprochen wurde, haftete der Herzogin von Angoulême bis zu ihrem Lebensende die Unterstellung an, nicht die Person zu sein, die sie zu sein vorgab. Bereits bei ihrer Ankunft in Wien gab es Zweifel an der Identität der Madame Royal. Neben einer Vielzahl von diffusen Vermutungen und Verdächtigungen, die nur hinter vorgehaltener Hand geäußert wurden, gab es jedoch auch direkte Aussagen von hochrangigen Personen, die eine Vertauschung der Madame Royale für möglich hielten. So schrieb Maria Karolina, Königin von Neapel-Sizilien und Schwester von Marie Antoinette an ihre Freundin, die Marquise von Osmond: „Ich leide wahre Qualen beim Gedanken, dass diese Schurken sich erlauben, ein junges Mädchen auszuliefern, das überhaupt nicht die Tochter meiner Schwester ist."[3]

Diese Aussage kann unter Umständen noch als bloßes Gedankenspiel gewertet werden. Konkreter wurde Maria Karolina in einem Schreiben an ihre Tochter, die österreichische Kaiserin Maria Theresia. Darin heißt es: „Ich vertraue darauf, was Ihr mir sagt, dass sie bestimmt die Tochter meiner Schwester ist und die Elenden meine Schwester nicht verraten haben. Man muss sie aber nach Anekdoten ausfragen, Dinge, die passiert sind, als sie alleine mit ihrer Mutter war, um zu sehen, ob sie solche weiß, damit wir sichergehen, dass wir nicht getäuscht werden."[4]

Maria Karolina hegte also ernsthafte Zweifel daran, dass Madame Royale wirklich ihre Nichte Marie Thérèse war. Diese Zweifel waren mit Sicherheit nicht aus der Luft gegriffen, sondern basierten auf gewissen Informationen zu Unregelmäßigkeiten bei der Übergabe der französischen Prinzessin in Hüningen.

Das Verhalten Madame Royales nach ihrer Ankunft in Wien ließ ebenfalls Zweifel an ihrer Identität aufkommen. Dass sie zunächst scheu und zurückhaltend war und sich von der Öffentlichkeit zurückzog, wurde noch mit ihrer langen Kerkerhaft erklärt, die sie menschenscheu gemacht habe. Unerklärlich erschien jedoch ihr Verhalten den Exilfranzosen gegenüber. Marie Thérèse wünschte keinen Kontakt mit ihren Landsleuten. Immer wieder wollten die Freunde ihrer Eltern ihr ihre Aufwartung machen, um die Prinzessin im Kreise der Exilanten zu begrüßen. Diese lehnte solche Ansinnen jedoch kategorisch ab. Nur einige weitläufige Verwandte durften sie in ihren Gemächern besuchen, wobei es sich hierbei in erster Linie um Höflichkeitsbesuche handelte, da die Mehrzahl der betreffenden Personen Marie Thérèse gar nicht persönlich kannte. Das Verhalten der Prinzessin erweckte in der Tat den Anschein, sie wolle sich vor allen Personen verstecken, die Zweifel an ihrer Identität hätten äußern können. Für die Vertreter der Vertauschungstheorie ist dieses Verhalten ein eindeutiges Indiz, dass Madame Royale nicht die Person war, die sie vorgab zu sein. Was in diesem Zusammenhang nicht erwähnt wird, ist die Tatsache, dass die Mehrzahl der Exilfranzosen als Bittsteller zu Marie Thérèse kam. Schon in den schriftlichen Bitten um eine Audienz wurde meistens um finanzielle Unterstützung und Dienste am österreichischen Kaiserhof gebeten. Die Prinzessin wurde von ihren Landsleuten so vehement bedrängt, dass sie einer Hofdame anvertraute: „Ich sehe die Franzosen, die nach Wien kommen, mein Herz ist gefüllt mit Hass, sie zu sehen."[5] Harte Worte, doch darf man nicht vergessen, welches Leid die Prinzessin in den vergangenen Jahren hatte ertragen müssen. Der Tod der geliebten Eltern und des Bruders, die Jahre der Einzelhaft und der allgegenwärtige Hass auf alle Bourbonen hatten die Psyche der Prinzessin schwer mitgenommen. Endlich in Sicherheit, wollte Marie Thérèse um ihre Familie trauern, nicht wildfremden Menschen zu Geld und Stellungen verhelfen.

Das vermeintliche Desinteresse am Kammerdiener Huë und der Gesellschafterin Madame de Soucy ist ebenfalls leicht zu erklären. Beide waren zwar die einzigen Personen aus Paris, die Marie Thérèse nach Wien begleitet hatten. Allerdings stand die Prinzessin diesen beiden nicht besonders nahe. Huë war der Kammerdiener ihres Vaters gewesen und Madame de Soucy eine Untergouvernante, die Marie Thérèse nur als Kleinkind betreut hatte. Außerdem bedrängten Huë und de Soucy die Prinzessin ebenfalls aus unterschiedlichen Gründen, so dass sie deren Gesellschaft zu vermeiden suchte. Huë war wie so viele Franzosen nur auf eine Anstellung in Wien aus, die Angelegenheit mit Madame de Soucy wird an späterer Stelle noch ausführlich besprochen werden.

Immer wieder wurde auch auf die angebliche Wesensveränderung von Madame Royale hingewiesen, die besonders auffallend gewesen sein soll. In allen Veröffentlichungen über Marie Thérèse wird immer wieder ausdrücklich ihr freundliches und liebenswertes Wesen betont, das die Prinzessin als Kind und heranwachsendes Mädchen an den Tag legte. So ein ausgeglichener Charakter ist nicht verwunderlich, wenn man bedenkt, dass Marie Thérèse in einer liebevollen Familie und mit gesicherter Existenz aufwuchs. Durch die Französische Revolution änderte sich dieses Leben jedoch schlagartig. Die Familie wurde auseinandergerissen, Marie Thérèse war nur noch von Hass und Missgunst umgeben. Verständlicherweise veränderte sich die Prinzessin, wurde scheu und misstrauisch allen Menschen gegenüber. Dieses Verhalten konnte sie in Wien nun nicht automatisch ablegen. Die Menschen am kaiserlichen Hof waren ihr fremd und die französischen Exilanten bedrängten die Prinzessin, ohne auf deren seelischen Zustand Rücksicht zu nehmen. Nicht ohne Grund lebte Marie Thérèse auf Schloss Belvedere sehr zurückgezogen und hielt sich von der höfischen Gesellschaft fern. Die immer wieder geäußerten Vorwürfe, Madame Royale hätte sich von Anfang an in Wien kaltherzig und berechnend verhalten, sind aus der Luft gegriffen. In erster Linie beziehen sich diese Aussagen auf die Korrespondenz zwischen der österreichischen Kaiserin und ihrer Mutter, der Königin von Neapel-Sizilien, die von selbsternannten Experten umgedeutet wurde, um die Theorie der vermeintlichen Vertauschung zu bestätigen.

Eine ebenfalls immer wieder gern genanntes Argument für die Vertauschung der Madame Royale ist ihre plötzlich auftauchende Tieraversion. Von Marie Thérèse ist bekannt, dass sie sich während ihrer Haft im Temple zeitweilig um den Hund ihres Bruders und um eine Ziege kümmerte. Das war sicherlich ein angenehmer Zeitvertreib in den Jahren der Isolation im Temple, aber kein Beweis für die ausufernde Tierliebe der Prinzessin. Erstaunlicherweise habe sie dann später als Herzogin von Angoulême eine regelrechte Abneigung gegen alle Arten von Tieren entwickelt. Wirkliche Beweise gibt es für diese Behauptung nicht. Möglicherweise entwickelte die Herzogin von Angoulême mit dem Alter eine Tierhaarallergie. Vielleicht war sie auch Vegetarierin und Bemerkungen über ihre Ernährungsgewohnheiten wurden in späteren Veröffentlichungen über ihr Leben missgedeutet.

Es wurden noch eine Vielzahl von Indizien bemüht, um die vermeintliche Vertauschung der Madame Royale zu beweisen. So soll Marie Thérèse als Kind gern und oft gesungen haben, die Herzogin von Angoulême war dagegen völlig unmusikalisch. Einmal soll die Herzogin ein Bildnis ihres Bruders nicht erkannt haben. Auch der abgebrochene Kontakt zu ihrer Freundin aus dem Temple, Madame de Chanterenne, wird immer wieder gern als Beweis für die falsche Identität dargestellt. Die kindliche Freude am Singen sagt nichts über eine Begabung als

Erwachsener aus. Die Angelegenheit mit dem Bildnis kann mit einer einfachen Verwechslung erklärt werden, noch dazu, da die eigentlichen Umstände nicht bekannt sind. Dass Marie Thérèse den Kontakt zu Madame de Chanterenne abbrach, ist ebenfalls nicht verwunderlich, wurde sie in Wien doch von allen Seiten bedrängt und zog sich daher zeitweilig in eine selbstgewählte Isolation zurück.

Die bisher besprochenen Indizien und vermeintlichen Beweise für die angebliche Vertauschung konnten auf die einfachste Weise widerlegt werden. Es gibt allerdings zwei weitere Aspekte, die nicht ohne weiteres ad absurdum geführt werden können:
Da wäre erstens die offensichtlich starke Veränderung im Aussehen der Madame Royale. Auf den Bildern der jungen Marie Thérèse ist eine Frau mit weichen Gesichtszügen und einer zierlichen Nase zu sehen. Die Bilder der Herzogin von Angoulême dagegen zeigen eine Frau mit plumpen Zügen und einer unschönen Hakennase. Vergleicht man Bilder der Madame Royale vor und nach dem Gefangenaustausch in Hüningen, ohne sich weiterführende Gedanken zu machen, kommt man unweigerlich zu dem Schluss, dass es sich hier tatsächlich um zwei unterschiedliche Personen handelt. Allerdings darf nicht vergessen werden, dass sich die Physiognomie eines Menschen ändert, wenn er erwachsen und älter wird. Auch erduldete Leiden und Schicksalsschläge graben sich in die Gesichtszüge ein. Die Bilder von Marie Thérèse stammen aus glücklichen Tagen und zeigen die Prinzessin noch als heranwachsendes Mädchen. Die Bilder der Herzogin von Angoulême dagegen zeigen eine Frau, die den gewaltsamen Tod ihrer Familie verkraften musste, dazu Jahre der Isolationshaft im Temple, begleitet von ständigen Schikanen der Wärter. Auch die Jahre des Asyls, des bangen Hoffens auf die Rückkehr nach Frankreich, sind mit Sicherheit nicht spurlos an Madame Royale vorbeigegangen. Auffällig ist natürlich die kräftige Nase der Herzogin von Angoulême, die so gar nicht mit dem zierlichen Gesicht der jungen Prinzessin vereinbar ist. Allerdings darf nicht vergessen werden, dass die überlieferten Bildnisse von Marie Thérèse nicht mit der Genauigkeit von heutigen Fotografien vergleichbar sind. Jeder Künstler ließ seine ganz persönliche Note in sein Werk einfließen. Möglicherweise wurden die frühen Porträts der Prinzes-

sin auch betont schmeichelhaft gestaltet, kleine Unzulänglichkeiten vertuscht, um die Lieblichkeit von Marie Thérèse herauszustellen. Es muss auch darauf hingewiesen werden, dass die Mehrzahl der Porträts nach Vorlagen entstanden, d.h. die Künstler Marie Thérèse niemals zu Gesicht bekamen. Bei den Abbildungen der Herzogin von Angoulême sticht vor allem die außergewöhnliche Form ihrer Nase hervor. Hierbei handelt es sich um die charakteristische „Bourbonennase". Wenn man die Bilder von Louis XVI. und seiner Tochter vergleicht, ist die Familienähnlichkeit verblüffend. Es ist durchaus anzunehmen, dass die Künstler diese Ähnlichkeit besonders herausstellten, um die Herkunft der Herzogin von Angoulême zu betonen. Die optischen Unterschiede in den Abbildungen der Madame Royale sind also ebenfalls kein Grund, ihre Identität anzuzweifeln.

Eine wirklich ernsthafte Angelegenheit war die Erpressung durch Madame de Soucy, der sich die Herzogin von Angoulême jahrelang ausgesetzt sah. In den „Archives Nationales de Paris" befinden sich bis heute die Briefe, mit denen Madame de Soucy die Herzogin von Angoulême über einen Zeitraum von achtzehn Jahren erpresste. Madame de Soucy hatte Marie Thérèse von Paris nach Wien begleitet, war dann aber anscheinend bei der Prinzessin in Ungnade gefallen. In Wien finanziell fast mittellos, ersuchte Madame de Soucy die Herzogin um eine bescheidene Anstellung am kaiserlichen Hofe, um ihren Lebensunterhalt bestreiten zu können. Unverständlicherweise wurde ihr das vehement verwehrt, obwohl alle anderen Exilfranzosen in Wien ein Auskommen erhielten. Louis XVIII. als Repräsentant der Bourbonen verwendete sich gern für seine Landsleute, nur Madame de Soucy wurde nicht bedacht. Bitten und Nachfragen bei Madame Royale blieben ebenfalls erfolglos. Es schien fast so, als wollten die Bourbonen die frühere Gouvernante der Prinzessin vom kaiserlichen Hof fernhalten, um ein Geheimnis zu wahren. Madame de Soucy begann regelrechte Bettelbriefe an Marie Thérèse zu schreiben, die jedoch unbeantwortet blieben. Lange Jahre war es danach still um Madame de Soucy. Die Herzogin von Angoulême hatte ihre frühere Gouvernante wohl bereits vergessen, als erneut ein Brief von dieser eintraf. In diesem Brief vom 19. Januar 1828 beklagte sich Madame de Soucy bitter über das ihr

Das Grab des Dunkelgrafen in Eishausen wird noch heute liebevoll gepflegt

widerfahrene Unrecht, indem sie schrieb: „Ich tue das, was ich seit 30 Jahren tue: Ich werde die Ungerechtigkeit erleiden und schweigen.“[6] Auch dieser Brief blieb unbeantwortet, wie auch ein weiterer vom 5. Dezember 1832, dessen Ton drohender ausfiel.

Ab 1833 übernahm ein Arzt namens Lavergne die Korrespondenz, schrieb nun im Namen von Madame de Soucy, welche die Briefe nur noch gegenzeichnete. Lavergne informierte die Herzogin von Angoulême, dass Madame de Soucy beabsichtige, ihre Memoiren zu verfassen, die unter Umständen sehr kompromittierend für die Herzogin ausfallen würden. Diese reagierte zunächst gelassen, ließ über ihren Sekretär ausrichten, dass sie diese Memoiren nicht fürchten würde. Ein daraufhin übersandter Auszug aus dem Manuskript ließ die Herzogin

jedoch umdenken. Ihrem Sekretär, dem Baron de Charlet, vertraute sie an, dass sie auf der Reise nach Wien Madame de Soucy gegenüber wohl einige Andeutungen gemacht hätte, die jene falsch verstanden haben musste.
In der Folgezeit kam es zu einem regen Briefwechsel zwischen Lavergne und dem Sekretär der Herzogin, in dem es um Inhalt und Veröffentlichung der Memoiren von Madame de Soucy ging. Immer wieder kam ein vermeintliches Geheimnis von Marie Thérèse zur Sprache. Ob sich dieses Geheimnis auf die Identität der Herzogin bezog, ist allerdings zweifelhaft. Wenn sich in den Memoiren ein klarer Hinweis auf die Vertauschung der Madame Royale in Hüningen befände, hätte die Herzogin mit allen Mitteln versucht, die Veröffentlichung zu verhindern. Immerhin erfolgte im April 1833 eine erste Zahlung an Madame de Soucy, die vermutlich nicht nur aus Mitleid mit ihrer sozialen Lage getätigt wurde. Baron de Charlet hatte die Herzogin zu diesem Schritt ermutigt, da er hoffte, die delikate Angelegenheit somit aus der Welt zu schaffen. Sich mit der Erpressung an die Justiz zu wenden, kam anscheinend nicht in Frage, daher bleibt die Annahme, dass die Angelegenheit kompromittierend für die Herzogin war. Die Briefe von Lavergne wurden zunehmend drohender, eine gewünschte Anstellung als Leibarzt der Herzogin sowie eine monatliche Leibrente für Madame de Soucy lehnte Marie Thérèse jedoch ab. Es erfolgten jedoch noch weitere Zahlungen. Der Erpresser forderte im Jahr 1837 nicht weniger als 34.000 Francs für die Übergabe des Manuskriptes. Die Herzogin zahlte die enorme Summe, da Lavergne erneut mit Veröffentlichung drohte. Selbst nach dem Tod von Madame de Soucy ging die Erpressung weiter, da Lavergne erklärte, er sei nun im Besitz ihrer Memoiren und in alle delikaten Einzelheiten eingeweiht. Sein Schweigen wurde nochmals mithilfe mehrerer Zahlungen erkauft. Die Erpressung endete erst mit dem Tod der Herzogin von Angoulême.

Um was für ein Geheimnis kann es sich bei dieser jahrelangen Erpressung gehandelt haben? Der vermeintliche Austausch der Madame Royale wird es wohl eher nicht gewesen sein, da dieser offenbar nur das Fantasieprodukt von Verschwörungstheoretikern war. Es ist allerdings möglich, dass Madame de Soucy über eine mögliche Schwangerschaft von Marie Thérèse im Pariser Temple Bescheid wusste. Gerüchte über eine solche Schwangerschaft gab es schon lange und sie waren auch ein Thema in den Adelshäusern Europas. So notierte der englische Politiker Baron Glenbervie in seinem Tagebuch: „Man sieht die Dinge anders, sieht selbst ganz deutlich, dass es unmöglich ist zu leugnen, als man erfuhr, dass die junge Madame, Schwester Louis XVII., die, ich glaube erst 15 Jahre alt ist, ein Kind erwartet. Unwichtig, welches brutale Mittel man benutzt hat: Vergewaltigung, Betäubung oder systematische moralische Verdorbenheit dieser Unglücklichen, um auch ihren Körper zu beschmutzen. In jeder Hinsicht, dies ist das raffinierteste, wenn nicht das infamste und schändlichste Verbrechen, das jemals begangen worden ist.“[7]

Maria Karolina, die Königin von Neapel-Sizilien, schrieb ihrer Freundin, der Marquise d'Osmond, am 7. Oktober 1794, dass ihre Nichte Marie Thérèse ihre Ehre verloren habe. Diese Redewendung bezog sich zu jener Zeit auf den Verlust der Jungfräulichkeit bei einer unverheirateten Frau. Natürlich kann es sich hierbei wiederum nur um Gerüchte gehandelt haben, es darf aber nicht vergessen werden, dass Marie Thérèse im Temple den Schikanen ihrer Wächter hilflos ausgeliefert war. Dass die unglückliche Gefangene von einem oder mehrerer ihrer Peiniger auch vergewaltigt wurde, liegt durchaus im Bereich des Möglichen. Andere Quellen sprechen von einem Liebesverhältnis der Prinzessin mit ihrem Wächter Gonim, dem ersten Menschen, der sie nach Jahren der Qual respektvoll behandelte. Wenn Marie Thérèse tatsächlich im Temple schwanger geworden sein sollte, verlor sie das Kind wieder, denn über eine Geburt in der Gefangenschaft der Prinzessin hätte es offizielle Aufzeichnungen gegeben. Natürlich handelt es sich hier wieder nur um Spekulationen auf Grund von Gerüchten. Aber immerhin wäre die Kunde über eine ungewollte Schwangerschaft so kompromittierend für die Herzogin von Angoulême gewesen, dass sie lieber Schweigegeld zahlte.

Jahrzehntelang schien es nun eine feststehende Tatsache zu sein, dass es sich bei der Dunkelgräfin von Hildburghausen um die französische Prinzessin Marie Thérèse handelte. Wer aber war die Dunkelgräfin wirklich?

Im Juli 2014 ging es wie ein Lauffeuer durch die Welt der Geschichtswissenschaft. Bei der geheimnisvollen Dunkelgräfin handelte es sich *nicht* um Marie Thérèse Charlotte von Frankreich. Ein Mythos wurde zerstört, war doch im Laufe von fast 200 Jahren das Gerücht zur unbestätigten Wahrheit geworden.
Im Jahr 2012 regte der Mitteldeutsche Rundfunk für eine TV-Dokumentation die Exhumierung der sterblichen Überreste der Dunkelgräfin an, um mittels eines DNA-Tests das Geheimnis der französischen Prinzessin zu lüften. Dieses Vorhaben sorgte für große Kontroversen im thüringischen Hildburghausen. Gegner der geplanten Exhumierung beriefen sich auf Pietät gegenüber der Verstorbenen und fürchteten um die geheimnisvolle Aura der Dunkelgräfin. Befürworter sahen sich in der Hoffnung bestärkt, endlich Gewissheit über die Gerüchte um Madame Royale zu erhalten.
Am 27. Juni 2012 beschloss der Stadtrat von Hildburghausen eine Exhumierung zum Zwecke eines DNA-Tests. Gegen den Stadtratsbeschluss regte sich jedoch Widerstand, was in der Folge zur Gründung der Bürgerinitiative „Gegen die Exhumierung der Dunkelgräfin" führte, die ein Bürgerbegehren forderte. Zum Zwecke einer gütlichen Einigung beschloss der Stadtrat ein solches Bürgerbegehren, welches am 21. April 2013 stattfand. Obwohl sich die Mehrheit der Beteiligten gegen eine Öffnung des Grabes aussprach, war das Bürgerbegehren gegenstandslos, da die Beteiligungsquote unter den gesetzlich geforderten 20 % der Wahlberechtigten blieb. Der Stadtratsbeschluss blieb rechtskräftig und die Exhumierung fand am 15. Oktober 2013 statt, wobei ein fast vollständig erhaltenes weibliches Skelett geborgen wurde. Nach der Entnahme einer DNA-Probe wurden die sterblichen Überreste im Rahmen einer feierlichen Zeremonie am 7. November 2013 im Grab der Dunkelgräfin wieder bestattet. Als Vergleichsprobe wurde die DNA von Louis Charles de Bourbon, dem Bruder der Madame Royale verwendet. Im Jahre 2000 hatten belgische und deutsche Wissenschaftler Proben des vermeintlichen Herzens des französischen Thronfolgers entnommen, das ein königstreuer Arzt 1795 konserviert hatte. Vergleichsproben von noch lebenden Nachfahren der Bourbonen hatten zweifelsfrei ergeben, dass es sich tatsächlich um das Herz von Louis Charles handelte. Um alle Zweifel aus dem Weg zu räumen,

wurde die DNA der Dunkelgräfin noch mit einer Probe von einem Nachfahren der Familie von Marie Antoinette verglichen. Nach wenigen Monaten standen die Ergebnisse der von zwei unabhängigen Instituten vorgenommenen Untersuchungen der DNA-Proben fest: Die Dunkelgräfin von Hildburghausen war nicht die französische Prinzessin Marie Thérèse. Der jahrhundertealte Mythos von der geheimnisvollen Prinzessin im Eishausener Schloss war dahin. Doch für die Verfechter der Madame Royale-Theorie sollte es noch schlimmer kommen. Zusätzlich zum DNA-Vergleich wurde von den beteiligten Wissenschaftlern mit dem Schädel der Dunkelgräfin eine Gesichtsrekonstruktion vorgenommen. Das Ergebnis war mehr als ernüchternd. Statt eines aristokratischen Gesichts mit femininen Zügen wurde ein fast männlich zu nennendes Antlitz präsentiert, welches zusätzlich mit einer unpassenden Frisur versehen wurde, die keinesfalls der Mode des frühen 19. Jahrhunderts entsprach. Mit dieser Rekonstruktion hat die verantwortliche Anthropologin Ursula Wittwer-Backofen der Dunkelgräfin-Forschung keinen guten Dienst erwiesen.
Mit dem DNA-Vergleich von 2014 wurde der Mythos, die geheimnisvolle Dame von Hildburghausen sei die französische Prinzessin Marie Thérèse Charlotte von Frankreich, nun dauerhaft zerstört.

Von verschiedenen Forschern waren schon zuvor immer wieder neue Theorien zur Identität der geheimnisvollen Dame aufgestellt worden. Der von Cornelius van der Valck nach dem Tode der Dame angegebene Name Sophia Botta war immer wieder Gegenstand von Nachforschungen. Im Nachlass des Dunkelgrafen fand sich ein Brief der Dame, den diese zum Geburtstag von van der Valck verfasst und mit Sophia unterzeichnet hatte. Weitere Nachforschungen ergaben, dass zwischen 1793 und 1805 ein Kaufmann mit dem Namen Botta in Hildburghausen lebte. Ob es eine Verbindung zwischen diesem Herrn und der Dunkelgräfin gab, ist nicht bekannt. Allerdings besteht die Möglichkeit, dass die Dame unter dem Namen Sophia Botta mit Cornelius van der Valck reiste, bis sich das Paar in Hildburghausen niederließ.

Im Zusammenhang mit dem Namen Botta gab es noch eine vielversprechende Spur. Aus den Memoiren der Baronin Oberkirch wurde geschlussfolgert, bei der Dunkelgräfin handele es sich um Sophie von Botta, eine uneheliche Tochter des österreichischen Kaisers Joseph II. Der Kaiser soll in jungen Jahren ein Verhältnis zu einer gewissen Wilhelmine von Botta gepflegt haben, dem eine Tochter entspross. Dieses Kind wurde angeblich auf den Namen Sophia getauft und nach dem Tod der Mutter von des Kaisers Schwester am Versailler Hof aufgezogen. Die französische Königin Marie Antoinette soll dem Kind sehr zugetan gewesen sein, das zufällig eine große Ähnlichkeit mit ihrer Tochter Marie Thérèse hatte. In den Wirren der Französischen Revolution sei diese Sophie von Botta dann nach Hildburghausen gekommen, wo sie unter der Obhut von Cornelius van der Valck lebte. Hierbei handelt es sich um eine ebenfalls sehr gewagte Theorie, für die es keine stichhaltigen Beweise gibt.

Einen weiteren interessanten Anhaltspunkt boten die sogenannten Berthelmy-Briefe. Dabei handelte es sich um dreizehn in französischer Sprache abgefasste Briefe, die von einer gewissen Agnes Berthelmy stammten und im Nachlass von Cornelius van der Valck gefunden wurden. Die Briefe stammen aus den Jahren 1798/99 und offenbarten, dass die beiden liiert waren. Schnell war die Theorie aufgestellt, Agnes habe sich für Valck von ihrem Mann, dem französischen General Etienne-Ambroise Berthelmy, getrennt und im Geheimen dreißig Jahre mit ihrem Liebhaber gelebt. Bereits 1886 wurde jedoch nachgewiesen, dass Agnes Berthelmy zwar von ihrem Mann getrennt lebte, ihren Lebensabend jedoch mit ihrer Tochter verbrachte. Agnes Berthelmy starb am 28. Februar 1827 in Winnweiler in der Pfalz, kann also nicht die Dunkelgräfin von Hildburghausen gewesen sein.

Auf die weiteren geäußerten Theorien zur Identität der Dunkelgräfin soll an dieser Stelle nicht weiter eingegangen werden, da sich alle als haltlose Spekulationen erwiesen haben. Doch was geschah währenddessen mit einer anderen jungen Frau, Ernestine Lambriquet, der Ziehtochter Marie Antoinettes?

Wie an früherer Stelle schon erwähnt, war Ernestine mit Hilfe ihrer Gouvernanten die Flucht aus den Tuilerien gelungen, als der Pariser

Pöbel das Schloss stürmte. Vorher hatte sie jedoch schreckliche Gräueltaten der Revolutionäre mit ansehen müssen. Was solche schrecklichen Bilder in einem jungen Menschen wie Ernestine auslösten, kann man nur schwer nachvollziehen. Der so oft verwendete Begriff Traumatisierung wird wohl nur ansatzweise dem Seelenzustand des Mädchens gerecht. Was aus Ernestine nach ihrer Flucht aus den Tuilerien wurde, ist ungewiss.

Ernestine Lambriquet schien, wie schon erwähnt, unauffindbar. Erst 1810 tauchte sie wieder unter ihrem Geburtsnamen Marie-Philippine Lambriquet auf, in dem Jahr, in dem sie heiratete. Langes Eheglück war der Dame jedoch nicht beschieden, sie starb bereits 1813. Immerhin sind uns heute die Heirats- und Sterbeurkunde von Ernestine/Marie-Philippine erhalten, so dass ihre Existenz nach der Flucht aus Paris nachgewiesen ist. Spannend wird es jedoch, wenn man die Nachforschungen des französischen Historikers Robert Ambelain betrachtet, die jener 1980 in seinem Buch „Crimes et Secrets d'État 1785 – 1830“ veröffentlichte. Ambelain hat im Pariser Nationalarchiv die Geburts-, Tauf-, Heirats- und Sterbeurkunden der Familie Lambriquet gesichtet und stieß auf Erstaunliches. Von allen Familienmitgliedern, einschließlich Ernestine/Marie-Philippine, sind alle Urkunden lückenlos erhalten, von ihrer Schwester Louise Catharine gibt es jedoch weder eine Heiratsurkunde noch eine Sterbeurkunde. Das kann kein Zufall sein. Auf Ambelains Nachforschungen aufbauend, vermuteten einige Forscher, dass Louise Catharine Lambriquet die Person war, die gegen Marie Thérèse Charlotte de Bourbon ausgetauscht wurde. Da dieser vermeintliche Austausch vermutlich niemals stattgefunden hat, stellt sich erneut die Frage, was mit Louise Catharine geschehen ist. Nahm sie möglicherweise die Identität ihrer Schwester Marie-Philippine an, heiratete 1810 unter diesem Namen und war sie es, die im Jahre 1813 verstarb?

Einzig denkbarer Grund ist die Möglichkeit, dass einflussreiche Kreise Ernestine/Marie-Philippine dauerhaft verschwinden lassen wollten. Allerdings sollte der Schein gewahrt bleiben, dass die Ziehtochter der französischen Königin Marie Antoinette die Schrecken der Französischen Revolution unbeschadet überstanden habe und danach ein beschauliches Leben führte. Wer die Drahtzieher hinter dieser Angelegenheit waren, darüber lässt sich nur spekulieren. Es ist zu vermuten, dass es Mitglieder des Hauses Bourbon und dessen Freunde waren, die für die geheime Unterbringung der traumatisierten Ernestine Lambriquet sorgten. Man konnte die Ziehtochter von Marie Antoinette schließlich nicht in eine öffentliche Irrenanstalt sperren und auf deren Genesung hoffen.

Bei meinen Recherchen stieß ich auf einen Auszug aus dem Tagebuch Diana von Pappenheims, der Gräfin von Waldner-Freudenstein, der für die weiteren Betrachtungen des Falles von enormer Bedeutung ist. Die adelige Dame berichtete von ihrem Zusammentreffen mit einer Person der königlichen Familie Frankreichs, welche zeitweilig inkognito in Straßburg lebte. Die bewusste Dame war bei der Bankiersfamilie de Franck untergebracht, glühende Royalisten, die schon verschiedenen Mitgliedern des französischen Hofes bei der Flucht geholfen und diesen vorübergehend auch Unterschlupf gewährt hatten. Diana von Pappenheim hielt die Dame für die französische Prinzessin Marie Thérèse Charlotte de Bourbon, was jedoch ein Irrtum war. Es besteht aber durchaus die Möglichkeit, dass es sich um Ernestine Lambriquet handelte, die zwischenzeitlich in Straßburg Unterschlupf gefunden hatte. Zeitgenössische Quellen berichteten immer wieder von ihrer erstaunlichen Ähnlichkeit mit Marie Thérèse. Zudem war Ernestine in höfischem Benehmen und Etikette unterrichtet, war sozusagen nicht von einer geborenen Prinzessin zu unterscheiden. In ihrer Begleitung befand sich ein holländischer Aristokrat, bei dem es sich folglich um Cornelius van der Valck handeln musste. Der Kontakt zu Valck war vermutlich über den Prinzen Karl von Hohenlohe-Bartenstein hergestellt worden, einem Freund des holländischen Diplomaten. Prinz Karl hatte in Straßburg studiert und war gut mit der Familie de Franck bekannt. Der Aufenthalt in Straßburg konnte jedoch nur vorübergehend sein, es musste eine dauerhafte Unterbringung für die psychisch belastete Ernestine Lambriquet gefunden werden. Man griff auf die gute Beziehung von Marie Antoinette zur Landgräfin von Hessen-Darmstadt, die eine Jugendfreundin der französischen Königin war, zurück. Die Landgräfin beratschlagte sich mit ihrer Nichte, der Herzogin von Sachsen-Hildburghausen über die Angelegenheit, wobei die beiden adeligen Damen zunächst die Stadt Ingelfingen als Aufenthaltsort für Ernestine Lambriquet auswählten. Der uns bereits aus Hildburghausen bekannte Diener Scharr erschien im Herbst 1803 in Ingelfingen, um für seinen Herrn und eine Begleitung eine Wohnung anzumieten. Jener Herr nannte sich Graf Vavel, seine weibliche Begleiterin trat stets tief verschleiert auf. Es handelte sich also folgerichtig um Cornelius van der Valck und Ernestine Lambriquet. Der Sohn des Geheimrates Kraus aus Ingelfingen erhaschte einmal einen kurzen Blick auf das unverschleierte Gesicht der Dame und wollte sie als Mitglied der königlichen Familie aus Frankreich erkannt haben. Doch auch Ingelfingen war nur eine Zwischenstation für das geheimnisvolle Paar. Weitere Aufenthaltsorte von Cornelius van der Valck und Ernestine Lambriquet lassen sich aus Postadresse und Meldedokumenten ausfindig machen. Es handelte sich hierbei um Frankfurt, Schweinfurt, Meiningen, Gotha und Jena. Es war schließlich die Herzogin Charlotte von Sachsen-Hildburghausen, die für die dauerhafte Unterbringung der geschwächten Ernestine Lambriquet in der heimischen Residenzstadt und später im Schloss Eishausen sorgte. Hier erholte sich Ernestine Lambriquet von den erlebten Schrecken der Französischen Revolution und wurde schließlich durch Legendenbildung zur geheimnisvollen Dunkelgräfin von Hildburghausen.

Natürlich handelt es sich bei meiner Darstellung von Ernestine Lambriquet als der geheimnisvollen Dame ebenfalls um Spekulationen, die sowohl auf Indizien als auch auf Vermutungen beruhen. Die wahre Identität der Dunkelgräfin wird wohl niemals geklärt werden.

Das Strafgericht Gottes II

Der Untergang von Rungholt

Legenden von im Meer versunkenen Städten gibt es weltweit. Allen voran vom legendären Atlantis, bevölkert von einer urzeitlichen Hochkultur, die durch eine gewaltige Sturmflut zerstört wurde. Atlantis beschäftigt bis heute gleichermaßen Geschichtsforscher wie Grenzwissenschaftler. Die Begeisterung für dieses Thema und die wissenschaftliche Forschung nach der möglichen Lage solcher Inseln im Ozean treiben Hobbyentdecker und Archäologen gleichermaßen an. Nach Ansicht von Jürgen Spanuth, einem der bekanntesten Atlantisforscher, befand sich die Insel in der Nordsee, in der Nähe von Helgoland.

Ob Atlantis tatsächlich in der Nordsee lag, sei dahingestellt. Wir wissen aber von einer Stadt, die tatsächlich in den Fluten der Nordsee versank. Gemeint ist damit die Stadt Rungholt, welche bis heute Wissenschaftler und Legendenforscher beschäftigt. Rungholt lag im südlichen Teil der Insel Strand und wurde während einer Sturmflut, genannt die „Erste Grote Mandränke“, im Jahre 1362 vom Meer verschlungen.

Da es keine schriftlichen Überlieferungen aus der Zeit des Untergangs von Rungholt gibt, wurde die Katastrophe von 1362 schnell zum Gegenstand von Legendenbildung. So soll der Herrgott persönlich die gewaltige Sturmflut geschickt haben als Strafe für das gotteslästerliche Verhalten der Bewohner von Rungholt. Die Menschen in und um Rungholt waren durch den Abbau von salzhaltigem Torf und den Verkauf des „weißen Goldes" reich geworden. Trunken vom Reichtum überboten sich die Inselbewohner im Bau von prunkvollen Häusern und der Veranstaltung pompöser Feste. Laster, Maßlosigkeit und Müßiggang bestimmten das Leben der Rungholter. Religion wurde den Menschen fremd. Mit ihrem stetig wachsenden Reichtum glaubten sie, keinen Gott mehr zu brauchen. Der Pfarrer predigte regelmäßig vor leeren Bänken, nur manchmal verirrten sich einige alte Frauen in den Gottesdienst. Der Geistliche ahnte schon, dass Rungholt sich so den Zorn Gottes zuziehen würde, doch seine Mahnungen verhallten ungehört. Noch wollte der wackere Gottesmann nicht verzagen, doch was sich eines Abends im Gasthaus der Stadt ereignete, das war auch für den demütigsten Diener Gottes zu viel. Es war mitten in der Nacht, als es an der Tür des Pfarrhauses klopfte. Ein betrunken lallender Mann stand vor dem Pfarrer und flehte ihn an, ins Gasthaus von Rungholt zu kommen. Dort befände sich ein kranker Gast, der zu sterben drohte. Sein letzter Wunsch war nur noch, vor dem Tode die Sterbesakramente zu erhalten. Obwohl der Pfarrer wegen der späten Stunde und des betrunkenen Mannes misstrauisch war, wollte er doch seine priesterlichen Pflichten nicht vernachlässigen. Schnell kleidete er sich an, griff nach dem Messwein und dem Kelch mit den Hostien für die Heilige Kommunion und folgte dem Mann. Im Gasthaus warteten schon der Wirt und einige betrunkene Gäste auf den Pfarrer. Sie führten den Gottesmann in das Zimmer des vermeintlich Sterbenden und forderten den Geistlichen lauthals auf, diesem die Sterbesakramente zu spenden. Dieser war verwirrt ob der lärmenden Männer und dem seltsamen Gestank im Zimmer, doch er fasste sich und trat an das Lager des Kranken. Wie erschrak der Pfarrer, lag doch im Bett nicht etwa ein Mensch, sondern eine im Schlaf friedlich grunzende Sau. Dem verdutzten Gottesdiener fehlten die Worte, doch die betrunkenen Männer bestürmten ihn, dem Schwein die Kommunion zu

erteilen. Den Plan für diese aberwitzige Begebenheit hatten der Wirt und seine Gäste gemeinsam ausgeheckt. Der Wirt hatte den Männern erzählt, er habe eine Sau, die gerne Bier trank. Nach einem gewissen Quantum würde die Sau dann einschlafen und wie ein Mensch schnarchen. Das wollten die Gäste natürlich höchstselbst erleben und ließen den Wirt die Sau holen. Begeistert soff das Tier mehrere Liter Bier, fiel darauf in einen tiefen Schlaf und begann tatsächlich, wie ein Mensch zu schnarchen. Nach weiteren Stunden des Feierns kamen die Zechbrüder auf die Idee, dem Gemeindepfarrer einen Streich zu spielen. Schnell wurde das Schwein in einem Gästezimmer untergebracht und der Geistliche herbeigeschafft. Jener war über diese Blasphemie verständlicherweise sehr erbost und wollte schnellstens das Gasthaus verlassen. Die Betrunkenen hinderten ihn jedoch daran und drohten ihm mit Schlägen, wenn er dem Schwein die Heilige Kommunion nicht spendete. Standhaft weigerte sich der Pfarrer und wurde von den Männern verprügelt. Zu allem Überfluss gossen sie Bier in den Hostienkelch und stießen gotteslästerliche Flüche aus. Schließlich ließen die betrunkenen Männer von ihrem Opfer ab und der Seelsorger konnte fliehen. Er rettete sich in die Kirche und flehte Gott an, die Sünder zu strafen. Wenig später vernahm er die Stimme des Herren, die eine gewaltige Sturmflut ankündigte, welche die Frevler hinwegfegen würde. Dem Pfarrer wurde aufgetragen, alle gottesfürchtigen Menschen aus Rungholt fortzubringen, die Stadt sei ob ihrer fehlenden Gottesfürchtigkeit dem Untergang geweiht. Dem Geistlichen fielen nur drei Jungfrauen ein, die regelmäßig seinen Gottesdienst besuchten. Gemeinsam mit diesen verließ er noch in der Nacht die Stadt. Am kommenden Morgen schickte Gott eine verheerende Sturmflut, die ganz Rungholt und seine Bewohner vernichtete.
Doch was steckt tatsächlich hinter dieser Legende?

Mit Beginn der Weichsel-Eiszeit begann der Meeresspiegel der Nordsee drastisch zu sinken, wodurch das Nordseegebiet im Bereich der sogenannten Deutschen Buchten zu Festland wurde. Nach dem Ende der letzten Kaltzeit um 10.000 v. Chr. kam es zu einem erneuten Anstieg des Meeresspiegels, wodurch die flacheren Küstengebiete regelmäßig überflutet wurden. Die Salzpflanzenvegetation der Küste

Küstenlandschaft im Nebel, alter Kupferstich

verwandelte sich durch Sedimentablagerungen des Meeres in die sogenannte Marschlandschaft. Die Entstehung der Marschlandschaft im Bereich der Deutschen Buchten lässt sich zeitlich in etwa auf 4000 v. Chr. festlegen. Es entstand zunächst eine unwirtliche Moorlandschaft, die sich über die Jahrhunderte hinweg durch weitere Ablagerungen zu einer festeren Bodenmasse entwickelte. Geologische wie witterungsbedingte Unterschiede in den Sedimentablagerungen erschufen in den Deutschen Buchten verschiedene größere Flächen, die nicht mehr überflutet wurden. Durch das Entstehen von Dünenketten entwickelten sich aus diesen Gebieten dem Festland vorgelagerte Inseln und Halbinseln, die sogenannten Uthlande. Die Insel Strand war die größte Insel der Uthlande und lag südöstlich der heutigen Inseln Amrum und Föhr.

Auf der Insel Föhr wurden Siedlungsreste aus der Steinzeit entdeckt, die auf eine erste zwischenzeitliche Besiedelung der Uthlande schon um 7000 v. Chr. hindeuten. Bronzezeitliche Schmuckfunde lassen zudem im Bereich der früheren Insel Strand einen Handelsplatz vermuten, der von griechischen Handelsschiffen auf ihrer Reise zu den britischen Inseln angesteuert wurde. Dort konnte dann die frühe Bevölkerung des heutigen Norddeutschland für sie unbekannte, geradezu exotische Waren erwerben. Weitere Funde lassen auf eine dauerhafte Besiedelung der Uthlande ab 1800 v. Chr. schließen. Da der Bernstein der Nordsee schon in der Frühzeit der Menschheit ein beliebtes Handelsobjekt war, können wir von einer regen Handelstätigkeit in jener Zeit ausgehen. Auch in den Eroberungsplänen des Römischen Reiches spielten die nördlichen Gefilde bei ihrer geplanten Okkupation Germaniens zunächst eine entscheidende Rolle. Dass diese Eroberungspläne nicht wirklich von Erfolg gekrönt waren, ist uns heute bekannt. Bereits der römische Naturforscher Plinius der Ältere warnte vor den heimtückischen Naturgewalten und den armseligen Lebensbedingungen im Norden Germaniens, die eine Eroberung dieses Landstriches unattraktiv machten. Ganz anders sah es der Volksstamm der Friesen, welcher sich die Nordseeküste trotz widriger Bedingungen als Siedlungsraum ausgesucht hatte. Die genaue Herkunft des Volksstammes der Friesen liegt im Dunkel der Geschichte. Die Geschichtswissenschaft geht heute davon aus, dass die Friesen ursprünglich aus Skandinavien kamen und um 500 v. Chr. in das heutige Norddeutschland und die Niederlande einwanderten. Der bekannte römische Chronist Tacitus rechnete die Friesen zur Volksgruppe der Ingväonen, die gemeinsam mit den Hermiponen und Istväonen das Volk der Germanen bildeten. Das Siedlungsgebiet der Friesen lag im 1. Jahrhundert westlich des Flusses Ems, wobei die direkten Küstengebiete wegen der rauen klimatischen Bedingungen weniger besiedelt waren. In den folgenden Jahrhunderten dehnte sich das Siedlungsgebiet der Friesen auf Grund des Bevölkerungswachstums weiter in Richtung des heutigen Schleswig-Holstein aus. Durch die fortschreitende Verlandung der Küstengebiete mit fruchtbarem Boden wurden auch zunehmend die Küstengebiete besiedelt.

Ab dem 7. Jahrhundert können wir dann von einem regelrechten Reich Friesland sprechen, dem Herzöge und später sogar Könige vorstanden. Bekanntester König war Radbod, in dessen Regierungszeit von 679 bis 719 die ersten Eroberungsversuche der fränkischen Nachbarn in Friesland fielen. Erst 734 gelang es den Franken unter Karl Martell, Teile des Friesenreiches dauerhaft zu besetzen. Den fränkischen Truppen folgten christliche Missionare, um die vermeintlichen Heiden zum Glau-

ben an den gekreuzigten Heiland zu bekehren. Das Frankenreich und die Papstkirche in Rom hatten eine für beide Seiten fruchtbare Allianz geschlossen, die freien Stämme Europas herrschaftlich wie geistlich zu unterjochen. Das Volk der Friesen war von der Aussicht auf die christliche Religion wenig begeistert. Die stolzen Menschen im Norden hielten wenig von einer Religion der Unterwürfigkeit und Unterdrückung. Der berühmt-berüchtigte Missionar Bonifatius wollte mit der dauerhaften Christianisierung der Friesen sein Lebenswerk krönen. Bonifatius ist uns vor allem durch seine unrühmliche Zerstörung der Donareiche bekannt, dem uralten Heiligtum der germanischen Chatten. Diese ließen sich von den Missionaren und den begleitenden fränkischen Soldaten bekehren. Ganz anders die stolzen Friesen. Als Bonifatius mit einigen Gefährten im Jahr 754 predigend durch die nördlichen Gefilde zog, machten sie kurzen Prozess mit dem verhassten Kirchenmann. Zu einer geplanten Massentaufe am 7. Juni erschienen nicht die erwarteten Gläubigen, sondern eine Schar bewaffneter Männer, welche die Missionare ins Jenseits beförderten.
Erst dem Frankenkönig Karl dem Großen gelang 785 die komplette Eroberung von Friesland. Die dauerhafte Christianisierung der Friesen sollte sich jedoch noch lange Zeit hinziehen. Viele Friesen wollten dem Joch der Franken und den ewigen Predigten der Missionare entgehen und besiedelten die unwirtlichen Uthlande. Selbst die als Halligen bezeichneten Kleinstinseln wurden als Lebensraum auserkoren, nur um ein Leben in relativer Freiheit und Selbstbestimmung zu führen. Das Leben in den Uthlanden war hart. Überschwemmungen und Sturmfluten verwüsteten regelmäßig die Gehöfte der Marschbauern. Diese gingen dazu über, ihre Häuser und Stallungen auf sogenannten Warften zu bauen. Das waren künstlich angelegte Erderhöhungen, die Schutz vor Überschwemmungen boten. Mit dem Bau von Deichen zum Schutz von Siedlungen und einzelnen Gehöften wurde erst im 12. Jahrhundert begonnen. Das führte zu einer dauerhaften Verbesserung der Lebensbedingungen in den Uthlanden.
Die frühere Insel Strand war die größte bewohnbare Fläche in den Uthlanden und gehörte laut ersten schriftlichen Erwähnungen ab dem späten 12. Jahrhundert zum Herzogtum Schleswig. Die Insel unterteilte sich in mehrere Verwaltungsbezirke, wobei das hier besprochene

Rungholt zum südlichen Verwaltungsbezirk Edomsharde gehörte. Das legendäre Rungholt war zunächst nur eine Ansiedlung von verschiedenen Bauernhöfen. Von Rungholt als Siedlung kann ab dem späten 11. Jahrhundert gesprochen werden. Die ansässige Bevölkerung widmete sich neben der Landwirtschaft zur Eigenversorgung auch der Salzgewinnung aus Torf, was sich zu einem einträglichen Geschäft entwickelte. Das „weiße Gold" wurde in jener Zeit nicht wie heute nur als Würzmittel verwendet. Vielmehr benutzte man es, um Fleisch haltbar zu machen – in Zeiten fehlender Kühlmöglichkeiten die einzige Möglichkeit, Fleisch über einen längeren Zeitraum aufzubewahren. Salz war eine begehrte Handelsware und die Menschen in Rungholt hatten davon im Überfluss. Die Errichtung eines Handelshafens wurde nötig. Die bei der Eindeichung errichteten Entwässerungsschleusen wurden ausgebaut und so eine Hafenanlage errichtet, in der Handelsschiffe anlegen konnten. Im Bereich des Hafens entstanden Handels- und Lagerhäuser sowie Behausungen für Händler und Arbeiter. Die Hafenstadt Grote Rungholt war geboren. Eine Kirche wurde ebenfalls errichtet und somit entstand aus der Hafenstadt sowie den angrenzenden Bauern- und Salzsiederhöfen das Kirchspiel Rungholt. Unter einem Kirchspiel verstand man ein Siedlungsgebiet, das einer bestimmten Pfarrkirche und deren Geistlichem zugeordnet wurde. Der Salzhandel bescherte den Bewohnern von Rungholt einen gewissen Wohlstand, der aber nichts mit dem angeblichen Reichtum gemein hatte, der in den späteren Legenden beschrieben wurde. Etwa 150 Jahre lebten die Menschen in Rungholt gut von der Salzgewinnung und der Landwirtschaft, dann trat die erste große Katastrophe ein. Am 16. Januar 1362 zerstörte eine gewaltige Sturmflut, genannt die „Erste Grote Mandränke", Rungholt und große Teile der Insel Strand. Aus einer Schrift des Chronisten Anton Heimreich von 1666 wissen wir, dass neben Rungholt noch sieben weitere Kirchspiele vom Meer verschlungen wurden und etwa 7.600 Menschen ihr Leben verloren. Die Sturmflut hatte ein großes, bogenförmiges Stück Land aus der Insel Strand herausgerissen und fortgespült. Die Gründe für diesen dauerhaften Landverlust werden an späterer Stelle geklärt werden. Nur ganz im Süden war ein kleineres Stück Land von der verheerenden Sturmflut verschont geblieben, das wegen seiner Lage ab diesem Zeitpunkt den Namen Südfall trug.

Mit dem Anstieg des Meeresspiegels um 10.000 v. Chr. wurden die Küstengebiete der Nordsee regelmäßig überflutet.

Berichte aus dem 17. Jahrhundert verraten uns, dass Rungholt während der Sturmflut von 1362 nicht gänzlich unterging. Zwar wurden die Hafenanlagen und Siedlungen zerstört, doch blieben nach Rückgang des Wassers einige erhöhte Landstriche mit ihren Warften erhalten. Nachdem sich die Bewohner der Insel Strand von den Schrecken der „Ersten Groten Mandränke" erholt hatten, begann eine vorsichtige Neubesiedelung des Gebietes. Der Begriff vorsichtig wurde von mir absichtlich gewählt, da in diesem Gebiet keine erneute Eindeichung vorgenommen wurde. Die Bewohner des Restes von Rungholt waren also den kommenden Unbilden der Natur fast schutzlos ausgeliefert. Auch die Erhöhung der Warften bot nur eine geringe Sicherheit. Doch die Gewinnung von und der Handel mit Salz waren zu lukrativ, um das Gebiet brachliegen zu lassen. Im bescheidenen Ausmaß entstand auch ein neuer Handelshafen, bei dem es sich wohl um das Lüttke Rungholt handelte, das wir aus den erwähnten Berichten kennen. Das endgültige Ende für Rungholt kam am 12. Oktober 1634 mit der „Zweiten Groten Mandränke". Während dieser verheerenden Naturkatastrophe wurde die Insel Strand in ihrer ursprünglichen Form völlig zerstört. Es blieben lediglich die Teilstücke Pellworm, Nordstrand und Nordstran-

dischmoor erhalten. Der größte Teil der Insel Strand wurde an die Nordsee verloren. Die Opferzahlen der „Zweiten Groten Mandränke“ werden mit etwa 6.400 Toten beziffert. Auch die Hallig Südfall wurde arg in Mitleidenschaft gezogen. Ein Teil der ohnehin schon kleinen Insel blieb dauerhaft überschwemmt, 46 Menschen starben in den Fluten.
Wenn auch einige beherzte Leute die Gegend des früheren Rungholt erneut besiedelten und einen bescheidenen Handelshafen errichteten, wird der eigentliche Untergang von Rungholt allgemein im Jahre 1362 durch die „Erste Grote Mandränke“ gesehen. Über diese verheerende Sturmflut gab es zunächst nur mündliche Überlieferungen, die erst sehr viel später schriftlich festgehalten wurden. Aus diesen Aufzeichnungen und Berichten entwarf der Rungholtforscher Hans-Herbert Henningsen ein packendes Szenario, auf das ich mich in den folgenden Zeilen inhaltlich beziehe.

Der Winter im Januar 1362 hielt das Land in seinen eisigen Klauen. Das öffentliche Leben auf der Insel Strand war fast zum Erliegen gekommen. Die Menschen verließen ihre Behausungen nur, wenn es unbedingt notwendig war. Die See war seit Tagen ungewöhnlich stürmisch, aber die Dämme würden schon halten. Doch die Eiseskälte war zu groß, als dass jemand die Deiche genau in Augenschein genommen hätte. Gegen neun Uhr vormittags am 16. Januar bemerkte ein Bauer, dass die Gischt hoch über den Deich spritzte und immer wieder Wasser überschwappte. Mit Schrecken stellte der Bauer fest, dass es dafür viel zu zeitig war. Der höchste Stand der Flut war erst in zwei Stunden zu erwarten, eine Überflutung des flacheren Landes schien also unausweichlich. Schnell warnte der Mann seine Nachbarn, die nun ihr Vieh hinauf auf die Warften trieben und ihre landwirtschaftlichen Gerätschaften in Sicherheit brachten. So eine Überschwemmung war nichts Ungewöhnliches, man musste nur gewappnet sein. Doch an diesem Tag im Jahre 1362 war alles anders. Die Sturmwellen peitschten über den Deich, der dahinterliegende Koog füllte sich rasend schnell mit Wasser. Die Menschen saßen zitternd in ihren Häusern und beteten. Immer höher stieg das Wasser und die ersten Wellenkämme schlugen gegen die Hauswände. Wasser drang durch die Ritzen, Kinder

War die verheerende Sturmflut von 1362 der Grund für den Untergang der Stadt Rungholt?

und Frauen begannen vor Angst zu schreien und auch die Männer begannen sich ernsthaft Sorgen zu machen. Gegen Mittag schien die größte Gefahr vorbei zu sein. Der höchste Stand der Flut war erreicht und der Sturm schien nachzulassen. Vorsichtig traten die Menschen vor ihre Behausungen. Die um die Häuser gestapelten Grassoden zum Schutz vor Hochwasser und Kälte waren überall fortgespült, doch die gefürchtete Überspülung der Warften war ausgeblieben. Die Flut war längst zurückgegangen, doch der Wasserspiegel des überfluteten Marschlandes schien nicht zu sinken. Inzwischen war es drei Uhr nachmittags und das Wasser war nur wenige Zentimeter gesunken. Noch zwei Stunden Ebbe, dann würde das Wasser wieder steigen. Die Menschen von Rungholt bekamen es mit der Angst zu tun. Zu allem Unglück begann der Sturm erneut an Stärke zuzunehmen. Erneut peitschten die Wasserwogen viel zu früh über den Deich. Vier Stunden vor Mitternacht schien die Hoffnung für Rungholt endgültig verloren. Die nahe dem Deich befindlichen Warften waren bereits überspült und der höchste Stand der Flut würde erst kurz vor Mitternacht erreicht sein. Einige Menschen waren ins Landesinnere geflohen, doch die meisten Rungholter verharrten verzweifelt bei ihrem Hab und Gut. Ihre Hoffnung, die Sturmflut zu überstehen, war vergeblich. Als das Wasser in die Häuser eindrang, ertrank zuerst das Vieh. Die Menschen waren in ihrer Verzweiflung auf Tische und Stühle geklettert, doch das Wasser war unerbittlich. Die Sturmflut zerriss die Häuser und spülte die Trümmer davon. Die Menschen klammerten sich verzweifelt an alles, was sie in die Hände bekamen, um sich zu retten. Doch im kalten Wasser erlahmten die Kräfte schnell und die Unglücklichen ertranken in den eisigen Fluten. Als die Sonne am Morgen aufging, war Rungholt verschwunden.

Schon kurz nach der Katastrophe vom Januar 1362 setzte die Legendenbildung ein. Dabei gestalteten sich die Erzählungen immer phantastischer und wurden schließlich zu Legenden. Die bescheidene Hafenstadt mit den weitläufigen Siedlungen erschien in den Geschichten nun als prächtige Handelsstadt mit prunkvollen Häusern und jedem nur erdenklichen Luxus. Aus einfachen Bauern und Salzsiedern machte die Legende reiche Städter, die dem Müßiggang frönten.

Neben der bereits erwähnten Geschichte vom betrunkenen Schwein entstand mit der Zeit eine Vielzahl von Legenden und Sagen, die in den Volksschatz der Friesen eingingen. Noch heute heißt es, dass Rungholt alle sieben Jahre in der Johannisnacht für kurze Zeit aus den Fluten der Nordsee auftaucht und auf Erlösung hofft. Es müsse sich nur ein beherzter Mensch finden, der die Stadt betritt und in einem der Läden etwas kaufte, schon würde die Stadt von ihrem Fluch erlöst. Eine hübsche Geschichte, die sich tief in das kollektive Gedächtnis der Friesen eingegraben hat. Anders lässt sich eine Begebenheit aus der Johannisnacht von 1876 nicht erklären. Die Dämmerung begann sich schon auf die Insel Nordstrand zu senken, als eine Frau wild gestikulierend über den Deich rannte und laut nach ihrem Mann rief. Als dieser herbeieilte, zeigte die Frau aufs Meer und rief aufgeregt: „Rungholt is werrer opstahn!“ Der Mann schaute in die angegebene Richtung und vermeinte tatsächlich, eine Stadt mit Kirchturm und ei-

ner Vielzahl von Hausdächern zu sehen. So erzählte er es immerhin später seinen Freunden in der Schänke. Das Geschehnis war wochenlang Gesprächsthema auf der Insel. Die Meinungen gingen dabei weit auseinander: Praktisch denkende Menschen sprachen von einer Luftspiegelung, andere meinten, die Frau habe das „zweite Gesicht". Hinter vorgehaltener Hand wurde auch getuschelt, dass Rungholt tatsächlich auf Erlösung warte.
Auch die Glocken von Rungholt sind bis heute ein Teil des Sagenschatzes. Es heißt, dass die Kirchenglocken der Stadt bis zum Untergang des Gotteshauses läuteten. Bisweilen würden die Glocken noch heute zu hören sein, erzählen sich die Leute. Allerdings soll es kein gutes Zeichen sein: Wenn man bei der Wanderung durch das Watt die Glocken von Rungholt läuten hörte, ist das angeblich ein Zeichen für ein bevorstehendes Unglück.

Viele Legenden über Rungholt sind tief religiös geprägt. So wurde bereits im frühen 14. Jahrhundert in den Uthlanden von einer Prophezeiung gesprochen, nach welcher Gott großes Unheil über Rungholt bringen würde, um die Menschen für ihre Gottlosigkeit zu strafen. Es wurde eine große Sturmflut heraufbeschworen, die alle Ketzer und Abtrünnigen vernichten würde. So geschah es dann wohl auch, denn von den wenigen Überlebenden der Sturmflut von 1362 hieß es, dass sie tiefgläubige Menschen waren. In einer anderen Geschichte wird erzählt, dass Altar und Portal der Kirche von Rungholt während der Flut weggeschwemmt und später von Fischern geborgen wurden. In der Folgezeit sollen die Gegenstände dann in einer neuen Kirche verbaut worden sein. Die gottlosen Bewohner von Rungholt ertranken also in den Fluten, doch Teile der Kirche konnten gerettet werden.
Geschichtsforscher sind sich heute einig darin, dass die Christianisierung in den Uthlanden höchstens oberflächlich war. Die Bewohner der Inseln nahmen den christlichen Glauben nur zum Schein an, um Ruhe vor den Missionaren zu haben. Die Geschichten über das gottlose Treiben der Menschen von Rungholt sind sicherlich ein Beweis für diese These. Da die Bewohner der Stadt nicht an den allmächtigen Gott der Christenheit glaubten, vernichtete dieser Rungholt. Eine schlichte Erklärung, die mit den wirklichen Ursachen wohl kaum etwas gemein hat.

Eine ganz spezielle Geschichte gibt es über das Kirchspiel Buphever, das während der „Zweiten Groten Mandränke“ von 1634 zerstört wurde. Obwohl diese Legende nicht direkt im Zusammenhang mit dem Untergang von Rungholt steht, soll sie nicht unerwähnt bleiben. In „Die Frau im Roten Rock“ wird von einem gewaltigen Schatz gesprochen, den eine Frau in Buphever vergraben haben soll. Nach der Zerstörung des Ortes soll der Geist der Frau im roten Rock im Watt spuken und eifersüchtig ihren Schatz bewachen. Wenn ein Mensch in die Nähe des Schatzversteckes kommt, sprang ihm die Frau mit eisigen Händen in den Nacken, um den unliebsamen Besucher zu vertreiben. Vier beherzte Männer aus Pellworm sollen trotzdem einmal versucht haben, den vermeintlichen Schatz zu heben. Als sie im Watt zu graben begannen, stand plötzlich ein großer Galgen hinter ihnen und eine unheimliche Stimme ertönte, die unmissverständliche Warnungen ausstieß. Zu Tode erschrocken ließen die Männer ihre Werkzeuge fallen und suchten das Weite. In Pellworm heißt es noch heute, dass die Frau im roten Rock ihren Schatz bis in alle Ewigkeit bewachen werde.

Zu Beginn des 20. Jahrhunderts galt Rungholt nur noch als Mythos. Dass es den Ort tatsächlich gegeben hatte, daran glaubten in Friesland nur noch ein paar enthusiastische Heimatforscher. Ihre wenigen Quellen stammten aus längst vergangenen Jahrhunderten, bestanden aus nicht viel mehr als schriftlichen Vermutungen und Landkarten, welche wohl eher den Vorstellungen der Verfasser entsprachen, als dass sie zur ernsthaften Forschung taugten. Es hatte auch immer wieder Funde von Siedlungsresten im Watt gegeben, die auf Grund ihrer Schlichtheit nicht mit dem legendären Rungholt in Verbindung gebracht wurden. Darin lag das Manko der frühen Rungholtforschung. Da die Legenden von einer großen und reichen Stadt berichteten, wurde eben nach solch einer Stadt gesucht, die daher natürlich nicht zu finden war.
Erst Andreas Busch, dem Begründer der modernen Rungholtforschung, ist es zu verdanken, dass wir heute sicher sein können, dass Rungholt tatsächlich existiert hat. Am 16. Juni 1883 auf der Insel Nordstrand geboren, war Andreas Busch schon seit frühester Jugend von den Legenden um Rungholt fasziniert. Bei stundenlangen Wanderungen durch das Watt träumte er sich in längst vergangene Zeiten

und war fest entschlossen, die Überreste von Rungholt zu entdecken. Er las die wenigen erhaltenen Berichte über Rungholt und studierte die Landkarten. Auch von den Halligbauern erhielt Busch wertvolle Informationen, die er in sein sich immer erweiterndes Bild von Rungholt einbauen konnte. So erzählte der Bauer Johannes Hinz, dessen Vater die Hallig Südfall von 1881 bis 1900 gepachtet hatte, von einem Urnenfriedhof, den er in der Nähe der Insel im Watt entdeckt hatte. Auch andere Bauern berichteten Busch von ihren Funden rings um Südfall, so dass dem jungen Forscher bald klar wurde, dass Rungholt wohl hier zu suchen sei. Bei einer ausgedehnten Wattexpedition am 16. Mai 1921 entdeckte Andreas Busch südwestlich von Hallig Südfall Reste einer Siedlung, die als „Acht Warften" bekannt wurde. Eine besonders hohe Warft ohne eigenen Brunnen identifizierte Busch als Standort einer Kirche. Als wenig später im Bereich der „Acht Warften" dann auch noch Reste von Entwässerungsschleusen entdeckt wurden, war sich Busch sicher, die Hafenstadt „Grote Rungholt" gefunden zu haben. In der Folgezeit unternahm Andreas Busch immer wieder Erkundungstouren im Watt um Südfall und entdeckte weitere Siedlungsreste. Insgesamt fand er 29 Warften, 90 Brunnen und 2000 Meter alte Deichstrecke. Die entdeckten Alltagsgegenstände deuteten auf einen bescheidenen Wohlstand der früheren Bewohner hin. Vom angeblichen Reichtum und Prunk der Stadt Rungholt war allerdings nichts zu finden. Die Ergebnisse seiner Nachforschungen und Entdeckungen schrieb Andreas Busch in einer Vielzahl von Aufsätzen nieder, welche bei heutigen Rungholtforschern immer noch als Standardwerke gelten.

Im Jahr 1994 kam es dann zum wissenschaftlichen Eklat. Dr. Hans Peter Duerr, Professor für Ethnologie und Kulturgeschichte an der Universität Bremen, wagte es, die Forschungen von Andreas Busch in Frage zu stellen. Duerr sah während eines Urlaubs auf der Insel Nordstrand das Faksimile einer Landkarte des Husumer Geographen Johannes Mejer aus dem Jahre 1652. Die Karte war mit der Inschrift „Abriss Uon Rvngholte Und Seinen Kirchspielen Anno 1240" versehen. Duerr erinnerte sich an das Gedicht „Trutz, Blanke Hans", welches von der sagenhaften Stadt Rungholt handelte. Dieses kannte er noch aus seiner Kindheit. Die Neugier des Professors war geweckt und er besorgte sich alle erhältliche Literatur über Rungholt. Nach sorgfältiger Sichtung aller Unterlagen war sich Duerr sicher, dass Rungholt eher im Norden von Hallig Südfall zu suchen war und nicht südwestlich, wie Andreas Busch behauptet hatte. Mit Forschungsgeldern der Universität Bremen unternahm Duerr gemeinsam mit einer Gruppe von Studenten zwei Forschungsreisen in das Watt nördlich von Südfall. Durch die Entdeckung zahlreicher Siedlungsreste sah sich Duerr in seiner Annahme bestätigt, Rungholt habe nördlich von Südfall gelegen. Seine Veröffentlichungen hinsichtlich dieser These sorgten für Entrüstung in der wissenschaftlichen Welt. Endlose Gegendarstellungen wurden veröffentlicht, welche die Funde nördlich von Südfall den anderen untergegangenen Kirchspielen zuordneten. Der genaue Standort von Rungholt ist bis heute nicht gänzlich geklärt. Aus einigen Dokumenten aus dem 14. Jahrhundert wissen wir jedoch, dass ein Ort namens Rungholt tatsächlich existierte. Bei diesen Dokumenten handelt es sich um Handels- und Durchfahrtsrechte, in denen Rungholt namentlich genannt wird. Sie werden im Hamburger Staatsarchiv aufbewahrt.

Rungholt war also nicht nur ein bloßer Mythos und hat tatsächlich existiert. Nun stellt sich die Frage, warum es unterging. War es tatsächlich nur die verheerende Sturmflut von 1362, die Rungholt in den Fluten versinken ließ, oder gab es noch andere schädliche Einflüsse, die zur Zerstörung führten? Die moderne Wissenschaft gibt Antwort auf diese Frage.
Die meteorologischen Bedingungen am 16. Januar 1362 waren natürlich mehr als ungünstig, das steht außer Frage. Für den Untergang von Rungholt zeichneten jedoch eher geologische Aspekte verantwortlich. Geologisch gesehen befand sich der Ort an einer äußerst ungünstigen Stelle. Rungholt stand auf einem Moränental aus der Saale-Eiszeit, das sich über die Jahrtausende hinweg mit einer Sedimentschicht von etwa 15 Metern aufgefüllt hatte. In der Entstehungszeit der Uthlande war der Einschwemmungsprozess der Sedimente so gut wie zur Ruhe gekommen, der Marschboden hatte sich verfestigt. Die Betonung liegt hier auf „so gut wie", denn solch eine Sedimentschicht ist immer einem gewissen Sackungsprozess ausgesetzt. Durch die unterschiedliche

Größe der Sedimentbestandteile komprimierte sich der Untergrund von Rungholt stetig. Das Land senkte sich unaufhaltsam, jedoch so langsam, dass es die Bewohner nicht wahrnahmen. Einfach ausgedrückt kann man sagen, dass die Uthlande bei der ersten Besiedelung ihren höchsten Punkt erreicht hatten, danach senkte sich das Land wieder. Gegen diese schleichende Katastrophe konnte auch die Eindeichung des Marschlandes auf Dauer nichts ausrichten, da noch dazu der Meeresspiegel nach der Besiedelung wieder stieg. Der Untergang von Rungholt war aus geologischer Sicht also unausweichlich, wurde jedoch von Menschenhand noch beschleunigt. Hierbei gab es wiederum zwei Ursachen. Die erste war der künstliche Wasserentzug des Bodens, um das Marschland für die Landwirtschaft urbar zu machen. Die Rungholter Bauern hatten über die Jahrhunderte ein ausgeklügeltes Graben- und Entwässerungssystem entwickelt, mit dem sie das Oberflächenwasser ableiteten und so fruchtbaren Boden schufen. Mit dem Wasserentzug des Bodens ging aber ebenfalls ein kaum bemerkbarer Sackungsprozess vonstatten, welcher sich mit der Absackung durch die Sedimentveränderung potenzierte.

Ein weiterer entscheidender Grund für die Überschwemmung von Rungholt ist aber im weiträumigen Abbau von Torf zu sehen. Wie bereits erwähnt, waren die Menschen von Rungholt durch die Gewinnung und den Verkauf von Salz zu einem gewissen Wohlstand gekommen. Das Salz wurde durch einen Siedeprozess aus dem abgebauten Torf gewonnen. Um immer mehr Salz zu gewinnen, wurde die teilweise meterdicke Torfschicht bedenkenlos abgetragen. Dieser regelrechte Raubbau sorgte für riesige verödete Landflächen, die für eine weitere Nutzung unbrauchbar waren. Es ist anzunehmen, dass durch den Torfabbau große Teile des Landesinneren von Rungholt unter Meeresniveau lagen. Da sich diese Flächen nicht in direkter Nähe zu den Deichen befanden, machten sich die Menschen darum keine Sorgen. Bei normalen Überschwemmungen stellte das auch kein Problem dar, doch bei der schweren Sturmflut von 1362 wurde das Meerwasser derart weit ins Landesinnere getrieben, dass es auf die tiefliegenden Abbauflächen traf und so für dauerhafte Überschwemmung sorgte. Zusammenfassend kann gesagt werden, dass Rungholt bereits geologisch dem Untergang geweiht war und die Katastrophe durch den Wunsch der Bewohner nach immer größerem Wohlstand beschleunigt wurde.

Die Legende vom Strafgericht Gottes mag eine spannende Geschichte sein, doch es war wohl nicht das gottlose Verhalten der Rungholter Bewohner, welches die Sturmflut heraufbeschwor. Vermutlich geht diese Erzählung auf christliche Schuld- und Sühneideen zurück, da die Bewohner der Uthlande mit ihrem neuen Glauben haderten. In Wahrheit ging Rungholt unter, weil sich seine Bewohner über die Maßen an der Natur bereicherten.
Zum Abschluss der Betrachtungen über Rungholt möchte ich das bereits erwähnte Gedicht von Detlev von Liliencron zitieren. Besser kann man das Andenken an Rungholt nicht bewahren.

Heut bin ich über Rungholt gefahren,
die Stadt ging unter vor sechshundert Jahren.
Noch schlagen die Wellen da wild und empört,
wie damals, als sie die Marschen zerstört.
Die Maschine des Dampfers zitterte, stöhnte,
aus den Wassern rief es unheimlich und höhnte:
Trutz, blanke Hans.

Von der Nordsee, der Mordsee, vom Festland geschieden,
liegen die friesischen Inseln im Frieden.
Und Zeugen weltenvernichtender Wut,
taucht Hallig auf Hallig aus fliehender Flut.
Die Möwe zankt schon auf wachsenden Watten,
der Seehund sonnt sich auf sandigen Platten.
Trutz, blanke Hans.

Im Ozean, mitten, schläft bis zur Stunde
ein Ungeheuer, tief auf dem Grunde.
Sein Haupt ruht dicht vor Englands Strand,
die Schwanzflosse spielt bei Brasiliens Sand.
Es zieht, sechs Stunden, den Atem nach innen,
und treibt ihn, sechs Stunden, wieder von hinnen.
Trutz, blanke Hans.

Doch einmal in jedem Jahrhundert entlassen
die Kiemen gewaltige Wassermassen.
Dann holt das Untier tiefer Atem ein
und peitscht die Wellen und schläft wieder ein.
Viel tausend Menschen im Nordland ertrinken,
viel reiche Länder und Städte versinken.
Trutz, blanke Hans.

Rungholt ist reich und wird immer reicher,
kein Korn mehr fasst selbst der größte Speicher.
Wie zur Blütezeit im alten Rom
staut hier täglich der Menschenstrom.
Die Sänften tragen Syrer und Mohren,
mit Goldblech und Flitter in Nasen und Ohren.
Trutz, blanke Hans.

Auf allen Märkten, auf allen Gassen
lärmende Leute, betrunkene Massen.
Sie ziehn am Abend hinaus auf den Deich:
„Wir trutzen dir, blanker Hans, Nordseeteich!“
Und wie sie drohend die Fäuste ballen,
zieht leis aus dem Schlamm der Krake die Krallen.
Trutz, blanke Hans.

Die Wasser ebben, die Vögel ruhen,
der liebe Gott geht auf leisesten Schuhen.
Der Mond zieht am Himmel gelassen die Bahn,
belächelt der protzigen Rungholter Wahn.
Von Brasilien glänzt bis zu Norwegs Riffen
das Meer wie schlafender Stahl, der geschliffen.
Trutz, blanke Hans.

Und überall Friede, im Meer, in den Landen.
Plötzlich wie Ruf eines Raubtiers in Banden:
Das Scheusal wälzte sich, atmete tief
und schloss die Augen wieder und schlief.
Und rauschende, schwarze, langmähnige Wogen
kommen wie rasende Rosse geflogen.
Trutz, blanke Hans.

Ein einziger Schrei – die Stadt ist versunken,
und Hunderttausende sind ertrunken.
Wo gestern noch Lärm und lustiger Tisch,
schwamm andern Tags der stumme Fisch.
Heut bin ich über Rungholt gefahren,
die Stadt ging unter vor sechshundert Jahren.
Trutz, blanke Hans?

Till Eulenspiegel

Das Volksbuch „Ulenspiegel“ gehört zweifelsohne zu den bekanntesten Geschichtensammlungen des deutschsprachigen Raumes. Der Protagonist Till Eulenspiegel ist ein Spaßmacher, der seinesgleichen sucht. Seine derben, nicht selten ins Fäkale gehenden Schwänke begeistern bis heute Jung und Alt. Der „Ulenspiegel“ ist mittlerweile in 30 Sprachen übersetzt worden. Im deutschsprachigen Raum sind bis heute über 350 Ausgaben erschienen. Jahrhundertelang stritten Literaturwissenschaftler über die Herkunft des Volksbuches. Verschiedensten Autoren wurde der anonym erschienene „Ulenspiegel“ zugeschrieben. Lange Zeit galt der Theologielehrer und Dichter Thomas Murner als Urheber des Werkes. Jener verfasste neben theologischen Streitschriften auch mit Vorliebe satirische Texte, die in ihrem Aufbau den Schwänken des Till Eulenspiegel ähnelten. Inzwischen haben Stilanalysen und Murners fehlender Bezug zur Herkunftsregion mit ziemlicher Sicherheit bewiesen, dass er nicht der Verfasser des Volksbuches war. Als weitere Kandidaten galten der Franziskaner und Schwankbuchautor Johannes Pauli sowie der Theologe Johann Geiler von Kaysersberg. Beide waren zu Lebzeiten für ihre satirischen Texte berühmt, so dass ihnen zeitweilig auch der „Ulenspiegel“ zugesprochen wurde.

Bis Mitte des 19. Jahrhunderts galt ein in der Herzoglichen Bibliothek von Gotha aufbewahrter Druck von 1519 als älteste Ausgabe des „Ulenspiegel“. Erst 1868 wurde bekannt, dass sich im Archiv des Britischen Museums in London eine Ausgabe von 1515 befand. Beide

Drucke stammten vom Buchdrucker Johannes Grüniger aus Straßburg. Im Jahr 1969 entdeckte der Schweizer Rechtsanwalt Dr. Peter Honegger in einer kürzlich erworbenen Ausgabe des „Reinecke Fuchs" von Johann Wolfgang von Goethe im Buchdeckel ein sechzehnseitiges Fragment des „Ulenspiegel", das auf 1510 datiert werden konnte. Es ist heute als „kleines Fragment" bekannt. Honeggers akribische Untersuchung des Textes förderte den Leistenvers „Erman B" zu Tage, was auf den Braunschweiger Zollschreiber und Schriftsteller Hermann Bote hindeutet. Jener hatte den „Ulenspiegel" wohl anonym veröffentlichen lassen, um sich nicht den Zorn der verschiedenen Zünfte zuzuziehen, die er in seinem Werk lächerlich machte. Aus Botes Feder stammen mehrere Stadt- und Weltchroniken sowie Bücher über Klöster, Wappenkunde und das Zollwesen. Der „Ulenspiegel" war also so etwas wie eine Auflockerung in seiner sonst ernsthaften literarischen Arbeit. 1971 gab Dr. Peter Honegger seine Entdeckung im Rahmen eines Vortrages vor dem Verein für niederdeutsche Sprachforschung bekannt und veröffentlichte sie im Jahr 1973 in Buchform. Bei einer Buchauktion im Jahr 1975 tauchte ein zweites, wesentlich umfangreicheres Fragment von 1510 auf, bekannt als „Großes Fragment", das nach eingehender Untersuchung zusammen mit dem „Kleinen Fragment" den „Ur-Ulenspiegel" von Hermann Bote darstellt. Allem Anschein nach handelte es sich bei der Ausgabe von 1510 um einen Probedruck aus dem Druckhaus Grüniger, der an einigen Stellen von der Ausgabe von 1519 abweicht, die bis heute für Neuveröffentlichungen verwendet wird. Der Originaltitel dieser Ausgabe lautete: „Ein kurtzweilig Lesen von Dil Ulenspiegel geboren uß dem Land zu Brunßwick, wie er sein leben volbracht hat".

Der Verfasser des „Ulenspiegel", Hermann Bote, hatte es darauf angelegt, mit seiner Figur Till Eulenspiegel die Missstände seiner Zeit anzuprangern und die menschlichen Schwächen bloßzustellen. Auf diese Weise hielt er seinen Mitmenschen einen Spiegel vor, um sie zu belehren und ihnen den Anstoß zu geben, ihr Handeln und ihre Taten zu überdenken. Mit den Streichen des Till Eulenspiegel beleuchtet Bote alle sozialen Schichten und Stände. Botes Schwänke waren ein Spiegelbild der damaligen Zeit. Das Volk verehrte Kaiser, Päpste und Fürsten, jene wurden von Till Eulenspiegel daher mit einem gewissen

Till Eulenspiegel an der Ratsapotheke Höxter

Respekt behandelt. Niedere Adlige dagegen wurden ob ihres Standesdünkels verhöhnt, Händler wegen ihres Geizes verlacht. Handwerker waren nicht beliebt, da sie sich auf Grund ihrer Fähigkeiten den einfachen Leuten wie Bauern und Tagelöhnern überlegen fühlten. Botes Geschichten sind zum Teil auch ein scharfer Angriff auf den Klerus, waren doch Geistliche im Volk als Sünder verrufen, die zwar von ihren Kanzeln gegen Fleischeslust und Trunksucht wetterten, es doch meist wilder trieben als ihre „Schäfchen" in den Kirchenbänken. Auch andere Berufszweige prangerte Bote an, so begegnen uns in seinen

Schwänken Ärzte als bloße Scharlatane und Bauern treten fast immer als dumme Zeitgenossen auf.
Die Gestalt des Till Eulenspiegel entstammte alten Volksgeschichten. Er wurde bereits 1411 erstmals schriftlich erwähnt. Bote griff den Spaßmacher auf, sammelte Anekdoten, nahm Anleihen aus anderen Schwankbüchern und schuf so sein in 95 „Historien" unterteiltes Sittengemälde, welches nichts an Aktualität eingebüßt hat. Sein „Ulenspiegel" gilt auch heute noch als literarischer Bestseller.
Um die Gestalt des Till Eulenspiegel näher kennenzulernen, lohnt es sich, die 95 Historien des Volksbuches näher zu betrachten.

Im Dorf Kneitlingen geboren, war Till der Sohn von Claus Eulenspiegel und Ann Wibcken. Als Taufpate fungierte niemand Geringeres als Till von Uetzen, der Burgherr von Ampleben, von dem der Junge auch den Vornamen erhielt. Kaum geboren, widerfuhr Till schon Erstaunliches. So hieß es, er wurde gleich dreimal getauft. Zuerst gab es die Taufe in der Kirche von Ampleben. Auf dem Nachhauseweg fiel eine betrunkene Taufpatin mit dem Säugling in einen schmutzigen Bach, worauf der kleine Till in einem Kessel gebadet wurde. So wurde Till Eulenspiegel an einem Tag buchstäblich dreimal getauft: zuerst im Taufbecken mit Weihwasser, danach in einer schmutzigen Lache und letztendlich in einem Kessel mit warmem Wasser. Schon in dieser ersten Historie, die Eulenspiegels Geburt und Taufe behandelt, geißelt Hermann Bote seine Zeitgenossen: in Gestalt der betrunkenen Taufpatin prangert der Verfasser übertriebenen Alkoholgenuss an.
Bereits als Kind befleißigte sich Eulenspiegel, seine Mitmenschen zu veralbern. Saß er bei seinem Vater vorn auf dem Pferd, schnitt er den Vorbeigehenden Grimassen und streckte ihnen die Zunge raus. Saß er hinter seinem Vater, zeigte er den Leuten sein blankes Hinterteil. Diese waren wenig begeistert und schimpften lauthals. Vater Eulenspiegel bekam von den Possen seines Sohnes nichts mit, wunderte sich jedoch über den Unmut der Leute. Sein Auftreten als Schalk machte Till Eulenspiegel frühzeitig unbeliebt. Seine Mitmenschen waren natürlich wenig davon begeistert, zum Narren gehalten zu werden.
Vater Eulenspiegel verstarb leider viel zu früh. Die Mutter musste die Familie allein durchbringen. Sie wohnten inzwischen in einem Dorf

Der „Ulenspiegelhof" in Kneitlingen: Geburtsort des legendären Possenreißers

bei Magdeburg, wo die Mutter von früh bis spät arbeitete, damit die Kinder ein Dach über dem Kopf hatten und Essen auf den Tisch kam. Till zeigte wenig Interesse, ein Handwerk zu erlernen. Vielmehr beschäftigte er sich mit jeder Art von Gaukelei, sehr zum Verdruss seiner Mutter. In „Historie 3" betätigte sich Till als Seiltänzer. Einmal spannte er gar ein Seil über die Saale und lockte damit viele Zuschauer an. Als er mitten über dem Wasser war, schnitt seine Mutter das Seil durch und Till fiel unter dem Gelächter der Zuschauer in den Fluss. Der Junge sann auf Rache an den Dorfbewohnern, die sich auf seine Kosten amüsiert hatten. Er lud die Leute zu einer neuen Vorstellung ein und bat sie, ihm ihre linken Schuhe zu leihen, mit denen er ein Kunststück aufführen wollte. Eine Menge Schuhe kamen zusammen, die Till auf einen Strick zog und mit auf sein Seil nahm. Als er auf dem Seil stand, rief er: „Jeder gebe acht und suche seinen Schuh wieder." Daraufhin zerschnitt er den Strick und die Schuhe fielen auf den Boden. Ein wüstes Gerangel setzte ein, da jeder seinen Schuh wiederhaben wollte. Derweil stand Till auf seinem Seil und lachte über die streitenden Nachbarn. Hermann Bote wollte auf diese Weise offenbar auf den Umstand hinweisen, dass viele Menschen sich gerne über die

Missgeschicke anderer lustig machen, ohne zu bedenken, dass sie deren Gefühle verletzen. Zudem verpasste er seinem Protagonisten einen schlechten Charakterzug, verspottete dieser doch gern andere Leute, war aber überempfindlich, wenn er selbst betroffen war. Ein Umstand, den Bote nur zu gut von seinen Mitmenschen kannte und diese darauf aufmerksam machen wollte.

In „Historie 5“ ermahnte die Mutter Till Eulenspiegel erneut, ein Handwerk zu erlernen. Der Sohn redete sich wieder einmal heraus, versprach aber, Brot für die hungernde Familie zu besorgen. Der Satz: „Liebe Mutter, womit sich einer abgibt, davon wird ihm sein Lebtag genug“, ist bezeichnend für die Figur des Till Eulenspiegel. Er wollte sich auf nichts festlegen, sondern frei und unabhängig sein. Ein Wunschtraum, den viele Menschen hegten, wohl auch Eulenspiegels geistiger Vater Hermann Bote.

Da die Familie Eulenspiegel oft Hunger litt, versuchte Till auf vielfältige Weise, etwas zu essen zu bekommen. Im Dorf herrschte die Sitte, dass ein Bauer, der ein Schwein geschlachtet hatte, die Nachbarskinder zum Weckbrot essen einlud. Das war eine kräftige Wurstbrühe, in die frisches Weizenbrot geschnitten wurde. Im Ort wohnte ein geiziger Gutspächter, dem diese Sitte gar nicht gefiel, der sich ihrer aber nicht versagen konnte. So ließ er die Magd altes, hartes Brot schneiden und verdünnte die Brühe mit Wasser. Die hungrigen Kinder freuten sich auf die angebotene Mahlzeit, verzogen aber schnell die Gesichter. Wollte eines der Kinder den Tisch verlassen, schlug es der Geizkragen mit einer Rute auf das Hinterteil und zwang es, weiterzuessen. So wollte der Gutspächter den Kindern das Weckbrot ein für allemal verleiden. Er zwang die Kinder, so viel Weckbrot zu essen, dass allen schlecht wurde. Am nächsten Tag traf Till den üblen Nachbarn, der ihn scheinheilig fragte: „Lieber Eulenspiegel, wann willst du wieder zum Weckbrot zu mir kommen?“ Dieser gab zur Antwort: „Wenn sich deine Hühner um den Köder reißen, je vier um einen Bissen Brot.“ Der Mann schüttelte verständnislos den Kopf und ging davon. Eulenspiegel jedoch hatte einen listigen Plan ersonnen. Er knüpfte jeweils vier Fäden über Kreuz zusammen und befestigte an jedem Ende ein Stück Brot. Diese Fadenkreuze platzierte er auf dem Hof des geizigen Nachbarn und lockte dessen Hühner an, die sich begeistert über das

Mit dieser Statue erinnert der Ort Kneitlingen an seinen berühmten Sohn.

Brot hermachten. Im Nu entstand ein heilloses Durcheinander. Keines der Hühner konnte seinen Bissen herunterschlucken, da ja am anderen Ende ein Artgenosse zerrte. In ihrer Gier kamen die Hühner auch nicht auf die Idee, die Brotbrocken wieder auszuspucken. So standen sich mehr als zweihundert Hühner gegenüber, die zerrten und würgten, wild mit den Flügeln schlugen und zu je viert wie wahnsinnig über den Hof taumelten. Der herbeieilende Bauer musste hilflos mit ansehen, wie so manches seiner Hühner bei dem wüsten Treiben verendete. Till Eulenspiegel beobachtete alles aus einem Versteck und freute sich, Rache an dem geizigen Nachbarn geübt zu haben. Bote zeichnet hier das Bild eines geizigen und rücksichtslosen „Meier", eines Gutspächters mit richterlichen Befugnissen. Es ist eine versteckte Anklage an die Obrigkeit, in der Bote die einfachen Bauern als Opfer darstellt, die sich jedoch mit Witz und Geschick an ihren Herren rächen. Diese Geschichte wurde im 19. Jahrhundert auch von Wilhelm Busch in seinem Werk „Max und Moritz – eine Bubengeschichte" aufgenommen und auf die beiden Protagonisten umgeschrieben, deren Missetaten allerdings stets bösere Folgen als der Unsinn des Till Eulenspiegel nach sich ziehen.

Ab der „Historie 10" begab sich die Figur des Till Eulenspiegel auf Wanderschaft und versuchte sich in verschiedensten Berufen. Immer wieder zeigte sich jedoch seine Abneigung gegen ein geregeltes Leben in einem Dienstverhältnis. Kaum hatte er eine Anstellung, spielte er seinem Herrn einen Streich, worauf ihn dieser mit Schimpf und Schande davonjagte. Botes Protagonist war ein Rebell, ein Aufsässiger, der weder Adel noch Klerus oder Bürgern Respekt zollte. Das war wohl der Grund, warum Bote seinen „Ulenspiegel" anonym veröffentlichte.

Auf seiner Wanderschaft kam Till Eulenspiegel auch nach Magdeburg, wo ihm der große Durchbruch als Gaukler gelang. Er war in der Stadt so beliebt, dass sogar angesehene Bürger ihn baten, sie mit seinen Gaukeleien zu erfreuen. Dank seines Talentes erhielt Eulenspiegel nun auch eine Anstellung als Spaßmacher am Hofe eines Adligen. Allerdings spielte er bald dem Hofarzt einen derart vulgären Streich, dass auch dieses Dienstverhältnis schnell beendet war. Eulenspiegels Scherze wurden in der Folgezeit zunehmend bösartiger, so verrichtete er zum Beispiel seine Notdurft auf der Ernte eines Bauern, der so freundlich gewesen war, ihn auf seinem Wagen mitzunehmen.

Till Eulenspiegel hielt es nicht lange an einem Ort, oft wurde er auch von wütenden Bürgern davongejagt. In der „Historie 21" verdingte er sich als Turmbläser in Bernburg. Auch dort trieb er seinen Schabernack, worauf er erstmals zur Verantwortung gezogen wurde und fortan als Soldat dienen musste. Doch auch dabei legte er ein derart groteskes Verhalten an den Tag, dass er bald entlassen wurde.

Till Eulenspiegels Spott wurde zunehmend sozialkritischer. In „Historie 22" gab er dem Bischof von Trier zu verstehen, dass er alle Geistlichen für überheblich und eingebildet hielt. Erstaunlicherweise

nahm ihn der Bischof dennoch in seine Dienste und Eulenspiegel folgte ihm für einige Zeit nach Frankfurt. Inzwischen eilte Eulenspiegel der Ruf eines vortrefflichen Gauklers voraus. Viele Adlige rissen sich förmlich darum, dass er an ihren Höfen seine Possen aufführte. So kam Eulenspiegel auch an den Hof des Königs von Dänemark. Obwohl er so manchen derben Scherz auf Kosten des Königs machte, mochte jener den Spaßmacher sehr. Auch Eulenspiegel schien es am Hofe zu gefallen, denn er blieb bis zum Tode des Königs dort. Erstmals fühlte Eulenspiegel so etwas wie Verbundenheit und Treuegefühl für einen Dienstherren, ein ganz neuer Charakterzug an ihm.

In „Historie 24" weilte Till Eulenspiegel auf Einladung des polnischen Königs an dessen Hof und ließ sich auf einen Wettstreit mit dem Hofnarren ein. Eulenspiegel trieb es mehr als derb, verrichtete seine Notdurft mitten im Saal, aß davon und forderte seinen Gegner auf, es ihm gleichzutun. Mit diesem mehr als unappetitlichen Schwank wollte Hermann Bote auf den übertriebenen Ehrgeiz mancher Zeitgenossen aufmerksam machen, denen jedes Mittel recht war, einen Wettstreit zu gewinnen.

Die „Historie 27" zeigt, wie ausgefeilt inzwischen das Talent von Till Eulenspiegel war, andere hinters Licht zu führen. Beim Grafen von Hessen gab er sich als Maler aus und wurde engagiert, um die Geschichte des Adelshauses in Wandbildern zu verewigen. Eulenspiegel erhielt sogar einen finanziellen Vorschuss und stellte Helfer ein, tat aber gar nichts. Am Tage der Vorstellung seiner Arbeit präsentierte er den erstaunten Gästen leere Wände mit der Behauptung, nur wer ehelich geboren sei, könne die Bilder sehen. Natürlich taten der

Herzog und alle Höflinge so, als ob sie die Bilder sahen und lobten Eulenspiegels Arbeit. Dieser kassierte seinen Lohn und verschwand schleunigst aus Hessen. Der Herzog erkannte, dass er betrogen worden war und erließ die Order, Eulenspiegel nicht mehr ins Land zu lassen.
Auch diese Geschichte wurde im 19. Jahrhundert noch einmal aufgegriffen: Der dänische Schriftsteller Hans Christian Andersen verwendete sie als Grundstruktur für sein Märchen „Des Kaisers neue Kleider".
In der „Historie 31" griff Hermann Bote ein „heißes Eisen" auf, den mittelalterlichen Reliquienhandel. Er ließ Till Eulenspiegel mit einem in Silber gefassten Totenschädel durchs Land ziehen, der angeblich von einem Heiligen stammen sollte. Tatsächlich hatte der Schalk den Schädel aus einem Beinhaus gestohlen. Die gläubigen Menschen bezahlten reichlich dafür, den vermeintlichen Heiligenschädel berühren zu dürfen und Eulenspiegel freute sich diebisch über seinen Betrug.
Mit der „Historie 34" zeigte Eulenspiegel, dass er nicht nur ein Schalk war, sondern auch sehr gewitzt sein konnte. Er entwendete einer Bäuerin mehrere Hühner und einen Hahn, versprach aber der empörten Bäuerin, ihr das Geld für die Tiere später zu geben. Er gab der Frau den eigenen Hahn als Pfand und verschwand auf Nimmerwiedersehen. Bote spielt hier auf die vermeintliche Dummheit der Bauern an, die bis heute sprichwörtlich ist.
In den folgenden Historien hatte es Till Eulenspiegel besonders auf die Vertreter der verschiedenen Handwerke abgesehen. Bemerkenswert ist, dass Eulenspiegel immer wieder seine Exkremente mit ins Spiel brachte. Botes Volksbuch gleitet so ins Vulgäre ab. Bisher waren die Schwänke lustig, werden nun aber zunehmend geschmackloser. Wenn der heutige Leser diese Geschichten auch unappetitlich findet, darf nicht vergessen werden, dass Bote sie für das einfache Volk des Mittelalters schrieb, das solch derben Humor zu schätzen wusste. Die einzelnen Handwerkerschwänke zu beschreiben, würde hier zu weit führen, daher sei ein Sprung zum Ende des Volksbuches erlaubt, das noch einige bemerkenswerte Geschichten zu bieten hat.

In „Historie 90" heißt es, Till Eulenspiegel „hatte alle Lande durchlaufen", er war alt geworden und müde des ewigen Vagabundenlebens.

Bronzefigur des Eulenspiegel-Brunnens in Mölln

Zunehmend keimte auch Reue in ihm auf, ob der vielen bösen Streiche, die er seinen Mitmenschen gespielt hatte. So kam Eulenspiegel auf die Idee, für den Rest seines Lebens Buße in einem Kloster zu tun. Er begab sich zum Kloster von Mariental und bat den Abt, ihn als Mitbruder aufzunehmen. Jener war reuigen Sündern wohlgesonnen und nahm Eulenspiegel in sein Kloster auf. Er sollte den Dienst des Pförtners übernehmen und darauf achten, nur jeden dritten oder vierten Bittsteller ins Kloster zu lassen, da die Klosterküche nur begrenzte Kapazitäten bot. Eulenspiegel konnte jedoch seine Natur nicht verleugnen und trieb wieder seine Späße. Penibel zählte er die Personen, welche durch die Pforte des Klosters traten und ließ nur jeden Vierten ein, egal ob Mönch oder Bittsteller. Die Mönche beklagten sich lauthals beim Abt, der Eulenspiegel zur Rede stellte. Jener tat völlig unschuldig und erklärte, er habe nur die Anweisungen des Abtes befolgt. Dieser sah ein, dass ein Schalk nicht von heute auf morgen ein gehorsamer Klosterbruder werden konnte und gab Eulenspiegel eine neue Aufgabe, die jener ebenso zu einem bösen Scherz benutzte. Daraufhin wurde der ewige Schalk mit Schimpf und Schande aus dem Kloster gejagt.
Till Eulenspiegel zog es nun nach Mölln, wo er sehr krank wurde. In seiner Not wandte er sich an einen Apotheker, der in seinem Haus

Die klassische Darstellung des Narren

auch ein Pflegezimmer für Kranke besaß. Lauthals verlangte der Schalk nach Medizin, erklärte aber gleichzeitig, diese nicht bezahlen zu können. Trotz dieses unflätigen Benehmens gab der Apotheker Eulenspiegel einen Trank und hieß ihn, sich im Pflegezimmer auszuruhen. Mit diebischer Freude, mal wieder seinen Willen durchgesetzt zu haben, legte sich Eulenspiegel ins Bett und schlief schnell ein. Bald erwachte er jedoch mit fürchterlichen Schmerzen in den Eingeweiden, hatte ihm der listige Apotheker doch statt Medizin ein Abführmittel verabreicht. Verzweifelt stürmte Eulenspiegel zum Abort, welchen der Apotheker jedoch verschlossen hatte. So stürmte der Schalk ins Apothekerzimmer, wo er seinen Darm in eine der Medizinbüchsen entleerte und zu sich sagte: „Hier kam die Arznei heraus, hier muss sie wieder hinein. So verliert auch der Apotheker nichts, ich kann ihm ja doch kein Geld geben." Sodann legte er sich wieder ins Bett und wartete auf den Apotheker, der wenig später schreiend ins Zimmer stürzte. Zwar war er wütend, sich aber der Pflichten seines Standes bewusst und so ließ er Till Eulenspiegel ins Hospital „Zum Heiligen Geist" bringen. Die dortigen Ärzte stellten fest, dass er sterbenskrank war und rieten Eulenspiegel zur Beichte, da es mit seinem Leben zu Ende ging. Da kein Priester zu finden war, schickte man eine Begine an sein Krankenlager. Die Beginen waren Frauen, die in einer klosterähnlichen Gemeinschaft lebten, jedoch keine Gelübde ablegten. Eulenspiegel dachte sich, wenn er schon keinen ordentlichen Priester bekam, der ihm die Sterbesakramente spendete, dann gab es in seinen Leben auch nichts zu beichten und zu bereuen. So erzählte er der Begine lediglich von drei Streichen, die er bereue, nicht verübt zu haben. Nun brachte man doch einen Geistlichen zu Eulenspiegel, der ihn gleich nach seinem Testament fragte. Sollte er keine Angehörigen haben, könne er seine Besitztümer doch auch der Kirche spenden. Eulenspiegel merkte schnell, dass dieser Priester ein habgieriger Schurke und wenig an seinem Seelenheil interessiert war. Er hieß den Geistlichen, später wiederzukommen, da wolle er ihm sein verbliebenes Geld vermachen. Kaum war der habgierige Pfaffe verschwunden, schiss Eulenspiegel in eine Kanne und bedeckte seinen Kot mit einigen Geldstücken. Nachdem der Priester wieder an Eulenspiegels Lager erschienen war, überreichte dieser ihm feierlich die Kanne und bat, das Geld für die Armen zu verwenden. Gierig griff der Pfaffe in die Kanne und zog seine mit Kot beschmutzte Hand fluchend wieder heraus. Wütend schimpfend rannte er davon und drohte Eulenspiegel, er werde ewig im Fegefeuer schmoren, denn die Kirche in Mölln werde ihn nicht von seinen Sünden erlösen. Erfreut über diesen letzten Streich in seinem Leben schloss Till Eulenspiegel die Augen und starb. Die Pfleger legten den Leichnam in einen Sarg, verschlossen diesen und stellten ihn auf eine Bahre in der Diele. Da sich die Geistlichen von Mölln weigerten, Eulenspiegel zu begraben, wurden einige Beginen gerufen, um dem Schalk das letzte Geleit zu geben. Als die Frauen die Diele betraten, mussten sie entsetzt mit ansehen, wie eine Sau, die sich in die Diele verirrt hatte, die Bahre mitsamt dem Sarg umwarf. Mit großer Mühe richteten die Beginen diese wieder auf, merkten jedoch nicht, dass sie den Sarg verkehrt herum daraufstellten. Erst auf dem Friedhof wurde das Versehen bemerkt und die Träger wollten den Sarg wenden Da riss das Seil am Fußende und der Sarg landete stehend im Grab. Da sprachen alle Anwesenden: „Lasst ihn stehen! Wunderlich ist er gewesen in seinem Leben, wunderlich will er auch sein in seinem Tod.“ Also wurde das Grab zugeschüttet und Eulenspiegel stehend beerdigt. Auf seinem Grabstein stand geschrieben: „Disen Stein sol niemand erhaben. Hie stat Ulenspiegel begraben. Anno domini MCCCL jar.“

Die Figur des Till Eulenspiegel ist ein literarisches Phänomen. Aus dem frühen 16. Jahrhundert stammend, trat sie ihren Siegeszug durch Europa an und ist bis heute bekannt. Eulenspiegel hat Einzug in so ziemlich jede Kunstgattung gehalten, Hunderte von Schriftstellern, Erzählern, Theaterschreibern, Malern und Musikern haben sich seiner angenommen, darunter große Namen wie Hans Sachs und Richard Strauss. Die Beliebtheit der Figur des Till Eulenspiegel im Volke war Grund für zahllose Abhandlungen, die sich in der Mehrzahl die Ausstrahlung des Schalkes auf die Leserschaft nicht erklären konnten. Das hat seinen Grund. Bote schrieb seinen „Ulenspiegel" für das sogenannte „einfache Volk". Nicht umsonst wird von einem Volksbuch gesprochen. Die Streiche von Till Eulenspiegel sind derb und zum Teil fäkal, nichts für die „feine Gesellschaft". Eulenspiegel verkörperte die Sehnsucht der schwer arbeitenden Menschen, die versuchten, ihrer Familie ein halbwegs erträgliches Leben zu ermöglichen, mit einem Dach über dem Kopf und genügend Essen auf dem Tisch. Das ungebundene Leben des Spaßmachers schien wie ein erstrebenswerter Traum. Eulenspiegel hatte weder Frau noch Kinder, ihn drückten keine Verpflichtungen, er war an keine Örtlichkeit gebunden, zog durch das Land und lebte eine Freiheit, die seinen Lesern verwehrt war.

Der recht obskur klingende ursprüngliche Name Ulenspiegel ist keine Erfindung des Volksmundes, wie lange vermutet wurde. Er ist im niedersächsischen Raum tatsächlich nachgewiesen, wurde jedoch oft nur als Beiname verwendet. Der Name setzt sich aus Ulen und Spiegel zusammen, wobei eine „Ule" ein langstieliger Besen war, mit dem schwer zugängliche Stellen im Haus gereinigt wurden. Der „Spiegel" war in der Jägersprache das Hinterteil eines Wildes. Der Name Ulenspiegel war also ein Wortspiel, in etwa „Du kannst mir mal das Hinterteil ulen", im heutigen Deutsch: „Du kannst mich mal (am Arsch lecken)". Einen treffenderen Namen hätte sich Bote wohl kaum für einen Protagonisten aussuchen können, der für seinen fäkalen Humor berüchtigt war.

Heute wissen wir, dass sich in der Figur des Till Eulenspiegel verschiedene Possenreißer jener Zeit vereinigten. Die Schwänke der niederdeutschen Spaßmacher waren ursprünglich von lokalen Witzen und Wortspielen geprägt, die durch die vielen Übersetzungen leider verloren gingen. Daher erscheinen uns heute manche der Schwänke fast sinnlos und ohne Humor. Allerdings ist der Urform des „Ulenspie-

Stadtansicht von Mölln

gel“ zu entnehmen, dass ein Teil der Schelmenstücke ursprünglich im Volksmund des Lüneburger Landes entstanden sind. Andere Teile seines Volksbuches übernahm Bote aus älteren schriftlichen Quellen. An erster Stelle muss hier der Wiener Dichter Philipp Frankfurter genannt werden, der in seiner Schwanksammlung „Des pfaffen geschicht und histori vom Kalenberg“ die amüsanten Streiche eines gewissen Pfarrers vom Kalenberg beschreibt. Jene literarische Figur soll nach Ansicht von Historikern auf den Pfarrer Weigand von Thebe zurückgehen, der im frühen 14. Jahrhundert in Kahlenbergerdorf bei Wien lebte und für seine Späße berühmt war. Auch von François Villon, dem bedeutenden Dichter des französischen Spätmittelalters, nahm Bote Anleihen für seinen „Ulenspiegel“. Für einige seiner schlüpfrigen Possen holte sich Bote wohl auch Anregungen aus dem „Decamerone“, dessen Verfasser, der italienische Dichter Giovanni Boccaccio, bis heute für seinen derben und zuweilen sexistischen Humor bekannt ist. Auch alte Handwerker- und Bauernschwänke fanden Einzug in den „Ulenspiegel“, die Bote auf seinen Protagonisten umgemünzt in unnachahmlicher Weise wiedergab.

Zusammenfassend kann gesagt werden, dass Hermann Bote sein Volksbuch zweifelsfrei aus bereits vorhandenen Quellen zusammensetzte, was aber seine literarische Leistung keinesfalls schmälert. Vielmehr ist es Bote zu verdanken, dass ein Teil der mittelalterlichen Volkserzählungen und -schwänke bis heute erhalten blieb. Der „Ulenspiegel" ist im wahrsten Sinne des Wortes ein Volksbuch, stammen seine historischen Anekdoten doch tatsächlich zu einem großen Teil aus den Überlieferungen des einfachen Volkes. Diese Geschichten dienten auch keinesfalls nur der bloßen Unterhaltung, sondern zielten darauf ab, unbeliebte Berufs- und Randgruppen lächerlich zu machen. Der derbe Humor der Schwänke zeigt auch das damalige Verständnis der einfachen Menschen des Mittelalters für Humor. Demzufolge ist auch Botes Volksbuch nichts Menschliches fremd. Die Menschen werden so dargestellt, wie sie nun einmal sind, mit Fehlern, Schwächen und Eigenheiten, aber auch mit ihren positiven Eigenschaften. Das ist wohl auch ein Grund dafür, dass sich der „Ulenspiegel" immer noch großer Beliebtheit erfreut.

Botes Volksbuch war ungemein wichtig für die Entwicklung der deutschen Literaturlandschaft. Es prägte unzählige Autoren, die sich ebenfalls in satirischen Schriften versuchten. Auch der Begriff „Eulenspiegelei" ist bis heute in der Literatur gebräuchlich. Er bezeichnet Torheiten und absurdes Verhalten von Menschen, die ansonsten angesehen und geachtet sind. Eingeführt hat diesen Begriff der Theologe und Dichter Erasmus Alberus bereits 1542 in seiner satirischen Spottschrift „Der Barfüßer Mönche Eulenspiegel und Alkoran", für die niemand geringeres als der bekannte Reformator Martin Luther die Vorrede verfasste.

Botes „Ulenspiegel" erfuhr bis heute eine Vielzahl künstlerischer Bearbeitungen als Romane, Gedichte und Bühnenstücke. Die wichtigsten dieser Werke sollen nun an dieser Stelle Erwähnung finden:

Der berühmte deutsche Dichter und Meistersinger Hans Sachs war es, der den „Ulenspiegel" bereits Mitte des 16. Jahrhunderts für eigene Werke bearbeitete. Sachs war schon zu Lebzeiten dafür bekannt, sich ungeniert an den Stoffen seiner Dichterkollegen zu bedienen, diese aber in seinem unnachahmlichen Stil wiederzugeben. Der „Ulenspie-

gel" schien ihm wohl eine besonders ergiebige Quelle, heute sind nicht weniger als 37 Meistergesänge, 7 Spruchgedichte sowie 4 Fastnachtsspiele erhalten, die auf Hermann Botes Volksbuch basieren. Der Nürnberger Poet hielt sich dabei stets eng an den Inhalt der Historien, verfeinerte diese jedoch mit seinem sprachlichen Stil und baute speziell in den Fastnachtsspielen eine Spannung auf, die jede Aufführung für die Besucher unvergesslich machte.
Bis Ende des 18. Jahrhunderts blieb der „Ulenspiegel" dann weitestgehend unbearbeitet, abgesehen von einigen Gedichten, die jedoch literaturhistorisch eher unbedeutend blieben. Im Jahr 1791 war es dann der Prosaschriftsteller Johann Christian Ludwig Haken, der die Figur des Till Eulenspiegel in seinem Roman „Das Düttchenbrodt" verwendete. Die Handlung spielt in der fiktiven Stadt Klopkow, deren Bewohner sich in der Tradition der berühmten „Schildbürger" in obskure Abenteuer stürzen. Till Eulenspiegel tritt hier als weitgereister Weltmann auf, der mit seinem Charisma die Bewohner der Stadt lenkt und sich immer absonderlichere Streiche einfallen lässt. Haken bediente sich in seinem Werk lediglich der Figur des Till Eulenspiegel, inhaltliche Anklänge an den „Ulenspiegel" lassen sich nicht entdecken.
August von Kotzebue machte aus dem „Ulenspiegel" 1806 ein Lustspiel, wobei die Gestalt des Till Eulenspiegel hier zu einem dummdreisten Hanswurst herabgewürdigt wird, der seine Mitmenschen nur durch seine geistige Minderbemitteltheit belustigt.
Ganz anders ist es bei Julius Voß, der 1809 eine Art Eulenspiegel-Biografie in Erzählform verfasste. Dabei hielt sich Voß nur bedingt an das Original, verlegte die Handlung ins 19. Jahrhundert und verknüpfte die Streiche und Abenteuer von Eulenspiegel lose miteinander. Der Lebenslauf des Titelhelden in „Eulenspiegel im 19. Jahrhundert oder Narrenwitz und Gimpelweisheit" ist erstaunlich. Aus dem Wunderkind vom Jahrmarkt wird ein gelehriger Schüler, der wahlweise Buchdrucker, Soldat, Kaufmann, Aktenschreiber, Hofnarr, Journalist, Wissenschaftler und sogar Mönch ist. Voß kam es in seinem Werk nicht in erster Linie auf die Figur des Till Eulenspiegel an, der mitunter etwas farblos erscheint. Vielmehr wollte der Autor die Missstände der Staats- und Gesellschaftsordnung seiner Zeit geißeln, was ihm durchaus gelungen ist.

Eine gelungene Adaption des „Ulenspiegel" gelang Friedrich Radewell im Jahr 1840. Sein „Tyll Eulenspiegel" nimmt bis heute eine Sonderstellung in der Eulenspiegel-Dichtung ein. Dies verdankt das Werk in erster Linie seiner einzigartigen Zusammenstellung der handelnden Personen. Neben Till Eulenspiegel begegnen uns unter anderem Faust, Mephisto, die Marquise Posa und sogar das Käthchen von Heilbronn. Ungeniert bediente sich Radewell bei den großen Dichtern der deutschen Literatur und schuf ein Lustspiel, das in erster Linie als Parodie auf Goethes „Faust" angelegt ist. Fast völlig von den Handlungen der originalen Dichtungen von Schiller, Kleist, Goethe und Bote losgelöst, agieren deren Figuren in einer abwechslungsreichen Komödie, die mit bühnensicherer Situationskomik glänzt.
Ab Mitte des 19. Jahrhunderts wurde die Figur des Till Eulenspiegel in der Literatur zunehmend mit einem modernen Zeitgeist versetzt. Bei Adolf Ritter von Tschabuschnigg begegnet uns ein Dr. Till Eulenspiegel, der mit beißender Ironie die geistige Verflachung und Oberflächlichkeit seiner Mitmenschen aufs Korn nimmt. Der Protagonist in „Der moderne Eulenspiegel" von 1846 ist ein weitgereister Menschenkenner, der die Mängel und Verirrungen seiner Zeit studiert und gegen die herrschende Gesellschaftsordnung rebelliert.
Die zweifelsohne gelungenste Bearbeitung des „Ulenspiegel" gelang 1867 Charles De Coster. Der belgische Schriftsteller verlegte die Handlung von „La légende et les aventures héroiques joyeuses et glorieuses d'Ulenspiegel et de Lamme Goedzak au pays des Flandres et ailleurs", zu Deutsch „Die Geschichte von Ulenspiegel und Lamme Goedzak und ihren heldenhaften, fröhlichen und glorreichen Abenteuern im Lande Flandern und anderwärts" nach Flandern, in die Anfangszeit des Spanisch-Niederländischen Krieges um 1567. Ergebnis des auch als „Achtzigjähriger Krieg" bekannten Völkerringens war die Unabhängigkeit der Niederlande von der spanischen Krone. Till begegnet uns bei Coster als Sohn des Kohlenträgers Klaas Ulenspiegel und dessen Frau Soetkin, die in Damme ein einfaches aber glückliches Leben führen. In seiner Jugend verübt Till Ulenspiegel eine Menge Streiche, die an Botes Volksbuch angelehnt sind. Doch der Krieg mit den Spaniern verändert das Leben des jungen Mannes. Seine Eltern werden gefoltert und ermordet, worauf Till Rache schwört und zum Anführer des niederländischen Freiheitskampfes aufsteigt.

Einen weiteren Meilenstein in der deutschen „Ulenspiegel"-Neubearbeitung schuf Friedrich Lienhard 1894. In seinem „Till Eulenspiegel" stellte er erstmals die großen Lebensfragen der Zeit und Nation in Deutschland. Nach diesem Auftakt wurde die Figur des niedersächsischen Spaßmachers verstärkt einem in politischen Kontext gesetzt. So auch bei Wilhelm Vershofen, der in „Tyll Eulenspiegel" von 1919 seinen Protagonisten zu einem Kämpfer für Menschenrechte stilisiert, der sich im Laufe der Erzählung zur Speerspitze für eine soziale und demokratische Gesellschaft mausert. Auch Georg Engel politisierte die Figur des Till Eulenspiegel. Im „Uhlenspiegel" von 1927 begegnet er uns als Spross einer Patrizierfamilie, der gegen die bürgerliche Welt aufbegehrt, letztendlich jedoch an den bestehenden Verhältnissen scheitert.

Ab Mitte des 20. Jahrhunderts nahm die Bearbeitung des „Ulenspiegel"-Stoffes eine erstaunliche Wendung. Aus dem Schalk, der mit derben Scherzen seine Mitmenschen neckte, wurde eine Figur mit Tiefgang, die Autoren jungen Menschen als Vorbild präsentierten. So wandelt sich Till Eulenspiegel im Roman „Der ewige Tor" von Otto Erich Kiesel aus dem Jahr 1947 vom jugendlichen Spaßmacher im Laufe seines Lebens zu einem erfahrenen Lebensberater, der seinen Mitmenschen mit Rat und Tat zur Seite steht. Bei Otto Brünes ist Till Eulenspiegel Held eines Bildungs- und Erziehungsromans. In „Mutter Annens Sohn" aus dem Jahre 1948 steht die Idee im Vordergrund, dass nur das Leben selbst den Menschen wahrhaft „erziehen" könne. Ein schon fast spirituell zu nennender Till Eulenspiegel begegnet uns im gleichnamigen Roman des Autors Carl Mandelartz von 1950. Eulenspiegel ist hier eine melancholische Seele, die Trost in Tagträumen und der Vergötterung einer Frau sucht.

Ernst Bertram politisierte die Eulenspiegel-Dichtung 1951 erneut und versuchte auf diese Art in seinem „Till Eulenspiegel in Magdeburg. Puppenspielgespräche." die Geschehnisse des Zweiten Weltkrieges aufzuarbeiten. Völlig losgelöst von der eigentlichen Handlung des Volksbuches setzt sich der Autor in fast schon philosophischer Weise mit den Schrecken des Krieges auseinander.

Die wohl bedeutendste Bearbeitung der Neuzeit schuf Josef Ausserhofer 1960 mit seinem epischen Werk „Der unsterbliche Narr". Zuerst ist Till Eulenspiegel darin noch der Spaßmacher aus dem Volksbuch, wendet sich später jedoch der Wissenschaft zu und erringt akademische Grade. Sein Wissen stellt er in den Dienst von Fürsten und Königen, was ihn jedoch auf die Dauer nicht befriedigt. Um den wahren Kern des Lebens und die Geheimnisse der Welt zu entschlüsseln, wendet sich Eulenspiegel der Alchemie zu, durch die sich ihm die erstrebten Erkenntnisse jedoch ebenfalls nicht erschließen. Verbittert tauscht Eulenspiegel den Doktorhut wieder gegen die Narrenkappe und überschüttet seine Mitmenschen mit beißendem Spott.

Die Geschichten um Till Eulenspiegel sind bis heute weit verbreitet. Dass es jedoch eine historische Person gab, die Pate für den niedersächsischen Schalk stand, ist weniger bekannt. In den 1980er Jahren gelang es dem Historiker Bernd Ulrich Hucker, einen gewissen Tile von Keitlingen zu identifizieren, der um 1320 im gleichnamigen Ort geboren wurde. Seine Familie war Teil eines niederen Adelsgeschlechts, das sich in drei Linien teilte, die in und um Kneitlingen herrschten. Obwohl zum einfachen Landadel gehörend, waren die Herren von Kneitlingen „sattelfrei", was bedeutet, dass sie gegenüber dem jeweiligen Landesherrn frei von allen Leistungen wie dem Ritterdienst sowie jeglicher Abgaben waren. Vater von Tile war Dietrich von Kneitlingen, der im Dienste des Bischofs von Halberstadt stand. Die Familie bewohnte einen stattlichen Hof in Kneitlingen, der noch heute erhalten ist. Jener Hof wurde schon seit jeher als „Ulenspiegelhof" bezeichnet. Ulenspiegel war wohl der Beiname der Herren von Kneitlingen, die damit ihre Unabhängigkeit von den landesansässigen Fürsten unterstreichen wollten. Wir können davon ausgehen, dass Tile mehrere ältere Brüder hatte, die den Hof der Familie bewirtschafteten, da es für den heranwachsenden jüngeren Spross kein Auskommen in Kneitlingen gab. Jener verdingte sich daher beim Grafen von Regenstein. Dieser lag in jahrelangen Erbstreitigkeiten mit dem Bischof von Halberstadt. Inwieweit Tile in die erwähnten Streitigkeiten mit einbezogen wurde, ist nicht bekannt, allerdings geriet er 1339 nachweislich in Konflikt mit dem Gesetz: Tile von Kneitlingen und weitere sechs junge Adelssprosse wurden vom Gericht Braunschweig des Straßenraubes beschuldigt und in Abwesenheit der Angeklagten mit einem

Bann belegt. Das bedeutete, dass niemand im Herrschaftsbereich der Fürsten von Braunschweig den Verurteilten Unterschlupf gewähren, sie verköstigen oder gar in seinen Dienst nehmen durfte. Für Tile bedeutete das Urteil praktisch die Verbannung aus der Heimat. Die Adelsfamilien von Kneitlingen waren nachweislich um 1350 Vasallen des bereits erwähnten Grafen von Regenstein. Jener hatte die Streitigkeiten mit dem Bischof von Halberstadt verloren und zog sich mit seinen Lehnsmännern auf Ländereien bei Magdeburg zurück. Es ist anzunehmen, dass auch Tile von Kneitlingen dort Unterschlupf fand. Später hörte Hermann Bote wohl von seinen Abenteuern und machte ihn zum Helden seines Volksbuches.

Die Gestalt des Till Eulenspiegel hat eine bemerkenswerte Wandlung durchgemacht. Ausgehend von einer tatsächlichen historischen Person, von der uns allerdings nur wenige Informationen überliefert sind, wurde er vom Spaßmacher aus alten Volksgeschichten zum Spiegelbild der menschlichen Unzulänglichkeiten. Geschaffen von seinem geistigen Vater Hermann Bote, hat sich der Till Eulenspiegel des Volksbuches „Ulenspiegel" über die Jahrhunderte verselbstständigt und wurde zu einer unverwechselbaren Figur. Heute ist Till Eulenspiegel ein nicht mehr wegzudenkender Mythos, der ähnlich wie die Nibelungensage zum Kulturgut der deutschen Geschichte zählt. Wenn die literarische Figur des Till Eulenspiegel von Herman Bote zunächst nur eine Idee war, ist er mittlerweile „einer von uns" geworden.

Glanz und Elend der Gräfin Cosel

Anna Constantia Reichsgräfin von Cosel gehört zweifelsohne zu den schillerndsten Gestalten der sächsischen Geschichte, welche die Geschicke des Kurfürstentums entscheidend mitgestaltet haben. Als Tochter eines Holsteiner Landadligen geboren, stieg sie zur Mätresse und verbrieften „Frau zur Linken" des sächsischen Kurfürsten August des Starken auf. Ihre Schönheit soll beispiellos gewesen sein. Freiherr von Pöllnitz beschrieb sie mit folgenden Worten: „Sie hatte ein längliches Gesicht; eine wohlgestaltete Nase; einen kleinen Mund; überaus schöne Zähne; schwartze, grosse, lebhafte und muntere Augen. Ihre gantze Bildung war zärtlich, ihr Lächeln anmuthig und geschickt, die Neigung bis in dem innersten des Hertzens zu erregen. Sie hatte schwartze Haare, eine wunderschöne Brust; Ihr Hals, ihre Hände und ihre Arme waren wohl gebildet; Ihre Farbe war ungemein natürlich, meistentheils aber weiß und roth. Ihre Leibesbildung konnte vor ein Meister-Stück gelten; Ihr Ansehen war prächtig, und sie tantzte mit äussersten Vollkommenheit."[8]

Die Cosel war schon zu Lebzeiten eine Legende. Keine Mätresse an allen europäischen Herrscherhöfen hatte solch einen Einfluss wie Anna Constantia auf den Kurfürsten von Sachsen und König von Polen. Ihr

Bildnis der Gräfin

Aufstieg war beispiellos, ihr tiefer Fall ebenso. Auch nach dem Tod der Cosel wurden die Legenden weitergesponnen. So heißt es in einer alten Volksdichtung: „Es hat die Gräfin Cosel im Grab keine Ruh'. Wenn um die Veste tobet des Nachts Gewittersturm, wenn Blitz auf Blitz erhellt den alten Coselturm – dann tut in der Kapelle der Gräfin Grab sich auf, dann wandelt lautlos leise ihr Geist den Turm hinauf und oben an dem Fenster im geisterhaften Licht, zeigt sich beim Wetterleuchten der Gräfin Angesicht. Die Veste ist gefallen, zerstört durch Kriegessturm, doch trotzig, fest und sicher steht noch der Coselturm. Und von der Gräfin Cosel die Sage heut' spricht, sie wird erst Ruhe finden, wenn dieser Turm zerbricht."[9]

An anderer Stelle heißt es, Gräfin Cosel sei gar nicht auf Burg Stolpen gestorben, sondern auf wundersame Weise aus der Gefangenschaft entkommen. Das heute gezeigte Grab der adeligen Gefangenen sei daher nur eine Attrappe. Aus dem nahe bei Stolpen gelegenen Ort Langenwolmsdorf ist uns noch eine weitere bemerkenswerte Legende überliefert. Darin heißt es, die Reichsgräfin von Cosel sei in einer Höhle im Schafberg bestattet. Ein ihr treu ergebener Soldat der Wachmannschaft von Stolpen soll den Leichnam der Gräfin Cosel heimlich aus der Burg gebracht haben, damit sie nicht noch im Tode am Ort ihrer jahrzehntelangen Gefangenschaft verweilen musste. Aber auch im Schafberg sollte die Gräfin keine Ruhe finden. Man habe sie noch lange nach ihrem Tod in der Gegend um Stolpen gesehen, wo sie erschrockenen Menschen von ihrem Leid erzählte und Geldgeschenke verteilte.

Wer war jene bemerkenswerte Frau, welche heute nicht mehr aus der Geschichte des kursächsischen Hofes wegzudenken ist?

August der Starke, Reiterstandbild auf dem Neustädter Markt in Dresden („Der Goldene Reiter")

Anna Constantia wurde am 17. Oktober 1680 auf Gut Depenau in Holstein geboren. Ritter Joachim Brockdorff und seine Frau Anna Margaretha waren überglücklich über die Geburt ihrer kleinen Tochter, hatten sie doch bereits zwei Kinder im Säuglingsalter verloren. Diesmal schien es die Natur gut mit der Familie Brockdorff zu meinen, denn das Neugeborene war kerngesund und entwickelte sich prächtig. Joachim Brockdorff stand als Oberst im Dienste des dänischen Königs, wodurch er die meiste Zeit des Jahres fernab von zuhause weilte und die Verwaltung des Familiengutes so in den Händen seiner Frau lag. Im Jahr 1698 nahm das Familienoberhaupt jedoch seinen Abschied, um sich ganz der Familie und den Gutsgeschäften widmen zu können. Die Familie Brockdorff entstammte dem Landadel, auf welchen der Hochadel gern verächtlich herabsah, war aber bereits seit 1220 nachweislich, also älter als so manches Rittergeschlecht des Herrenstandes. Um die vermeintlich niedere Herkunft zu vertuschen, hatten die Vorfahren von Anna Constantias Eltern immer wieder über ihre Verhältnisse gelebt, so dass hohe Hypotheken auf dem Familienbesitz lasteten. Die Brockdorffs gehörten gegen Ende des 17. Jahrhunderts zwar zu den angesehensten Familien von Holstein, reich waren sie jedoch nicht. Immerhin hatte die unstandesgemäße Liebesheirat von Joachim mit der Hamburger Kaufmannstochter Anna Margaretha im Jahr 1672 dringend benötigtes Geld in die Kassen des Adelshauses gebracht. Obwohl das Geld im Hause Brockdorff oft knapp war, ließen die Eltern ihrer Tochter Anna Constantia eine ausgezeichnete Erziehung angedeihen. Dabei wurde jedoch verstärkt Wert auf das praktische Leben gelegt, da man bekannterweise zum Landadel zählte, wo höfische Umgangsformen nicht von Nöten schienen. Anna Constantia lernte alles, was eine tüchtige Landedelfrau wissen musste, wurde zudem in Gutswirtschaft unterwiesen. Obwohl ihr Vater auch nach dem Ausscheiden aus dem königlichen Dienst weiterhin seinen ritterlichen Titel trug, wurde die Familie aus wirtschaftlichen Gründen immer mehr zu Gutsbesitzern und wandte sich verstärkt der Landwirtschaft zu.
Von Kindesbeinen an war Anna Constantia eine begeisterte Jägerin, schoss und focht vortrefflich. Alles Eigenschaften, welche später August dem Starken neben ihrer Schönheit besonders imponierten. Um den adligen Schein zu wahren, wurde Anna Constantia der Herzogin

von Gottorf als Hoffräulein anvertraut, um sich in deren Haus mit den höfischen Sitten vertraut zu machen. Sie war nun die Gesellschafterin von Prinzessin Sophie Amalie, in welcher sie eine gute Freundin fand. Sophie Amalie war eine außergewöhnliche junge Frau, welche sich mit Philosophie und Wissenschaft beschäftigte. Sie unterrichtete auch Anna Constantia in diesen Dingen, die dadurch später am sächsischen Hof für ihr umfangreiches Wissen bewundert wurde. Das Leben am fürstlichen Hof war zunächst eine große Umstellung für Anna Constantia. Ihr ungestümes Wesen passte so gar nicht zur steifen Atmosphäre im Hause Gottorf. Anna Constantia lernte jedoch schnell die höfischen Spielregeln, wie man sich bei den Herrschaften in Gunst brachte und von den anderen Höflingen abhob. Auch das sollte ihr am kursächsischen Hof in Dresden von Nutzen sein.

Im Juni 1695 hielt Prinz August Wilhelm von Braunschweig-Wolfenbüttel um die Hand von Sophie Amalie an. In deren Gefolge kam Anna Constantia an den herzoglichen Hof in Wolfenbüttel und befand sich nun in der Gesellschaft des wirklichen Hochadels. Auf dem Landgut ihrer Eltern hatte sie ein fast bäuerliches Leben geführt, lernte nun eine völlig neue Welt kennen, welche von Kunst und Kultur geprägt war. Am Wolfenbütteler Hof führte Anna Constantia ein eher stilles Leben, ihre Tätigkeit als Gesellschafterin war belanglos, höfische Intrigen wie in anderen Adelshäusern kannte man in Wolfenbüttel nicht.

Das Mädchen „vom Lande“ wuchs zu einer wunderschönen jungen Frau heran, welche von den Kavalieren am Hofe umschwärmt wurde. Allen voran Ludwig Rudolf, der Bruder des Wolfenbütteler Erbprinzen. Bald tuschelte man am Hof über eine Liaison der beiden jungen Leute, Genaueres ist jedoch nicht bekannt. Einmal gab Anna Constantia ihrem stürmischen Verehrer öffentlich eine Ohrfeige, was die Gerüchteküche umso mehr anfachte. Mehrere Jahre verlief Anna Constantias Leben in geordneten Bahnen, doch dann merkte sie, dass sie schwanger war. Obwohl sie niemandem verraten wollte, wer für ihre „anderen Umstände“ verantwortlich war, war es bei Hofe ein offenes Geheimnis, dass Ludwig Rudolf der Vater des ungeborenen Kindes sein musste. Eine uneheliche Schwangerschaft wurde am Hofe Braunschweig-Wolfenbüttel natürlich nicht geduldet und Anna Constantia musste zu ihren Eltern zurückkehren. Jene waren wenig begeistert und verbargen

Der wenig luxuriöse Abort der verwöhnten Gräfin

ihre schwangere Tochter vor der Öffentlichkeit, da sie das Gerede der Nachbarn fürchteten. In aller Heimlichkeit brachte Anna Constantia das Kind zur Welt. Da die Kirchenbücher von Depenau bei einem Brand vernichtet wurden, ist über dessen Verbleib nichts bekannt. Starb es oder wurde es zur Pflege gegeben? Nicht einmal das Geschlecht des Kindes ist überliefert.

Trotz ihres „Fehltritts" hielt Adolf Magnus von Hoym um Anna Constantias Hand an. Er war Direktor der sächsischen Behörde für Umsatzsteuer und seit Jahren in Anna Constantia verliebt. Zwölf Jahre älter und recht wohlhabend erschien Hoym den Eltern Brockdorff als idealer Ehemann für ihre ungestüme Tochter. Zum Erstaunen ihrer Eltern willigte Anna Constantia ohne Vorbehalte in die Ehe ein und so wurde am 2. Juni 1703 auf Gut Depenau Hochzeit gefeiert. Nach der Eheschließung reiste das Paar nach Dresden, um in Hoyms Residenz zu wohnen. Was Anna Constantia jedoch dort vorfand, war unerhört. Zum Haushalt ihres Mannes gehörte auch eine Frau, welche seit Jahren das Bett mit Hoym teilte. Jener weigerte sich standhaft, seine Geliebte fortzuschicken, was die junge Ehefrau natürlich schwer erboste. Anna Constantias Ehe mit Hoym war von Beginn an zum Scheitern verurteilt. So liebenswürdig, wie Hoym sich gegeben hatte, als er um seine Frau warb, so bizarr und merkwürdig benahm er sich nach der Hochzeit. Mal war er launisch und streitsüchtig, kurz darauf wieder liebenswürdig und galant. Schnell wurde Anna Constantia bewusst, dass Hoym sie nur wegen ihrer Schönheit geheiratet hatte. Sie litt sehr unter den Launen ihres Mannes, welchem sie zu Anfang ihrer Beziehung echte Zuneigung entgegengebracht hatte. Hoyms Gleichgültigkeit und Grobheiten ließen die Liebe seiner jungen Frau jedoch schnell erkalten. Anna Constantia fühlte sich vernachlässigt, verbrachte die meiste Zeit allein auf dem Landgut der Familie Hoym. Ihr Mann befand sich derweil am Hofe Augusts des Starken in Polen. Freunde hatte Anna Constantia keine in Sachsen, das Leben als Ehefrau sorgte für wenig Zerstreuung. Ein Besuch der Leipziger Messe brachte etwas Abwechslung in Anna Constantias Leben. Anlässlich eines Balles stellte Hoym seine Frau dem kurfürstlichen Paar vor. Die Kurfürstin Christiane Eberhardine empfing Anna Constantia freundlich und plauderte angeregt mit ihr. Der Kurfürstin ging es in ihrer Ehe ähnlich wie Anna Constantia, sie sah in ihr wohl eine Leidensgefährtin. August der Starke dagegen nahm wenig Notiz von der jungen Frau, sein Interesse galt vielmehr der polnischen Fürstin Lubomirska, seiner aktuellen Mätresse.

Bis heute wird über das eigentliche Kennenlernen von August dem Starken und Anna Constantia von Hoym eine amüsante Geschichte erzählt. Während einer der beliebten Herrenrunden, bei denen der Kurfürst zwanglos mit seinen Ministern trank und plauderte, soll es zu einer Art Wettstreit um die Schönheit der jeweiligen Mätressen gekommen sein. Die Männer übertrafen sich mit Lobpreisungen über die Lieblichkeit ihrer Geliebten. Nur Hoym schwieg beharrlich und musste erst mehrfach dazu aufgefordert werden, das Wort zu ergreifen. Zum Erstaunen der anderen Männer ließ Hoym verlauten, er habe gar keine Geliebte. Das wäre auch nicht nötig, denn seine Frau Anna Constantia sei von so unvergleichlicher Schönheit, dass sich keine andere Frau mit ihr messen könne. Der schon ziemlich betrunkene Kurfürst stellte Hoyms Lobhudelei jedoch in Frage, was diesen sehr erzürnte. Es kam zu einem heftigen Wortgefecht, welches der umsichtige Fürst zu Fürstenberg mit einem schlauen Einfall unterbrach. Er schlug Hoym eine Wette vor. Dieser sollte seine Frau an den Hof nach Dresden holen, wo dann der Kurfürst über die Schönheit von Anna Constantia entscheiden sollte. Fürstenberg wollte 1000 Dukaten darauf verwetten, dass August seine Geliebte, die Fürstin Lubomirska Hoyms Frau vorziehen würde. Jener hielt dagegen und August der Starke besiegelte

Noch heute werden Blumen am Grab der unglücklichen Gräfin Cosel niedergelegt.

die Wette. Der betrunkene Hoym wurde genötigt, noch in derselben Nacht einen Brief an seine Frau aufzusetzen und diesen schnellstmöglich mit einem Kurier überbringen zu lassen. Schon wenige Tage später erschien Anna Constantia von Hoym am Hof in Dresden, wo sich August unsterblich in sie verliebte und zu seiner Mätresse machte. Hoym hatte zwar die Wette gewonnen, jedoch seine Frau verloren. Die in der DDR von 1983-87 produzierte Miniserie „Sachsens Glanz und Preußens Gloria“, die auf den Büchern des polnischen Schriftstellers Józef Ignacy Kraszewski aufbaut, nimmt sich ebenfalls dieser Geschichte an. Mit der Wahrheit hat sie allerdings wenig zu tun.

Das Verhältnis zwischen Anna Constantia und Hoym verschlechterte sich in der Folgezeit immer weiter. Es kam sogar so weit, dass Anna

Constantia ihrem Ehemann den ehelichen Beischlaf dauerhaft versagte. Die Ehe war schon nach kurzer Zeit am Ende, Hoym schien nicht der Mann zu sein, der Anna Constantia glücklich machen konnte. Bereits im Juni 1704 wurde von Scheidung gesprochen. In der Gesellschaft des Dresdner Adels hatte Anna Constantia inzwischen viele Freunde gefunden, welche sie gegen ihren Ehemann unterstützten. Hoym war in Dresden dagegen unbeliebt, viele Höflinge neideten ihm seinen Einfluss auf den Kurfürsten.
Bei einem Ball der Gräfin Reuß traf Anna Constantia erneut auf August den Starken. Diesmal schenkte er ihr mehr Beachtung. Der Kurfürst war seiner Geliebten Fürstin Lubomirska überdrüssig und suchte gerade nach einer neuen Gespielin. Anna Constantias Schönheit und ihr wacher Verstand imponierten dem Fürsten, welcher ihr ungeniert den Hof machte. Die junge Frau hielt ihren stürmischen Verehrer zunächst jedoch auf Abstand. Ihre Freundin, die Gräfin Reuß, machte ihr zwar immer wieder die Vorteile einer Liaison mit dem Kurfürsten schmackhaft, doch ein Ehebruch kam für Anna Constantia zu jener Zeit noch nicht in Frage. Hoym war wegen des offensichtlichen Interesses des Kurfürsten an seiner Frau beleidigt, konnte jedoch nichts dagegen unternehmen. Am Dresdner Hof wurde schon gemunkelt, dass August ihn dauerhaft an den polnischen Hof versetzen wolle, um bei Anna Constantia freie Bahn zu haben. Über das lebhafte Interesse des Kurfürsten an Anna Constantia wurde bald überall am Dresdner Hof getuschelt. In gewissen Adelskreisen begann man eine Liaison der beiden voranzutreiben, erhoffte man sich doch über die zukünftige Mätresse Einfluss auf den Kurfürsten. Es war erstaunlich, wie Anna Constantia plötzlich von Herrschaften hofiert wurde, welche sie bisher kaum wahrgenommen hatten. Der von Natur aus ungeduldige August der Starke wollte inzwischen keine weitere Zeit mit Werben verbringen, sondern schickte die Herren Fürstenberg und Vitzhum zu Anna Constantia, um mit ihr die Bedingungen auszuhandeln, unter denen sie sich bereiterklären würde, die Mätresse des Kurfürsten zu werden. Vitzhum erklärte frei heraus, dass man um die Eheprobleme im Hause Hoym wisse und der Ehemann mit Geld „ruhiggestellt" werden würde. Anna Constantia war sehr empört über diese Art von Kuhhandel und lehnte das Angebot des Kurfürsten rigoros ab.
Am 22. Januar 1705 reichte Hoym die Scheidung von Anna Constantia

Der Johannisturm auf Burg Stolpen: 49 Jahre lang das Gefängnis der Gräfin Cosel

ein. Nach eingehender Prüfung stimmte das zuständige Gericht der Scheidung jedoch nicht zu, sondern ermahnte Hoym zur Freundlichkeit seiner Frau gegenüber, welche ihm dann durch Wiederaufnahme des ehelichen Beischlafs vergolten werden sollte. Eine wahrhaft salomonische Entscheidung, welche jedoch von den Ehegatten vehement abgelehnt wurde. Als Antwort auf die richterliche Entscheidung zog Hoym aus dem gemeinsamen Hausstand aus. Hoym war verbittert, seine Noch-Ehefrau dagegen stieg durch die anhaltende Gunst des Kurfürsten zum Mittelpunkt der Dresdner Gesellschaft auf. Dennoch weigerte sie sich weiter standhaft, die Geliebte Augusts des Starken zu werden. In der Zwischenzeit bat Hoym den Professor Christian Thomasius von der juristischen Fakultät der Universität Halle um ein Gutachten zu dem schwebenden Scheidungsverfahren. Hoym ließ sich das Gutachten eine Menge Geld kosten, war er doch festen Willens, seine Frau loszuwerden. Allerdings fiel das Gutachten negativ für Hoym aus. Widerwillen der Ehefrau sei kein Scheidungsgrund, hieß es in der mehrseitigen Schrift. Hoym erkannte die Ausweglosigkeit der Situation und versuchte, mit Anna Constantia Frieden zu schließen. Durch den Hofprediger Johann Bartholomäus Freiesleben ließ er seiner Frau ein Versöhnungsangebot überbringen, welches jene jedoch vehement ablehnte. Auch die Drohung des Predigers, sie zukünftig vom Abendmahl auszuschließen, beeindruckte die junge Frau wenig. Vielmehr

ließ Anna Constantia ihrem Gatten ausrichten, sie ließe sich lieber totschlagen, als noch einmal Haus und Bett mit ihm zu teilen.
Während Hoym vor Wut über seine Frau schäumte, vernarrte sich sein Dienstherr immer mehr in die schöne und anmutige Anna Constantia. Neben ihren äußerlichen Vorzügen war August auch von den intellektuellen Fähigkeiten seiner Angebeteten fasziniert. So interessierte sich Anna Constantia für Politik und Wissenschaft, ganz im Gegensatz zu den anderen Hofdamen, die sich nur für Mode und Klatsch begeistern konnten. Die junge Frau liebte ebenso wie der Kurfürst die Jagd, ritt und schoss wie der beste sächsische Soldat, was sie für August umso begehrenswerter erscheinen ließ. Er hatte schon unzählige Frauen geliebt, so wie Anna Constantia war jedoch keine gewesen. Auch Anna Constantia fand zunehmend Gefallen am Kurfürsten. Er war ein stattlicher Mann und uneingeschränkter Herrscher. Anna Constantia war jedoch sehr stolz, sie wollte keine der austauschbaren Mätressen sein. Schon einmal hatte sie ihrer Familie Schande mit dem unehelichen Kind bereitet und wollte nicht als „Spielzeug“ des Kurfürsten bekannt werden. So sehr sie August auch mochte, weigerte sich Anna Constantia, seine Geliebte zu werden, was das Werben des Kurfürsten umso mehr verstärkte. Mit Erfolg, denn zu seinem 35. Geburtstag erhielt August der Starke das Geschenk, welches er über alles begehrte: Anna Constantia verbrachte die Nacht mit ihm. Was ihr der Kurfürst versprochen hatte, damit sie sich ihm hingab, wissen wir nicht. Vielleicht war es einfach nur Liebe.

Hoym betrieb indes weiterhin die Scheidung. Er bemühte weitere rechtliche Institutionen und ließ Gutachten erstellen. Die beginnende Liaison seiner Frau mit dem Kurfürsten spielte Hoym natürlich in die Hände, konnte er doch so auf die Untreue seiner Ehefrau verweisen. Diese begann erste Forderungen an ihren Geliebten zu stellen. Anna Constantia wollte keinesfalls nur Mätresse sein, vielmehr sah sie sich als „Frau zur Linken“ von August des Starken. Ähnliches hatte es schon bei dessen Vorgänger Johann Georg IV. gegeben, welcher seine Geliebte Sybilla von Neitschütz offiziell als Zweitfrau anerkannt hatte. Aus Gründen der Staatsräson lehnte August dieses Ansinnen jedoch ab. Anna Constantia sollte nach außen hin seine Mätresse sein, im Pri-

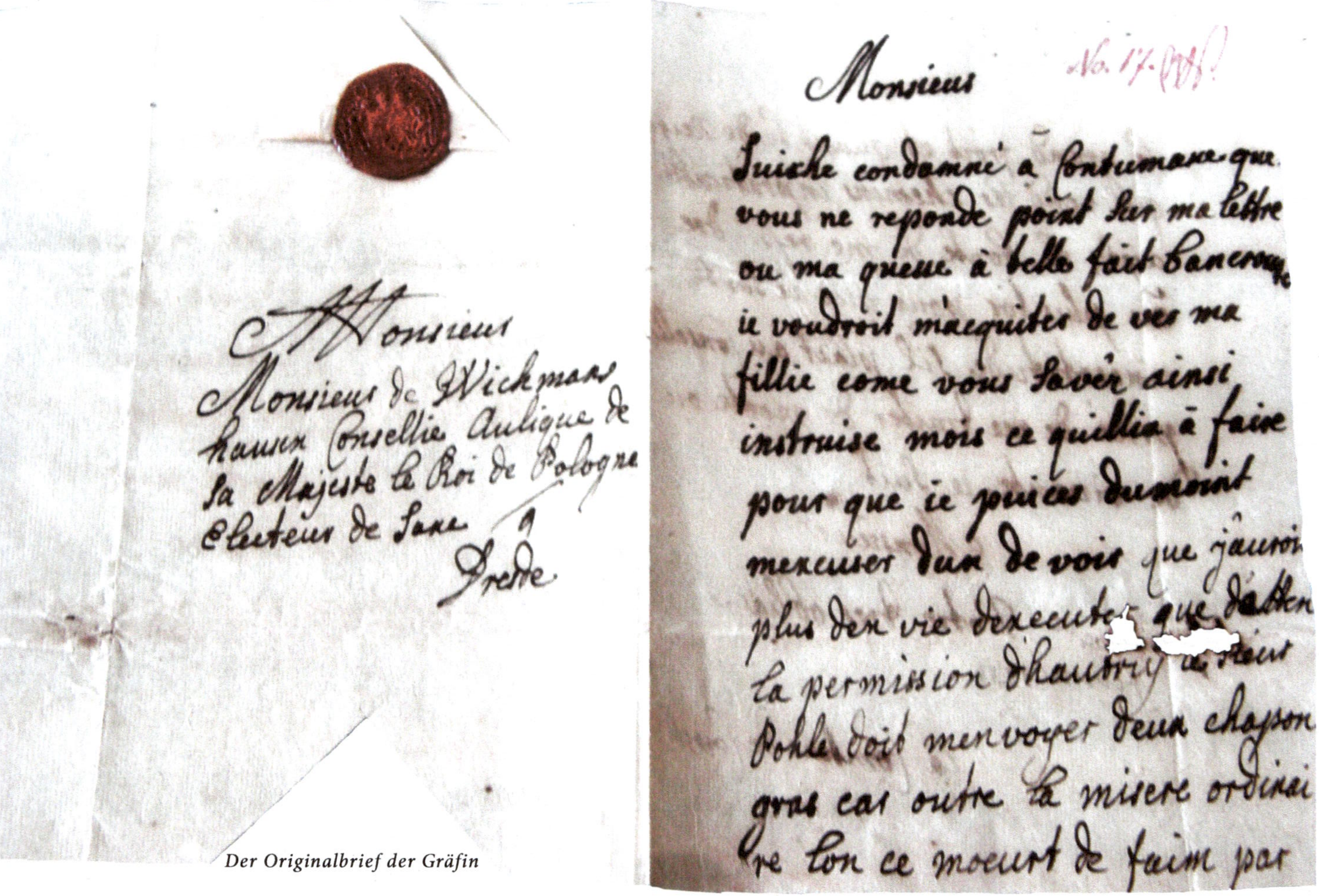

Monsieur

Monsieur de Wickman
hauen Consellie Aulique de
Sa Majeste le Roi de Pologne
Electeur de Saxe
a
Drede

Monsieur

No. 17.

Suiche condamné à contumace que
vous ne reponde point sur ma lettre
ou ma queue à belle fait bancroute
ie voudroit macquiter de vers ma
fillie come vous saver ainsi
instruise mois ce quellia à faire
pour que ie puices dumoint
mexcuser dun devoir que jauroi
plus den vie dexecuter que dabon
la permission dhautrey de sieur
Pohle doit menvoyer deux chapon
gras car outre la misere ordinai
re lon ce moeurt de faim par

Der Originalbrief der Gräfin

vaten jedoch als seine Zweitfrau behandelt werden. Dafür wurde extra ein Schriftstück aufgesetzt, etwas, das August einige Jahre später bitter bereute. Es wurde ein regelrechter Pakt geschlossen, in dem etwaige Kinder, eine Art ehelicher Eid und auch eine Witwenschaft mit eingeschlossen wurden. Wenig romantisch, aber Anna Constantia bestand darauf.

August der Starke überhäufte Anna Constantia mit Geschenken und Besitztümern, aber auch Ländereien. So kaufte er ihr ein Haus auf dem Taschenberg direkt neben dem Dresdner Schloss und ließ es mit wertvollen Möbeln ausstatten. Anna Constantia durfte sich des Weiteren kostbare Stücke aus dem Grünen Gewölbe für ihren Hausstand aussuchen. Auf Bitten des Kurfürsten ernannte Kaiser Joseph I. Anna Constantia zur Reichsgräfin von Cosel, benannt nach einem alten Familiengut der Familie Brockdorff in Holstein. Für die Menschen in Dresden war die Geliebte des Kurfürsten von nun an nur noch „die Cosel". Anna Constantia stand als offizielle Mätresse des Kurfürsten über den sächsischen Ministern. Botschafter aus aller Herren Länder machten laut Hofetikette Höflichkeitsbesuche bei ihr. Die Cosel glaubte zu träumen. Sie, das kleine Landedelfräulein, wurde nun von Politikern aus ganz Europa hofiert. Es ist ihr kaum zu verdenken, dass sie sich so bedeutend vorkam, um später in politische Entscheidungen des Kurfürstentums Sachsen eingreifen zu wollen.

Am 8. August 1705 entschied die Juristenfakultät Tübingen mit einem Gutachten, dass die Ehe der Familie Hoym zu scheiden sei. Da die Gattin wegen des verweigerten Beischlafs als die Schuldige für die Trennung des Ehepaares angesehen wurde, empfahlen die Tübinger Juristen, sie nach der Scheidung der Landesgrenzen von Sachsen zu verweisen. Die zuständigen Richter in Leipzig sahen das Gutachten mit gemischten Gefühlen. Juristisch war es einwandfrei, nur konnte man den Kurfürsten schlecht auffordern, seine Geliebte des Landes zu verweisen. Auf Drängen des Kurfürsten wurde in der Scheidungssache Hoym schließlich ein recht seltsamer, aber wirksamer Kompromiss geschlossen. Anna Constantia wurde von den Leipziger Richtern angewiesen, ihrem Ehemann ehelich beizuwohnen und ihm mit Freundlichkeit zu begegnen. Bei Missachtung dieser Anweisungen würde sie als „böswillige Verlasserin" geschieden. Der Gräfin fiel es nicht schwer,

Die imposante Burg Stolpen. Für Anna von Cosel ein Ort jahrzehntelanger Qualen

die richterliche Anordnung zu missachten und die Scheidung wurde rechtskräftig. Am 8. Januar 1706 wurde die Ehe zwischen Anna Constantia von Cosel und Adolf Magnus von Hoym offiziell aufgelöst. Von einer Ausweisung Cosels aus Sachsen war in der gerichtlichen Verlautbarung nicht mehr die Rede, ihr wurde aber als „böswillige Verlasserin" verboten, sich wieder zu verheiraten. Ein schwerer Schlag für Gräfin Cosel, hatte ihr August der Starke doch im Falle des Ablebens der Kurfürstin die Ehe versprochen.

Anna Constantias Aufstieg am Dresdner Hof war in schwindelerregender Schnelle vor sich gegangen, doch bald beschlichen sie Zweifel. Sie war völlig von der Gunst des Kurfürsten abhängig, das wusste sie. Im Moment liebte August sie abgöttisch, doch die Unbeständigkeit des Kurfürsten in Liebesdingen war ihr wohlbekannt. In seiner Funktion als König von Polen befand sich August oft monatelang in Warschau, wo auch seine frühere Geliebte Fürstin Lubomirska lebte. Gerüchte besagten, dass August ihr immer noch sehr zugetan war. Dann gab es noch die geheimnisvolle Türkin Fatima. Jene war mit dem kurfürstlichen Kammerherren Johann George Spiegel verheiratet. Hinter vorgehaltener Hand wurde am Dresdner Hof über die Begeisterung des Kurfürsten für die exotische Schönheit der jungen Frau getuschelt.

Gräfin Cosel war extrem stolz und fühlte wachsende Verbitterung in sich aufkeimen. Monatelang hatte sie dem Werben des verliebten August standgehalten und nun sollte sie doch nur eine von vielen Gespielinnen sein. Anna Constantia war sich ihrer Schönheit und deren Wirkung auf August wohl bewusst. So plante sie eine Reise nach Warschau, um die vermeintlichen Rivalinnen auszustechen. August gab sich begeistert und gerührt über den Besuch seiner Geliebten. Diese spürte jedoch eine eigenartige Reserviertheit, welche August ihr gegenüber an den Tag legte. Zudem sah sie mit Argwohn, dass Fürstin Lubomirska fast täglich die Gesellschaft des Kurfürsten suchte. Einige Tage nach der Ankunft der Gräfin Cosel in Warschau drang ein unerhörtes Gerücht an ihre Ohren. Fatima Spiegel sollte schwanger von August dem Starken sein. Wutentbrannt stürzte Anna Constantia in die kurfürstlichen Gemächer, um ihren Geliebten zur Rede zu stellen. Jener suchte nach Ausflüchten, gab dann jedoch zu, ein Verhältnis mit der schönen Türkin zu haben. Für die Gräfin brach eine Welt zusammen. Erst vor wenigen Monaten hatte ihr der Kurfürst ewige Liebe geschworen und vergnügte sich nun schon mit anderen Frauen. Schlagartig muss der Enttäuschten bewusst geworden sein, dass Liebesschwüre bei August nur leere Phrasen waren. Es kam zum ersten Zerwürfnis zwischen August dem Starken und seiner Geliebten. Der Fürst konnte ihren Groll nicht wirklich verstehen, sah er sich doch als uneingeschränkten Herrscher, dessen Tun über jede Kritik erhaben war. Um Anna Constantia zu beruhigen, schwor der Kurfürst ihr erneut die ewige Liebe und ließ die jährliche Pension der Fürstin Lubomirska auf sie überschreiben, was wiederum diese vor Wut schäumen ließ.

Allerdings hatte August der Starke zu jener Zeit ganz andere Sorgen, als sich ständig um das Wohl seiner Mätressen zu kümmern. Im Rahmen des sogenannten Großen Nordischen Krieges von 1700 bis 1721, in welchem verschiedene europäische Großmächte um die Vorherrschaft im Ostseeraum kämpften, war die sächsische Armee von den schwedischen Truppen vernichtend geschlagen worden. Zudem plante der Kurfürst seit längerem eine grundlegende Änderung der Regierungsform, welche am 1. Juni 1706 in Kraft trat. Der Geheime Rat, welcher aus einer Vielzahl sächsischer Minister bestand, wurde hierbei durch das Geheime Kabinett ersetzt, welches nur einige wenige Minister beinhaltete. Jene Minister standen dem Kurfürsten beratend zur Seite, welcher von nun an jedoch die absolute Macht in Sachsen ausübte. Der sächsische Adel fühlte sich verständlicherweise verprellt, was zu einer politischen Destabilisierung des Kurfürstentums führte. Die rigorose Veränderung der Machtverhältnisse in Sachsen führte auch zu einer Schwächung der Kampfmoral innerhalb der sächsischen Armee, was sich als äußerst fatal auswirken sollte.

August und Gräfin Cosel befanden sich im Sommer 1706 im Heerlager der sächsischen Truppen, als die junge Frau bemerkte, dass sie schwanger war. Anna Constantia war überglücklich, hoffte sie doch, mit dem gemeinsamen Kind den Kurfürsten enger an sich binden zu können. In der Tat schien August echte Freude über die Schwangerschaft seiner Geliebten zu empfinden. Um die Sicherheit des ungeborenen Kindes nicht zu gefährden, schickte der Kurfürst die Cosel zurück nach Dresden. Dort befielen die junge Frau bald wieder Zweifel an der Aufrichtigkeit des Kurfürsten. Jener hatte zu dieser Zeit jedoch kaum Zeit und Muße für Liebesabenteuer. Die Krone Polens und die Souveränität Sachsens standen auf dem Spiel, denn der Schwedenkönig Karl XII. marschierte auf Sachsen zu. Karl hatte weitschweifende Pläne. Sein Ziel war die Eroberung Russlands und die Absetzung seines Intimfeindes Zar Peter I. Erstes Etappenziel des Schwedenkönigs war es dabei, Zar Peters Verbündeten, August den Starken, militärisch wie finanziell „kaltzustellen".

Fieberhaft begann der Gouverneur von Dresden die Stadt auf eine Belagerung durch die Schweden vorzubereiten. Er ließ aus dem Umland Lebensmittel und Getreide in die Stadt schaffen. Die Wachmannschaften wurden verstärkt und die Stadttore scharf bewacht. Auf Befehl des Kurfürsten sollte die sächsische Landeshauptstadt mit allen Mitteln gehalten werden. Am 5. September 1706 marschierte Karl XII. mit seinen Truppen in Sachsen ein. Kurfürstin Eberhardine, welche bisher kaum Notiz von den politischen Entscheidungen in Sachsen genommen hatte, führte nun Verhandlungen mit den Abgesandten des Schwedenkönigs, um eine Belagerung der Stadt Dresden abzuwenden. Derweil floh die schwangere Gräfin Cosel aus Sachsen. Ihr Ziel war der Hof von Wolfenbüttel, wo sie bei ihrer Freundin Prinzessin Sophie

Amalie die Ereignisse abwarten wollte. Die Angst um das ungeborene Kind überwog die Belastung, für längere Zeit von ihrem Geliebten August dem Starken getrennt zu sein.
Die Friedensverhandlungen wurden von den diktatorischen Bedingungen des Schwedenkönigs überschattet. So sollte August auf die Krone Polens verzichten und den Thron an den schwedenfreundlichen Stanislaus I. Leszczyński übergeben. Da die Übermacht der schwedischen Invasoren erdrückend war, stimmten die kurfürstlichen Unterhändler Kanzler Carl Piper sowie Sekretär Olof Hermelin den Bedingungen schließlich „betrübt und verzagt" zu, wie es im Sitzungsprotokoll vermerkt wurde. Laut Friedensvertrag besetzten die Schweden alle strategisch wichtigen Orte Sachsens, nur die Festungen Stolpen, Königstein, Sonnenstein sowie die Residenzstadt Dresden blieben in sächsischer Hand. Die einheimischen Bauern mussten die schwedischen Truppen verköstigen, was die Landwirte an den Rand des Ruins brachte. Von den sächsischen Ständen verlangte Karl XII. monatlich 625.000 Taler, eine Unsumme, welche kaum aufzubringen war.

Anna Constantia von Cosel musste derweil schweren Herzens erkennen, dass ihrem inoffiziellen Rang als „Frau zur Linken" des sächsischen Kurfürsten außerhalb von Dresden kaum Bedeutung beigemessen wurde. Anton Ulrich von Braunschweig-Wolfenbüttel wollte die Mätresse Augusts des Starken nicht an seinem Hof haben. Die Gräfin musste in Wolfenbüttel in ärmlichen Verhältnissen hausen und bereute schnell ihre überstürzte Abreise aus Dresden, wo das Leben laut den Bedingungen des Friedensvertrages in gewohnten Bahnen verlief. Daher war Anna Constantia überglücklich, als sie am 11. Dezember 1706 einen Brief ihres Geliebten erhielt, in welchem er sie bat, nach Dresden zurückzukehren, um sich dort mit ihm zu treffen. Trotz der lauernden Gefahr durch die schwedischen Besatzer und ihre schon fortgeschrittene Schwangerschaft machte sie sich unverzüglich auf, dem Ruf ihres Geliebten zu folgen. Am 15. Dezember 1706 trafen sich Anna Constantia und August in Dresden. Der Kurfürst wirkte nervös und hatte wenig Zeit für seine Geliebte, stand doch in wenigen Tagen ein Treffen mit dem Schwedenkönig Karl an, welches über die Zukunft Sachsens entscheiden sollte. Das Treffen der so ungleichen Vettern fand am 18.

Dezember 1706 in einer außerordentlich höflichen Art statt. Außenstehende hätten meinen können, es handele sich um einen Familienbesuch. Der höfliche Ton konnte jedoch nicht über die Tatsache hinwegtäuschen, dass der Schwedenkönig nicht vorhatte, die Besatzung Sachsens abzubrechen. In seiner Not bot August der Starke seinem Vetter Karl sogar Geld an, damit die schwedischen Truppen Sachsen wieder verließen. Doch auch dieses Angebot konnte den Schwedenkönig nicht beeindrucken, vielmehr verlangte er zum wiederholten Male, dass August auf die polnische Krone verzichten sollte.

Während der sächsische Kurfürst vor Wut tobte, der Situation jedoch fast ohnmächtig gegenüberstand, ereilte seine Geliebte ein fürchterlicher Schicksalsschlag: Der gemeinsame Sohn kam tot zur Welt. Auch Anna Constantia rang mit dem Tod, sie hatte viel Blut verloren und die Ärzte fürchteten um ihr Leben. August eilte sofort an das Krankenlager seiner Geliebten, panisch vor Angst hielt er ihre Hand, wachte die ganze Nacht an ihrer Seite. Nach mehreren Tagen der Ungewissheit schien sich der Zustand Anna Constantias zu bessern. Das Fieber ging zurück und ihr wurde bewusst, dass der Kurfürst sich in den vergangenen Tagen nur um sie gekümmert hatte, obwohl es schlecht um das Kurfürstentum stand. Von diesem Wissen beflügelt, erholte sich die Cosel nun schnell von den Strapazen der Geburt und begann im Politpoker mitzuspielen, um ihrem Geliebten zu helfen. Sie lud verschiedene ausländische Diplomaten zu Festessen ein, fest entschlossen, eine Allianz gegen den Schwedenkönig zu schaffen, damit jener seine Truppen aus Sachsen abzöge. Indes kam es am Dresdner Hof immer wieder zu unangenehmen Situationen zwischen Anna Constantia und der Kurfürstin Christiane Eberhardine, welche in diesen politisch angespannten Zeiten ebenfalls in Dresden weilte.

Trotz aller Anstrengungen und politischer Winkelzüge war die Krone Polens jedoch für August den Starken verloren. Auf Drängen des Schwedenkönigs Karl wurde sein Günstling Stanislaus I. Leszczyński zum polnischen König ausgerufen. Karl hatte sein Ziel nun erreicht und zeigte sich in den folgenden Friedensverhandlungen äußerst versöhnlich. Er forderte von August lediglich die Anerkennung des neuen polnischen Königs. Als Gegenzug versprach er, alle schwedischen Truppen aus Sachsen abzuziehen. Zerknirscht nahm August das Angebot an, war es doch die einzige Möglichkeit, wieder uneingeschränkt über sein Kurfürstentum herrschen zu können. König Karl hielt Wort, am 31. August 1707 begann der Abzug der schwedischen Truppen aus Sachsen.

Trotz der langanhaltenden politischen Querelen und zwischenzeitlichen Zerwürfnissen hatte es August der Starke nicht versäumt, Anna Constantia mit finanziellen Gunstbezeugungen zu überhäufen. Auf dem Taschenberg in direkter Nähe zum Dresdner Schloss ließ der Kurfürst für seine Geliebte ein beeindruckendes Palais errichten. Baumeister war Matthäus Daniel Pöppelmann, welcher entscheidend den Dresdner Barock prägte, für den die sächsische Landeshauptstadt bis heute berühmt ist. Ein überdachter Gang verband das Taschenbergpalais mit dem Schloss, angeblich eine spezielle Idee von August dem Starken.

Nach Abzug der schwedischen Truppen aus Sachsen kehrte am Dresdner Hof die alte Heiterkeit und Gelassenheit wieder ein. August widmete sich nun erneut verstärkt der Kunst und Jagd, seine Geliebte nutzte derweil ihre Stellung bei Hofe und verschaffte verschiedenen Familienmitgliedern lukrative Stellungen. Der politischen Sorgen entledigt erneuerten August und Anna Constantia ihre Liebesschwüre und verbrachten glückliche Stunden. Am 8. Dezember 1707 übereignete der Kurfürst seiner Geliebten offiziell das Schloss Pillnitz mit allen sich anschließenden Ländereien. Gräfin Cosel war nun im Besitz des schönsten und begehrtesten Schlosses von Sachsen, was ihr viele Neider einbrachte. Jene beachtete Anna Constantia jedoch wenig, sie war wieder schwanger von dem Mann, den sie liebte und der sie zu vergöttern schien. Sie wohnte in den prächtigsten Anwesen, wurde vom europäischen Adel hofiert. Von so einem Leben hatte sie im heimischen Holstein noch nicht einmal zu träumen gewagt.

„Die Cosel" hatte alles erreicht, was als Mätresse eines Monarchen möglich war, doch sie wollte noch mehr. In aller Öffentlichkeit bezeichnete sie sich als Frau des Kurfürsten, was jenem gar nicht recht war. Wenn auch die Kurfürstin Christiane Eberhardine wieder in Torgau weilte, war sie doch die offizielle Frau an seiner Seite. Wenn August diese Tatsache in Gegenwart seiner Geliebten äußerte, kam es jedes Mal zu Wutausbrüchen und der Kurfürst musste die Nacht allein verbringen. Den Höflingen in Dresden entging nicht, dass es in diesem

bewussten Punkt immer wieder zu Streit zwischen August und Anna Constantia kam. Der Dresdner Hof war ein Hort der Günstlingswirtschaft. Jeder Höfling strebte danach, in der Gunst des Kurfürsten ganz oben zu stehen. „Die Cosel" wurde umschwärmt, aber auch scharf beobachtet. Eine Mätresse war nur so lange Mittelpunkt der Gesellschaft, bis die Zuneigung des Monarchen nachließ. Es war also eine Gratwanderung, enger mit ihr befreundet zu sein. Man konnte mit ihr am Hofe in der Gunst steigen, aber auch tief fallen. Als August der Starke seine Geliebte schlussendlich verstieß, musste diese entsetzt feststellen, dass sie keine wirklichen Freunde hatte.
So weit war es zu jener Zeit natürlich noch nicht, aber die intriganten Höflinge in Dresden begannen zu mutmaßen, dass die Verbundenheit von August und Anna Constantia nicht von Dauer sein würde. Minister Jacob Heinrich von Flemming wurde zum mächtigsten Gegenspieler der Gräfin Cosel. Er stand mit ihr in der Gunst des Kurfürsten gleichauf, hatte sich von einem unbedeutenden Landadligen zum mächtigsten Mann Sachsens nach dem Kurfürsten hochgearbeitet. Sein Werdegang war dem der Gräfin sehr ähnlich, nur hatte er sich durch wirtschaftliches wie politisches Geschick in seine exponierte Position gebracht, Anna Constantia dagegen hauptsächlich mithilfe ihrer weiblichen Reize. Dementsprechend fühlte sich Flemming „der Cosel" überlegen, was er sie auch bei jeder sich bietenden Gelegenheit spüren ließ. Ihr einziger Vertrauter am Dresdner Hof war Georg Ludwig von Haxthausen, dessen Vater einst der Erzieher des Kurfürsten gewesen war. Ihre einstigen Mentoren, wie etwa die Gräfin Reuß und der Statthalter Fürstenberg, waren inzwischen zu erbitterten Feinden geworden, weil der über Anna Constantia erhoffte Einfluss auf den Kurfürsten ausblieb.
Gräfin Cosel selbst fühlte sich in gewisser Weise unangreifbar. Die zahlreichen Güter, welche ihr August der Starke geschenkt hatte, warfen genügend Gewinn ab, so dass Anna Constantia über ein beträchtliches Privatvermögen verfügte. Sie gab Unsummen für die neueste Mode aus, gab Bälle für Hunderte von Gästen, richtete ihre Häuser mit teuerstem Mobiliar ein und betätigte sich sogar im Geldverleihgewerbe. So machte sie auch vermehrt Geschäfte mit jüdischen Bankiers. Diese als „Geldjuden" verschrienen Geschäftsleute waren beim einfa-

chen Volk eher unbeliebt und das Ansehen Cosels in Dresden sank beträchtlich, was diese jedoch wenig berührte. August der Starke beschwor immer wieder seine Liebe zu ihr, das reichte Anna Constantia. Ihr Glück schien perfekt, als sie am 24. Februar 1708 dem Kurfürsten eine Tochter gebar. Die Geburt der gemeinsamen Tochter schien August den Starken tatsächlich dauerhaft an seine Geliebte zu binden. Das Paar lebte nun wie Mann und Frau zusammen, man sah sich fast täglich, wobei sich der Gang zwischen Schloss und Taschenbergpalais als sehr nützlich erwies. Am 16. Juli 1708 verbrachte das Paar während eines Ausfluges eine romantische Nacht auf Burg Stolpen. Hätte die Cosel geahnt, dass die dicken Mauern der Burg nur wenige Jahre später zu ihrem Gefängnis werden würden, hätte sie dort wohl kaum so friedlich in den Armen des Kurfürsten geschlummert.

Obwohl das Glück der Gräfin nun perfekt schien, geisterten immer wieder üble Gerüchte durch Dresden. Sobald der Kurfürst einmal für einige Wochen allein verreiste, hieß es sogleich, er habe seiner Geliebten die Gunst entzogen. Traurig musste Anna Constantia erkennen, dass sie bei Hofe wohl nie als die legitime Frau von August dem Starken anerkannt werden würde. Sie war sich im Klaren darüber, dass nur ihre ständige Anwesenheit die Treue des Kurfürsten sichern konnte. So verpachtete Anna Constantia das Gut Pillnitz, um keinerlei Verpflichtungen zu haben und mit August auf Reisen gehen zu können. Dass August dies vielleicht gar nicht wollte, kam ihr überhaupt nicht in den Sinn.

Im Frühjahr 1709 schien „die Cosel“ auf dem Höhepunkt ihrer Macht zu sein, wenn auch nicht Kurfürstin, war sie doch die Frau an der Seite Augusts des Starken. Ende Mai veranstaltete das Paar ein mehrtägiges Fest, zu welchem Politiker und Aristokraten aus allen Teilen Europas eingeladen wurden. Die ausländischen Gäste hofierten Anna Constantia, als wäre sie tatsächlich die Erste Frau im Kurfürstentum. Die von August extra nach Dresden zitierte Christiane Eberhardine spielte dagegen bei den Festlichkeiten nur eine Nebenrolle. Ihren Gemütszustand kann man sich wohl gut vorstellen, besonders, da es hieß, die Geliebte erwarte ein weiteres Kind.

Nur wenige Monate später musste August der Starke mit seinen Truppen wieder in den Krieg ziehen. Gemeinsam mit Russland und

Dänemark wollte man die Schweden schlagen und die Königskrone von Polen zurückerobern. In Abwesenheit des Kurfürsten gebar Anna Constantia am 24. Oktober 1709 eine weitere Tochter. August der Starke hatte zu diesem Zeitpunkt keine Möglichkeit, sich um sein Privatleben zu kümmern. Mit Hilfe der militärischen Allianz, allen voran mit dem russischen Zaren Peter I., gelang es August, sich die polnische Krone erneut zu sichern. Damit war natürlich auch der fast dauerhafte Aufenthalt in Warschau verbunden. Die Gräfin kam nicht umhin, ihrem Geliebten dorthin zu folgen. Am Dresdner Hof wurde schon getuschelt, dass die polnischen Höflinge nach einer geeigneten Mätresse für August suchten. Schweren Herzens gab Anna Constantia die Kinder zu ihren Eltern auf Gut Depenau und reiste nach Warschau.

Zwischen 1710 und 1712 waren August der Starke und seine Geliebte fast ständig auf Reisen oder Feldzügen. Die Konsolidierung der Macht in Polen war ein mühsames Unterfangen. Augusts Stellung als König war schwächer als vor seiner zwischenzeitlichen Abdankung, wurde in erster Linie durch die Macht des russischen Zaren gestützt. Adel und Stände in Polen sahen in August einen Usurpator, ständige Verhandlungen und militärisches Eingreifen war nötig, um die Krone zu sichern. In jener Zeit wurde Minister Flemming zum wichtigsten Vertrauten von August dem Starken. Flemming leitete die politischen Geschäfte in Warschau mit Bravour, August war des Lobes voll für seinen Ersten Minister, welchen die Gräfin Cosel nur umso mehr verabscheute. Auch der außenpolitische Druck auf August den Starken nahm zu, was sich auf seine Beziehung zu Anna Constantia niederschlug. Der Kurfürst und König hatte kaum noch Zeit für seine Geliebte, besprach auch nicht mehr alle seine Entscheidungen mit ihr. Die Cosel sah ihren Einfluss auf August schwinden und mischte sich wieder verstärkt in die Politik ein. Sie stieß dabei jedoch auf zähen Widerstand von Seiten Flemmings, welcher in Anna Constantia nur eine Liebschaft des Kurfürsten sah, welche sich gefälligst aus der hohen Politik herauszuhalten hatte.
Die politische Lage in Europa verschlechterte sich noch einmal enorm, als der osmanische Sultan an der Seite des Schwedenkönigs in die schwelenden Kriegshandlungen eingriff. August eilte zurück nach

Dresden, um neue Truppen auszuheben. Am 17. April 1711 starb dann auch noch der Kaiser, was August dem Starken zusätzliche Verantwortung auferlegte, war er doch laut Vertrag bis zur Wahl des neuen Kaisers der Reichsvikar. Insgeheim hoffte er wohl, selbst der nächste Kaiser des Heiligen Römischen Reiches (Deutscher Nation) zu werden. Dieser Traum ging nicht in Erfüllung, die wahlberechtigten Reichsfürsten erklärten den spanischen König Karl VI. zum neuen Kaiser. In seiner Zeit als Reichsvikar war August der Starke nicht untätig geblieben, erhob viele seiner Günstlinge in den Reichsgrafenstand und erklärte die Töchter seiner Mätresse zu seinen legitimen Kindern und Reichsgräfinnen. Nur sein Plan, Anna Constantia zur Reichsfürstin zu erheben, scheiterte. Dies überschritt seine Kompetenzen als Reichsvikar und war nur dem Kaiser höchstpersönlich vorbehalten.

Im Frühjahr 1712 mischte sich die Gräfin Cosel erneut in die sächsische Landespolitik ein. Minister Flemming war zu jener Zeit damit beschäftigt, das Geheime Kabinett neu zu ordnen. Anna Constantia warnte den Kurfürsten vor Flemming, welcher mit der Neuvergabe von Ämtern an seine Günstlinge die politische Macht in Sachsen und Polen an sich reißen wolle. Zwar waren das nur haltlose Unterstellungen, mit welchen die Gräfin ihren Günstling Woldemar Freiherr von Löwendal protegieren wollte. August dem Starken war das politische Engagement seiner Geliebten nicht wirklich recht. Für ihn zählte in erster Linie die Meinung seines Ersten Ministers Flemming, die Ansichten Cosels in politischen Angelegenheiten waren für den Kurfürsten zweitrangig. Das Paar begann sich zu entfremden. Das lag in erster Linie an Cosels Aversion gegenüber Flemming. Sie warf dem Minister immer wieder vor, den Kurfürsten zu Entscheidungen zu drängen, welche gar nicht in dessen Sinne lagen. Flemming rächte sich auf pikante Weise, indem er von seinen Günstlingen am Warschauer Hof eine neue Geliebte für August suchen ließ. Der Minister war es leid, sich von Anna Constantia Vorschriften machen zu lassen, welche in seinen Augen nichts weiter als eine holsteinische Landpomeranze war, die sich gefälligst nicht in die Politik einzumischen hatte. Flemming betraute seine Cousine, Frau von Brebentau, die Gattin des polnischen Krongroßschatzmeisters, mit der delikaten Aufgabe, eine neue Mätresse für August den Starken zu finden. Ihre Wahl fiel auf Maria Magdalena von

Dönhoff, eine kaum zwanzig Jahre alte Schönheit. Als Flemming der Gräfin Dönhoff zum ersten Mal im Hause seiner Cousine begegnete, konnte er deren Wahl gut verstehen. Blutjung, mit hübschem Gesicht, schlanker Taille und vollem Busen entsprach die Gräfin Dönhoff genau dem Schönheitsideal des Kurfürsten. Sie liebte die Jagd und war eine ausgezeichnete Reiterin, was August mit Sicherheit imponieren würde. Flemming sorgte dafür, dass sich der Monarch und die schöne Gräfin des Öfteren begegneten. Erstaunlicherweise nahm August die sich bietende Gelegenheit nicht sofort wahr, sondern wahrte Abstand zur Gräfin Dönhoff. Er liebte Anna Constantia trotz der vielen Meinungsverschiedenheiten noch immer und wollte ihre Gefühle nicht verletzen. Flemming wies seinen Dienstherren jedoch in vertraulichen Gesprächen immer wieder auf die Vorteile einer polnischen Mätresse hin. Diese könnte unter ihren Landsleuten für positive Stimmung in Polen sorgen. Zudem zeigte die Gräfin ernsthaftes Interesse an August dem Starken, was jenem natürlich schmeichelte. Schließlich ging Flemmings Plan auf, der Kurfürst und König vergnügte sich mit der schönen Gräfin Dönhoff und erklärte sie offiziell zu seiner Mätresse.
Bis heute rätseln Historiker und Autoren, warum Minister Flemming Gräfin Cosel so unversöhnlich gegenüberstand. Er konnte sich der unverbrüchlichen Freundschaft des Kurfürsten sicher sein und auf dem politischen Parkett war Anna Constantia mit Sicherheit keine Bedrohung für ihn. Bis heute wird von verschiedenen Autoren immer wieder vermutet, dass Flemming in die Gräfin verliebt war und sein Hass auf deren Zurückweisung basierte. Fakt ist, dass Flemming von ihrer Schönheit und ihrer charmanten Art zunächst fasziniert war; das ging fast allen Männern in ihrer Umgebung so. Vielleicht war es eine kleine Schwärmerei, die Flemming für die Cosel empfand, als er sie kennenlernte. Damit war es aber schnell vorbei, als sich Anna Constantia verstärkt in die Politik einmischte. Flemming war Politiker mit Leib und Seele, und dem damaligen Zeitgeist verpflichtet, hatten Frauen für ihn in der Politik nichts zu suchen.
Anna Constantia stand den Machenschaften Flemmings in Warschau ohnmächtig gegenüber. Sie war erneut schwanger von August dem Starken und bereitete sich in Dresden auf die Geburt vor. Die Gerüchte über die Affäre von August und der Gräfin Dönhoff kränkten sie, doch

sie war es leid, immer wieder um die Liebe des Kurfürsten zu kämpfen. August der Starke würde sich nie ändern, das sah sie nun resigniert ein. Ihr Vertrauter Haxthausen warnte sie, dass Flemming mit aller Macht ihren Sturz vorbereitete. Anna Constantia konnte jedoch nicht glauben, dass August die Gerüchte für wahr hielt, welche Flemming über sie verbreitete. Natürlich war ihr nicht entgangen, dass sich viele ihrer angeblichen Freunde zurückgezogen hatten, als die Affäre Dönhoff bekannt wurde. Doch Anna Constantia hoffte, sich wenigstens die Freundschaft des Kurfürsten erhalten zu können.
Zu jener Zeit schadete ihr Minister Woldemar Freiherr von Löwendal wohl am meisten. Früher ein enger Freund der Cosel, fürchtete Löwendal, mit ihr zu fallen. Er verunglimpfte sie bei jeder Gelegenheit, unterstellte ihr gar eine Affäre mit dem Grafen Callenberg, einem ihrer Kreditnehmer. Löwendal erdreistete sich, eine Akte über Anna Constantia anzulegen, in welcher er ihre vermeintlichen Verfehlungen notierte. Jenes Machwerk, welches fast nur dreiste Lügen enthielt, kam natürlich Flemming sehr gelegen, um die Gräfin beim Kurfürsten in ein schlechtes Licht zu rücken.
Nach überstandener Geburt wollte Anna Constantia einen letzten Versuch unternehmen, sich auch weiterhin die Gunst des Kurfürsten zu sichern. In aller Stille bereitete sie eine Reise nach Warschau vor, wo sie sich August zu Füßen werfen wollte, um so ihre unverbrüchliche Treue zum Ausdruck zu bringen. Die geplante Reise wurde jedoch verraten und das Erscheinen der Gräfin Cosel in Warschau angekündigt. Die polnischen Höflinge gerieten in helle Aufregung, fürchteten sie doch, ihre Intrigen gegen die sächsische Mätresse würden ruchbar werden. Die Günstlinge der Gräfin Dönhoff sahen schon sprichwörtlich ihre „Felle davonschwimmen", sollte August der Starke in erneuter Liebe zur Gräfin Cosel entbrennen. Mit Hilfe von Flemming konnte August überzeugt werden, dass es nur Ärger gäbe, wen „die Cosel" am Hof in Warschau erscheinen würde. So wurde der Befehl erlassen, die Gräfin unterwegs aufzuhalten und zurück nach Dresden zu schicken. Im Gasthaus des kleinen polnischen Städtchens Widawa traf Anna Constantia auf die Abgesandten des Kurfürsten und weigerte sich zunächst, ihre Reise abzubrechen. Erst nach massiven Drohungen kehrte sie unter Bewachung mehrerer Gardisten nach Dresden zurück.

Der Bruch zwischen Anna Constantia von Cosel und August dem Starken war offensichtlich, doch es sollte noch viel schlimmer kommen. Im Dezember 1713 ließ August die Wachen vor dem Taschenbergpalais abziehen und ordnete an, den Gang zum Schloss abreißen zu lassen. Nur wenig später erfolgte der kurfürstliche Befehl, dass sich Anna Constantia nach Pillnitz zurückziehen sollte. August wollte der Gräfin Dönhoff Dresden zeigen, jene fürchtete sich jedoch vor dem Zorn ihrer Vorgängerin.

In der Folgezeit lebte Anna Constantia vereinsamt mit ihrem neugeborenen Sohn in Pillnitz, ihre Töchter waren noch bei den Großeltern in Holstein. Freunde fanden sich bei der unglücklichen Frau keine mehr ein, alle fürchteten, damit den Zorn des Kurfürsten auf sich zu ziehen. Jener wollte seine frühere Geliebte und inoffizielle Ehefrau nun endgültig loswerden und schickte einen Unterhändler nach Pillnitz, welcher mit ihr über eine finanzielle Abfindung sowie ihren zukünftigen Wohnort verhandeln sollte. Außerdem forderte August den Ehevertrag zurück. Im Gegenzug bot er an, die Häuser und Güter zu einem erhöhten Preis zurückzukaufen, welche er seiner Geliebten einst geschenkt hatte. Anna Constantia erklärte sich bereit, den Ehevertrag zurückzugeben, forderte im Gegenzug jedoch einen Freibrief, welcher sie vor weiterer Verfolgung schützen sollte. Nach der offiziellen Trennung hatte sie verstärkt mit Schikanen gegen ihre Person zu kämpfen gehabt. Ihre Pension wurde nicht mehr pünktlich gezahlt, im Winter dringend benötigtes Holzdeputat nicht mehr geliefert.

Obwohl Anna Constantia den Ehevertrag zurückgeben wollte, um mit August Frieden zu schließen, gab es ein Problem. Sie hatte das Dokument ihrem Vetter Christian Detlev zu Rantzau zur Verwahrung gegeben, welcher jedoch gerade in der Zitadelle Spandau in Berlin inhaftiert war. Auf Briefe antwortete er nicht. Die Gräfin sah keine andere Möglichkeit, als persönlich nach Berlin zu reisen. Dort angekommen, erwartete sie eine unangenehme Überraschung: Rantzau versuchte seine Cousine zu erpressen. Anna Constantia sollte ihm das nötige Geld für seine Freilassung beschaffen, dann würde er ihr das Dokument aushändigen. Die unglückliche Frau saß im wahrsten Sinne des Wortes in der Zwickmühle. In Berlin war es ihr nicht möglich, Geld aufzutreiben, in Sachsen wartete ein Haftbefehl auf sie, da die sächsischen Minister ihre Reise nach Berlin als Fluchtversuch werteten. Und um die Lage der Cosel noch zu verschlimmern, verbreitete Flemming die Lüge, Anna Constantia sei nach Berlin gereist, um sächsische Staatsgeheimnisse an den Preußenkönig zu verraten.

Auch August begann daran zu glauben, dass die vermeintliche Rachsucht seiner früheren Geliebten in Berlin seiner Herrschaft schaden könnte. Aus diesem Grund wurde der sächsische Gesandte Friedrich Wilhelm Manteuffel damit beauftragt, beim Preußenkönig Friedrich II. die Festnahme und Auslieferung der Gräfin Cosel zu beantragen. Unabhängig davon machte sich Anna Constantia im September 1716

Man kann nur erahnen, wie die Cosel hier gelitten hat.

nach Leipzig auf, um auf der Herbstmesse einige ihrer Gläubiger zu treffen. Doch die Reise nach Leipzig sollte ihr Schicksal besiegeln. Auf der Zwischenstation in Halle wurde sie von preußischen Beamten verhaftet. Anna Constantia stand zunächst mehrere Wochen unter preußischem Arrest, da es zu keiner Einigung über ihre Auslieferung kam. Für die Übergabe der Gefangenen forderte Friedrich II. im Gegenzug die Auslieferung von preußischen Deserteuren, welche sich nach Sachsen geflüchtet hatten. Nach zähen Verhandlungen kamen die Unterhändler schließlich zu einer Einigung. Am 21. November 1716 wurde Gräfin Cosel dann dem sächsischen Oberst von Thiemen übergeben, welcher sie mit einem Trupp Gardisten nach Nossen bringen sollte. Während einer Übernachtung in Merseburg geschah das Unfassbare: Zwei zu ihrer persönlichen Bewachung abgestellte Offiziere vergewaltigten Anna Constantia. Die verzweifelte Frau wehrte sich aus Leibeskräften, doch die Männer taten ihr mehrmals Gewalt an, wobei Anna Constantia schließlich ohnmächtig wurde. Mehr tot als lebendig wurde die geschundene Frau über eine weitere Zwischenstation in Leipzig am 23. November 1716 nach Nossen gebracht. Anna Constantia war kaum bei Bewusstsein und lag tagelang im Bett. Die seelischen wie körperlichen Qualen führten am 27. November 1716 schließlich zu einem Schlaganfall. Cosels Gesellschafterin, Frau von Meggenburg, war außer sich vor Sorge. Auf ihr Drängen wurde der Leibarzt des Kurfürsten nach Nossen beordert, welcher den Zustand der Kranken stabilisieren konnte. Später gab die Gräfin an, sich an den Aufenthalt in Nossen überhaupt nicht erinnern zu können, was eine ungefähre Vorstellung von ihrer gesundheitlichen Lage zu jener Zeit zulässt.

Nachdem sich ihre Gesundheit einigermaßen stabilisiert hatte, wurde Gräfin Cosel auf die Festung Stolpen gebracht. Während der Reise verschlimmerte sich ihr Zustand erneut, Anna Constantia war kaum bei Sinnen, als sie den Ort ihrer Gefangenschaft erreichte, welchen sie nie wieder verlassen sollte. In Stolpen wurde sie ohne Anklage und Richterspruch festgehalten, hatte keine Möglichkeit, sich gegen die Willkür zur Wehr zu setzen. Obwohl die unglückliche Gefangene in Stolpen völlig hilflos ihren Bewachern ausgesetzt war, wurde sie rund um die Uhr bespitzelt. Berichte über ihr alltägliches Leben füllten meterhohe Akten.

Derweil drängte August der Starke immer noch auf die Herausgabe des Eheversprechens. Unklar ist bis heute, wie die Gräfin das hätte bewerkstelligen sollen. Ihre Briefe wurden nicht zugestellt, Besuche durfte sie in Stolpen nicht empfangen. Wir wissen inzwischen, dass es eine List des Kurfürsten war, um so die vorgeblich unwillige Cosel weiterhin ohne Urteil gefangen zu halten. August hatte längst einen Bevollmächtigten nach Holstein geschickt, welcher sich mit Drohungen das Dokument verschafft hatte. Der Kurfürst hatte den Vertrag sofort vernichtet, während die verzweifelte Gräfin Cosel immer noch Briefe an ihre Verwandten schrieb, welche allerdings nie zugestellt wurden. Prinzipiell war August nun frei, doch hielt er seine frühere Geliebte weiterhin gefangen, da er einen Racheakt von ihr fürchtete. Ihr überschäumendes Temperament war ihm noch gut in Erinnerung.
Die Gefangene in Stolpen litt derweil unter fortwährenden Schikanen. Sie musste für Nahrung und alltägliche Dinge selbst sorgen sowie ihre Bediensteten entlohnen. Die dringend benötigten Geldüberweisungen wurden jedoch in Dresden oft zurückgehalten und die Lieferungen aus Pillnitz erfolgten nur unregelmäßig. An manchen Tagen musste Anna Constantia Hunger leiden und wurde von ihren unerbittlichen Bewachern dafür sogar verspottet. Im April 1718 wurde der Gräfin dann sogar die Verfügung über ihr Privatvermögen entzogen. Nun war sie gänzlich auf das Wohlwollen ihres früheren Geliebten angewiesen. Weit her war es damit jedoch nicht, so ließ August das Schloss Pillnitz im August 1719 wieder auf das Kurfürstentum überschreiben. Anna Constantia war nun eine mittellose Frau ohne Geld und Besitztümer. Immerhin stellte August der Starke seiner früheren Geliebten eine Art Pension aus, mit welcher sie ihre Lebenshaltungskosten in Stolpen bestreiten konnte. Die Pension war jedoch so gering, dass Anna Constantia ein kärgliches Dasein fristen musste.

In den folgenden Jahren wurde die Gräfin Cosel zu so etwas wie einem „dunklen Geheimnis" des Kurfürsten. Offiziell war sie nie verhaftet und angeklagt worden, kein richterlicher Beschluss bekräftigte ihre dauerhafte Inhaftierung, doch die Cosel durfte Stolpen nicht verlassen. Selbst ihre Spaziergänge auf dem Festungsgelände wurden von schwer bewaffneten Soldaten bewacht, da August eine Flucht fürchtete. Das

Wachpersonal wurde regelmäßig ausgetauscht, um so eine engere Kontaktaufnahme und mögliche Fluchthilfe zu verhindern.
Nach und nach zog August alle Besitztümer seiner ehemaligen Geliebten ein, ließ ihre Häuser ausräumen und holte sich allen Schmuck und Geschenke zurück, welche er ihr einst verehrt hatte. Es schien fast so, als wolle der Kurfürst das Kapitel Cosel aus der sächsischen Geschichte streichen. Am Hofe in Dresden war es bei Strafe verboten, ihren Namen zu erwähnen, woran sich die Höflinge ängstlich hielten. Besonders ihre früheren Freunde hielten sich sehr bedeckt, fürchteten sie doch den Zorn des Kurfürsten. Dessen einst glühende Liebe zu Anna Constantia hatte sich in Hass verwandelt. Vergessen waren die romantischen Stunden, August der Starke sah sich nur noch erniedrigt von jener Frau, welche ihm sogar ein Heiratsversprechen abgerungen hatte. Nie wieder sollte eine Frau so viel Macht über ihn gewinnen, das schwor sich der Kurfürst.
Am 23. Juli 1727 sah die Cosel den früheren Geliebten noch einmal wieder. Von ihrer Dienerin hatte sie erfahren, dass August nach Stolpen kommen wollte. Anna Constantia erwartete die Ankunft des Kurfürsten voller Spannung. Wollte er sie vielleicht begnadigen oder gar an seine Seite zurückholen? Weit gefehlt, August der Starke wollte nur seine neuen Kanonen an dem als unzerstörbar geltenden Basaltfelsen von Burg Stolpen testen. Nur ein kurzes Winken zu ihrem Turmfenster hatte August für die Frau übrig, welcher er einst ewige Liebe geschworen hatte.
Endlose Jahre vergingen. Am 1. Februar 1733 verstarb Kurfürst August der Starke und Anna Constantia hoffte auf ihre Freiheit. Alle alten Widersacher am Dresdner Hof waren inzwischen tot, die neue Generation von Höflingen kannte die einsame Gefangene von Stolpen nur noch vom Hörensagen. Anna Constantias einziger Kontakt zur Außenwelt war die Korrespondenz mit dem Hofrat Wichmannhausen, welchen sie nun schriftlich darum bat, sich beim neuen Kurfürsten für ihre Freilassung zu verwenden. August II. von Sachsen war jedoch ein schwacher Mensch, der alles so beibehalten wollte, wie es sein übermächtiger Vater August der Starke hinterlassen hatte. Er ordnete an, dass an den Haftbedingungen der Cosel nichts zu ändern sei und sie weiterhin auf unbestimmte Zeit in Haft verbleiben sollte. Immerhin

durfte Anna Constantia ihre inzwischen erwachsenen Kinder wiedersehen. Das lang ersehnte Wiedersehen verlief jedoch eher kühl, die Kinder kannten die Frau im Stolpener Festungsturm kaum.
In den Folgejahren wurden die Haftbedingungen der Gräfin etwas gelockert. So durfte sie sich ohne Bewachung auf dem Festungsgelände bewegen und Kontakt mit den Frauen der Offiziere pflegen. Im Jahr 1740 bat Anna Constantia beim Kurfürsten August II. noch einmal um ihre Freilassung, welche jedoch wiederum abgelehnt wurde. Wieder zogen endlose Jahre dahin, die politische Lage in Europa änderte sich ständig, für die Gräfin in Stolpen blieb das Leben jedoch gleich. Im Siebenjährigen Krieg erlitt Sachsen immer wieder schwere militärische Niederlagen. Am 3. September 1756 besetzten preußische Husaren die Festung Stolpen, zwei Jahre später befand sich die Burg in der Hand des österreichischen Militärs. Die fremden Soldaten kümmerten sich wenig um die einsame Gefangene, ihre Versorgung wurde immer unregelmäßiger, so dass die Gräfin und ihre Diener oft tagelang Hunger leiden mussten. Anna Constantia war inzwischen 78 Jahre alt und bei schwacher Gesundheit. Oft musste sie wochenlang das Bett hüten und ihre wenigen Vertrauten fürchteten um ihr Leben.
Am 30. März 1760 setzte sie ihr Testament auf. Bis auf einen kleinen Pflichtteil für ihre noch lebende Tochter vermachte sie das noch vorhandene Vermögen ihrem Sohn Friedrich August von Cosel. Im selben Jahr verwandte sich der Festungskommandant Low für die fast ständig kranke Gefangene. Er schrieb an das Ministerkabinett in Dresden und bat, die Gräfin an einem geeigneteren Ort unterzubringen, wo man ihr die dringend benötigte medizinische Hilfe zukommen lassen könnte. Eine Antwort erhielt er nie. Ab März 1765 war die Gräfin dauerhaft bettlägerig, ihre wenigen Dienerinnen konnten ihr Leiden nur notdürftig lindern. In den wenigen Momenten, in denen Anna Constantia noch bei vollem Bewusstsein war, sprach sie oft von der glücklichen Zeit mit August dem Starken. Die unglückliche Gefangene war nun seit 49 Jahren in Stolpen. Zwei Jahre zuvor war Kurfürst August II. gestorben. Sein Nachfolger Friedrich August verstarb bereits nach 74 Tagen Regentschaft an Blattern, worauf die Kurfürstenwürde an seinen 13-jährigen Sohn Friedrich August I. fiel. Bis zu dessen Volljährigkeit führten seine Mutter Maria Antonia und sein Onkel Franz Xaver von Sachsen die kurfürstlichen Geschäfte. Prinzipiell gab es niemanden

mehr in Sachsen, dem die Gefangenschaft der Gräfin Cosel wichtig war. Gegenspieler und Vertraute waren schon lange tot, die Gefangene in Stolpen war inzwischen ein Opfer der Bürokratie, für das sich niemand verantwortlich fühlte.
Inzwischen lag es allein beim Amtmann von Stolpen, sich um die einsame Gefangene zu kümmern. Am 31. März 1765, um elf Uhr vormittags, verstarb die inzwischen 84-jährige Anna Constantia. In ihrer letzten Stunde waren nur eine Magd und der Stubenheizer bei ihr.
Am 4. April 1765 wurde Gräfin Anna Constantia von Cosel in aller Stille in der Burgkirche von Stolpen beerdigt. Wie sie es noch zu Lebzeiten angeordnet hatte, lag sie in einem mit gelbem Seidentuch ausgeschlagenen Fichtenholzsarg. Das Grab wurde mit einer unscheinbaren Steinplatte verschlossen, welche lediglich eine kleine Zinnplatte schmückte, auf der ihre Lebensdaten, die Namen von Eltern und Großeltern sowie folgenden Worte eingraviert waren: „Hier ruht in Gott und erwartet die fröhliche Auferstehung Die Hochgeborene Frau Anna Constantia Reichsgräfin von Cosel".

Die Zinnplatte ging mit den Jahren verloren, nur noch ein namenloses Grab befand sich in der Kapelle. Diese wurde 1813 aus unerfindlichen Gründen von napoleonischen Soldaten gesprengt. Die verstreuten Trümmer bedeckten das namenlose Grab und mit der Zeit wucherte Unkraut dazwischen. Die frühere Gefangene geriet zudem mit den Jahren in Vergessenheit, im frühen 19. Jahrhundert waren sich die Bewohner von Stolpen gar nicht mehr sicher, ob die Cosel tatsächlich am Ort ihrer jahrzehntelangen Gefangenschaft beerdigt war. Burg Stolpen war inzwischen keine Garnison mehr und lockte zunehmend Besucher an. Auf die Fragen nach der Gräfin Cosel konnten die Burgbewohner nur hilflos die Achseln zucken.
Das angeblich unauffindbare Grab der Gräfin gab Anlass zu vielen Spekulationen, welche mit der Zeit zu regelrechten Legenden wurden. So erzählte man sich in der Gegend um Stolpen die Geschichte vom unglücklich verliebten Wachsoldaten, welcher die sterblichen Überreste der Angebeteten aus der Burg geschafft habe, um sie an einem unbekannten Ort zu bestatten. Diese Geschichte ging auf den mehrfach geäußerten Wunsch der Gräfin zurück, außerhalb der Festungsmauern von Stolpen beerdigt zu werden. Verständlich, dass die unglückliche

Gefangene wenigstens nach ihrem Tod dem Gefängnis entfliehen wollte. Eine andere Legende spricht davon, dass ein verliebter Festungshauptmann die Gräfin Cosel schon Jahre vor ihrem Tod heimlich aus der Festung gebracht und jene danach an einem geheimen Ort gelebt habe. So soll ein raffiniertes Verwechslungsszenario entworfen worden sein, durch das die Adelige in den Kleidern ihrer Magd entkommen konnte. Als man die Vertauschung der Gräfin mit der Dienerin bemerkte, war erstere schon weit weg von Stolpen. Beweise gibt es für diese Geschichte nicht. Gelegentliche Besucher berichteten, dass sie Anna Constantia von Cosel noch im hohen Alter in ihrem Gefängnis besucht hätten. Auch die Aufzeichnungen der Dresdner Hofchronisten berichteten von keinerlei derartigen Vorkommnissen in Stolpen.

Neben solch romantisch anmutenden Geschichten wucherten auch regelrecht bösartige Legenden über die Gräfin Cosel. In diesen wurde sie als krankhaft habgierige Person dargestellt, welche ihre unermesslichen Schätze mit ins Grab genommen habe. Es wurde von Schatzjägern berichtet, die auf Burg Stolpen nach eben diesen Schätzen suchten und vom Geist der umherwandelnden Gräfin verjagt wurden.
Im Jahre 1881 entdeckte ein Professor aus Dresden eher zufällig das namenlose Grab auf Burg Stolpen. Die Trümmer der Kapelle waren inzwischen beseitigt worden, aber für die Grabstätte interessierte sich anscheinend niemand. Mit Erlaubnis des Burgwärters wurde das Grab geöffnet und die sterblichen Überreste einer Frau entdeckt, die in gelbe Seide gehüllt waren. In einem Dokument aus dem Burgarchiv waren die Umstände der Beerdigung von Anna Constantia niedergeschrieben, so auch der Hinweis auf die gelbe Seide im Sarg. Da hinzugezogene Historiker keinerlei Hinweise auf eine weitere weibliche Person fanden, die so luxuriös auf Burg Stolpen beerdigt wurde, war man sich ziemlich sicher, das Grab von Gräfin Anna Constantia von Cosel gefunden zu haben. Heute ziert eine neue Grabplatte die Ruhestätte der Gräfin, neben der sich noch mehrere Gedenksteine befinden. Sie wollte es nicht, doch Gräfin Cosel ruht bis heute in den Mauern des Gefängnisses, in das sie die Liebe zu Kurfürst August dem Starken gebracht hat.

Rabbi Löw
und der Golem von Prag

Bereits im 11. Jahrhundert begann sich in Prag eine jüdische Gemeinde zu entwickeln, die in der Folgezeit stetig wuchs. Die böhmischen Herzöge waren dem Volk der Juden wohlgesonnen, ganz im Gegensatz zu vielen anderen Herrschern in Europa. Im Jahre 1174 erließ Soběslav II. erste Privilegien für die Juden in Prag. Unter Ottokar II. Přemysl wurden diese Rechte im späten 13. Jahrhundert noch einmal umfangreich erweitert. Die jüdische Gemeinde in Prag war zu einem zentralen Teil der Stadt geworden. Nach der zwischenzeitlichen Schreckensherrschaft von König Johannes von Böhmen in den Jahren 1310 bis 1346, wobei es auch zu Pogromen unter der jüdischen Bevölkerung kam, wuchs die jüdische Gemeinde in Prag stetig weiter und erlebte ihre Blütezeit im 16. Jahrhundert. Zu jener Zeit lebte auch der bekannte Rabbiner Jehuda ben Bezal´el Löw, besser bekannt als Rabbi Löw, in der Stadt. Über sein Leben und Wirken erzählt man sich folgende außergewöhnliche Geschichte:
Der kleine Jehuda wurde als Sohn des angesehenen Rabbiners Bezales in der Stadt Worms geboren. Seine Mutter brachte das Kind in der Nacht des jüdischen Pessachfestes zur Welt, was die Familie als gutes

Vorzeichen betrachtete. Der Vater erkannte schon früh den wachen Geist seines Sohnes und schickte ihn zu gegebener Zeit auf die Talmudschule in Prag, der besten jüdischen Lehreinrichtung in Europa. Schnell gehörte Jehuda zu den besten Schülern und wurde von seinen Lehrern auf das Amt des Rabbiners vorbereitet. Da von einem angehenden Rabbiner erwartet wurde, Frau und Kinder zu haben, war es Jehuda recht, dass sein Vater die Ehe mit der Tochter des reichen und angesehenen jüdischen Kaufmanns Samuel Schmelke aus Prag arrangierte. Bevor Jehuda jedoch seine Perla ehelichte, unternahm er eine Studienreise zu verschiedenen Talmudschulen in Polen, um sein Wissen zu erweitern. Inzwischen war Samuel Schmelke durch unglückliche Umstände verarmt und entband Jehuda vom Eheversprechen, da er seiner Tochter keine Mitgift mit in die Ehe geben konnte. Jehuda liebte Perla jedoch über alles und hielt an der Verlobung fest. Wie durch ein Wunder kam Perla doch noch zu einer Mitgift: Sie verkaufte einem hungrigen Soldaten ein frisch gebackenes Brot, das jener in Ermangelung von Geld mit einem Ballen Baumwolle bezahlte. Als das Mädchen die Baumwolle aufrollte, fielen lauter Golddukaten heraus. Der Soldat hatte die Baumwolle wohl geraubt und wusste nichts von deren wertvollem Inhalt. Samuel Schmelke schrieb seinem zukünftigen Schwiegersohn und bat ihn, nach Prag zu kommen, um Hochzeit zu feiern. Bald nach der Hochzeit wurde Jehuda zum Rabbiner von Prag ernannt. In Erinnerung an seinen Onkel, den Reichsrabbiner Jacob Löw, nannte sich Jehuda fortan Rabbi Löw.

Eines Tages kam die Pest nach Prag. Besonders hart traf der Schwarze Tod das jüdische Viertel. Aus einem unbekannten Grund fielen nur Kinder der Pest zum Opfer. Tagein tagaus hallte das Klagen der unglücklichen Eltern durch die Gassen des jüdischen Viertels. Als die Not immer größer wurde, wandten sich die verzweifelten Menschen an Rabbi Löw. Nächtelang wälzte Rabbi Löw seine weisen Bücher und grübelte darüber nach, wie er seinen Brüdern und Schwestern helfen könnte. Doch so sehr er sich auch bemühte, dem Rabbi fiel keine Möglichkeit ein, dem Schwarzen Tod Einhalt zu gebieten. Eines Nachts erschien ihm jedoch der Prophet Elias im Traum, der ihn zum jüdischen Friedhof führte, wo die gestorbenen Kinder begraben worden

Die Altneusynagoge in Prag: Laut der Legende wurde hier der Golem von seinem Erschaffer Rabbi Löw wieder vernichtet.

waren. Mit Staunen und Entsetzen musste Rabbi Löw mit ansehen, wie Schlag Mitternacht die toten Kinder aus ihren Gräbern stiegen. Diese hüpften und sprangen zwischen den Grabsteinen umher, als ob ihnen der Tod nichts ausmachte. An Rabbi Löw gewandt sprach der Prophet Elias: „Der Todesengel ist nach Prag gelockt worden, um die Juden zu strafen. Die toten Kinder kennen die Antwort, doch sie verraten sie nicht!“ Mit diesen Worten verschwand er und Rabbi Löw erwachte vor Angst schlotternd in seinem Bett. Am folgenden Tag dachte er lange über den seltsamen Traum nach. Wenn die toten Kinder den Grund kannten, warum der Todesengel in die Stadt gekommen war, musste er einem dieser Kinder das Geheimnis entreißen, wollte er den Schwarzen Tod besiegen. Rabbi Löw ließ nach einem jungen Mann schicken, der für seine Unerschrockenheit und seinen Mut bekannt war. Diesen hieß er, um Punkt Mitternacht auf dem Friedhof zu sein. Wenn die Kinder wieder aus ihren Gräbern stiegen, sollte der junge Mann einem der Kinder sein Totenhemdchen entreißen und zum Rabbi bringen. So wollte dieser das Kind zum Reden bringen, da laut einer uralten jüdischen Legende ein wandelnder Toter unbekleidet nicht ins Grab zurückkehren kann. Wie besprochen versteckte sich der junge Mann auf dem Friedhof und Punkt zwölf stiegen die toten Kinder erneut aus ihren Gräbern. Wieder begannen sie zu rennen und zu tanzen. Obwohl dem Mann angesichts des makaberen Spieles bange ums Herz wurde, griff er beherzt nach dem Gewand eines Kindes und rannte damit zum Haus des Rabbi Löw. Dieser nahm das Totenhemd und wartete. Als die Uhr die erste Stunde des Tages schlug, hörte er vor seinem Fenster ein Kind weinen. Es war jenes arme Wesen, das seines Hemdchens beraubt worden war. Kläglich bettelte das tote Kind, es wolle sein Hemd wiederhaben, sonst könne es nicht in sein Grab zurück. Rabbi Löw erbot sich, ihm sein Hemd zu geben, als Gegenleistung erwartete er jedoch eine Antwort auf die Frage, warum nur die Kinder im jüdischen Viertel starben. Erst weigerte sich das tote Kind, nach einigem Drängen gab es dann aber doch Auskunft. Schuld sei eine Frau, die ihr unehelich gezeugtes Kind nach der Geburt getötet und verscharrt habe. So sei der Todesengel nach Prag gelockt worden und wolle die Stadt nicht wieder verlassen. Diese Untat meldete Rabbi Löw am nächsten Tag den Behörden, welche die Frau sofort verhafteten und nach dem verscharrten Kind suchten. Der Leichnam des toten Säuglings wurde bald gefunden und die Kindsmörderin hingerichtet. Nachdem die Untat gesühnt war, verließ der Todesengel die Stadt und nahm den Schwarzen Tod mit sich. Die überglücklichen Prager Juden feierten tagelang und priesen Rabbi Löw als ihren Retter.

Lange Zeit suchte Rabbi Löw einen Schüler, an den er sein Wissen weitergeben konnte. Seine Wahl fiel schließlich auf Jacob, den Sohn eines jüdischen Kaufmanns aus Prag. Jacob war ein aufgeweckter Junge, dem das Lernen Spaß bereitete. An Geist überragte er seine Altersgenossen bei weitem und Rabbi Löw hatte große Freude an seinem gelehrigen Schüler. Jacobs Vater machte auch Geschäfte mit Händlern aus fernen Ländern, die ihre Waren nach Prag brachten. Dabei war auch ein Händler aus dem Orient, der einen ehrenhaften Mann für seine einzige Tochter suchte. Da ein zukünftiger Rabbiner ja eine Frau brauchte, bestärkte Rabbi Löw den Prager Händler, die Ehe zwischen seinem Sohn Jacob und der Tochter des orientalischen Händlers zu arrangieren. Jener war einverstanden. Gleich am nächsten Tag wurde die Verlobung gefeiert, obwohl die zukünftige Braut gar nicht anwe-

Darstellung der Bourgeoisie in Prag, 1642

send war. Bei der Feier wurde Jacob und seinen Eltern offenbart, dass der Junge mit in das ferne orientalische Land kommen sollte, um bis zur Hochzeit bei seiner Braut zu leben. Schweren Herzens nahm Jacob Abschied von seinen Eltern und ging mit seinem zukünftigen Schwiegervater. Lange dauerte die Reise, ging über Land, dann über Wasser und schließlich mit Kamelen durch die Wüste. Als die Karawane endlich die Stadt des orientalischen Händlers erreichte, erlebte Jacob eine böse Überraschung, wartete hier doch gar kein Mädchen auf ihn, vielmehr wurde er von dem Händler in ein Haus übervoll mit Büchern gesperrt. Als Jacob seine Verwunderung kundtat, antwortete der Mann: „Setz dich hin und lies und forsche nach den Weisheiten, die anderen Sterblichen verborgen bleiben." So machte der Junge aus der Not eine Tugend und eignete sich weiteres Wissen an. Er hoffte, wenn er dem

Händler dienstbar war, dessen vermeintliche Tochter vielleicht doch noch heiraten zu dürfen. Eines Tages vernahm Jacob eine leise Stimme, die immerzu flüsterte: „Wehe dir, oh Jacob!" Der Junge durchsuchte das ganze Haus nach jenem Wesen, das zu ihm sprach. Schließlich fand er einen menschlichen Kopf, der auf einer Säule stand und die Worte flüsterte. Jacob war zunächst sehr erschrocken, dann aber näherte er sich dem Kopf und fragte, wer er sei. Der Kopf erzählte Jacob, dass er einstmals ebenfalls ein wissbegieriger Jüngling gewesen sei, den der Händler in die Falle gelockt habe. Jener war gar kein Händler, sondern der Diener eines Dämons, der alle achtzig Jahre nach einem neuen Orakel verlangte. Dazu lockte der angebliche Händler einen gelehrigen jungen Mann in die Stadt, schlug ihm den Kopf ab und schob dem Kopf einen Zettel mit Satans Namen unter die Zunge, so dass er weiterhin lebensfähig und zugleich zauberkundig wurde. Der Kopf konnte nunmehr die Zukunft voraussagen und war so dem Dämonen dienstbar. Die letzten achtzig Jahre waren bald zu Ende und Jacob als das neue Orakel auserkoren. Voller Angst schickte Jacob ein Stoßgebet an Gott, damit jener ihm Hilfe schicke. In diesem Moment erlosch bei seinen Eltern in Prag die Kerze, welche den Tisch beim Abendessen erhellte. Der Vater erschrak und sprach zu seiner Frau: „Das ist ein schlechtes Zeichen! Unser Sohn ist gewiss in höchster Gefahr!" Obwohl es schon später Abend war, lief der Händler zur Synagoge, um Rabbi Löw um Rat zu fragen. Auch dieser erkannte die Gefahr und ordnete sogleich strenges Fasten und Gebete für die gesamte jüdische Gemeinde in Prag an. Just in diesem Moment flog ein Fenster der Synagoge auf und Jacob schwebte herein, als habe ihn ein günstiger Wind hergebracht. Zur Verwunderung der Anwesenden hatte er den sprechenden Kopf dabei. Geschwind erzählte der Junge von seinen Abenteuern und wie er den Kopf entwendet hatte, um den Bann des Dämons zu brechen. Als er geendet hatte, sprach Rabbi Löw: „Siehe da, der Himmel hat diesen reinen Jüngling auserwählt, um das Böse auszurotten. Das gute Werk ist gelungen. Einen Gerechten verlässt der Himmel nicht." Daraufhin nahm Rabbi Löw den Zettel mit Satans Namen aus dem Mund des Kopfes, der daraufhin sanft entschlief. Der Kopf des unglücklichen Jünglings fand seine letzte Ruhe auf dem Friedhof und Jacob kehrte in den Schoß seiner Familie zurück.

Die Altneusynagoge. Schauplatz unheimlicher Ereignisse

Zu Zeiten von Rabbi Löw nahm der Judenhass in Prag ungeahnte Züge an. Verleumderische Gerüchte machten in der Stadt die Runde, es hieß, die Juden würden Brunnen vergiften und Christenkinder schlachten. Um seine Gemeinde vor dem ungerechtfertigten Hass der Prager Bevölkerung zu schützen, wandte sich Rabbi Löw an Kaiser Rudolf II. Da eine Audienz beim Kaiser nicht leicht zu erreichen war, sann Rabbi Löw auf eine List. Der Kaiser fuhr mehrmals die Woche mit seiner Karosse über die steinerne Brücke von Prag. An einem dieser Tage stellte sich Rabbi Löw mitten auf die Brücke und wartete auf die kaiserliche Kutsche. Die Schaulustigen, die den Kaiser sehen wollten, wurden wütend und bewarfen Rabbi Löw mit Steinen. Wie durch ein Wunder verwandelten sich diese Steine in der Luft jedoch in Blumenblüten und fielen zu seinen Füßen nieder. Als die Karosse des Kaisers den eisern ausharrenden Rabbi Löw erreichte, blieben die Pferde plötzlich stehen, als seien sie gegen eine Mauer gerannt. Der Kaiser war verblüfft über den Mut des Rabbiners und versprach, ihn zu empfangen. In sieben Tagen würde ihn ein kaiserlicher Hofbediensteter an seinem Haus abholen. So geschah es auch. Für die Prager Juden war es ein außergewöhnliches Ereignis, dass solch eine prachtvolle Hofkarosse durch die Gassen ihrer Gemeinde fuhr. Die Audienz von Rabbi Löw hatte sich herumgesprochen, so dass es einen regelrechten Menschenauflauf vor dessen Haus gab. Rabbi Löw winkte seinen Gemeindemitgliedern zu und versprach, sich für ihren Schutz beim Kaiser zu verwenden. In der Prager Burg auf dem Hradschin wurde Rabbi Löw zunächst von einem Höfling nach seinem Begehr gefragt. Der Rabbiner schilderte die missliche Lage der Prager Juden und bat um kaiserlichen Beistand. Plötzlich trat Rudolf II. hinter einem Vorhang hervor, hinter dem er das Gespräch belauscht hatte. Er verstand die Sorgen von Rabbi Löw und versprach, die jüdische Gemeinde vor Übergriffen zu schützen. Nur wenig später wurde ein kaiserlicher Erlass verkündet, nach dem die vermeintliche Missetat eines Juden bei einem ordentlichen Gericht angezeigt werden müsse und nicht, wie sonst üblich, Selbstjustiz geübt werden durfte. Pogrome wurden bei empfindlichen Strafen verboten. So rettete Rabbi Löw seine Gemeinde vor den Gewalttätigkeiten, welche die Prager Juden immer wieder trafen.

Der Kaiser lud Rabbi Löw nun des Öfteren in die Prager Burg ein, denn er war von dessen Weisheit sehr beeindruckt. Daher zog er ihn auch oftmals zu Rate, wenn es galt, ein schwieriges Urteil zu fällen. So auch im Falle des Metzgers, der einen Trödler des Diebstahles bezichtigte. Der Trödler, eine Jude, hatte seinen Stand genau neben dem Stand des Metzgers, der ein Christ war. Jener beobachtete jeden Tag durch die dünne Bretterwand, die beide Stände trennte, wie der Jude sein Geld zählte. Die Geschäfte des Metzgers gingen schlecht und er neidete dem Trödler sein Geld. So ersann er einen infamen Plan. Er ging zum Gericht und klagte den Trödler an, ihn bestohlen zu haben.

Da die Juden in Prag einen schlechten Ruf hatten, glaubte das Gericht dem Metzger und ließ die Habe des Trödlers durchsuchen. Ein Geldbeutel wurde gefunden, in dem sich genau die Summe befand, die der verleumderische Metzger angeblich vermisste. Hatte er doch genau gesehen, wie viel Geld der Jude in seinen Beutel gezählt hatte. Vor Gericht beschwor der Trödler seine Unschuld und gab an, das Geld gehöre rechtmäßig ihm. Nun hatte das Gericht einen Beutel voller Geld vor sich und zwei Männer, die darauf Anspruch erhoben. Beide Männer argumentierten dass das Geld ihnen gehörte. Da sich das wusste, wandte es sich an den Kaiser, Recht sprach. Dieser ließ Rabbi Löw ihm zu beraten. Dieser dachte kurz nach und empfahl dann, das Geld in einen Kessel mit kochendem Wasser zu werfen, dies würde die Wahrheit ans Licht bringen. Der Kaiser war verwundert über diesen Vorschlag, ließ ihn jedoch ausführen. Nach einiger Zeit nahm Rabbi Löw den Kessel vom Feuer und untersuchte die Wasseroberfläche. Danach verkündete er folgendes Urteil: „Kaiserliche Gnaden, der Trödler ist unschuldig. Wir wissen alle, dass die Metzger fettige Finger haben und dass die Geldstücke, die durch ihre Finger gehen, von der Fettigkeit gekennzeichnet sind. Diese

Taler aber kann nur der Trödler in der Hand gehabt haben, denn er hantiert nur mit trockenen Stoffen. Und auf der Oberfläche des Wassers ist kein einziges Fettauge zu entdecken." Daraufhin erhielt der Trödler sein Geld zurück und der Metzger wurde wegen Falschaussage bestraft. Rabbi Löw wurde vom Kaiser zu diesem tiefsinnigen Schiedsspruch beglückwünscht und oft in die Prager Burg gerufen, wenn ein Urteil zu fällen war.

Obwohl Kaiser Rudolf II. Pogrome und alle anderen Gewalttätigkeiten gegenüber den Juden in Prag per Gesetz verboten hatte, brandete der Hass gegen die jüdische Gemeinde immer wieder auf. Deren Mitglieder lebten in ständiger Angst, dass jemand heimlich eine Leiche in ihre Gassen schleppen und alle Juden des Mordes beschuldigen würde. Hieß es doch, die Juden würden Christenblut in ihren rituellen Gebräuchen verwenden. In ihrer Not wandten sich die Menschen wieder an Rabbi Löw, der seinen Gemeindemitgliedern Hilfe versprach. Er betete stundenlang und des Nachts schickte ihm Gott einen Traum, der eine mögliche Lösung versprach. In diesem Traum sprach eine körperlose Stimme zu Rabbi Löw: „Schaffe aus Lehm den Golem, eine menschenähnliche Gestalt. Der Golem wird euch im Kampf gegen alle Feinde beistehen." Während seines Studiums hatte Rabbi Löw auch von jenem Golem gehört, zu dessen Erschaffung es der vier Elemente Erde, Feuer, Wasser und Luft bedurfte. Solch ein übermenschlich starker Gefährte konnte nur von Vorteil sein, um die Prager Juden vor Übergriffen zu schützen. Gemeinsam mit seinem Schwiegersohn und einem seiner Schüler machte Rabbi Löw sich ans Werk. Sieben Tage lang bereiteten sich die Männer mit Gebeten und Meditation auf ihre Aufgabe vor, kleideten sich am siebten Tag in zeremonielle Gewänder und verließen in der vierten Stunde nach Mitternacht die Stadt. Am Ufer der Moldau fanden die Männer eine Stelle mit genügend feuchtem Lehm. Aus diesem formten sie einen menschlichen Körper, der drei Ellen lang war. Mit einer geheiligten Zeremonie, in welcher jeder der Männer ein Element verkörperte, wurde danach der Golem zum Leben erweckt. Sie kleideten ihn in ein Gewand, wie es die Synagogendiener tragen, und der Golem sah nun aus wie ein Mensch, nur sprechen konnte er nicht. Rabbi Löw gab ihm den Namen Josef. Auf dem Weg zurück in die Stadt erklärte der Rabbi dem Golem, welche Aufga-

Davidstern

ben er zu erfüllen hatte. Er sollte ein unerschrockener Diener sein, der jedem Befehl gehorchte. Der Golem bekam im Haus des Rabbi Löw eine Ecke zugewiesen, wo er nun mit dem Kopf in den Händen stumm dasaß und auf Befehle von seinem Herren wartete. Während der Vorbereitungen zum Pessachfest ärgerte sich Perla Löw, dass der Golem Josef nur untätig herumsaß, wogegen sie alle Hände voll zu tun hatte. So befahl sie Josef, Wasser vom Gemeindebrunnen zu holen, während sie Einkaufen ging. Als sie zum Haus zurückkehrte hatte sich dort eine Menschentraube gebildet, die einen Wasserstrom begaffte, der aus dem Haus des Rabbiners floss. Wie ihm befohlen, hatte der Golem Eimer um Eimer Wasser geholt und im Haus ausgegossen. Rabbi Löw kam gerade nach Hause und schimpfte mit seiner Frau, hatte er ihr doch aufgetragen, den Golem nur mit gottgefälligen Aufgaben zu betrauen.

Josef war zum Schutz der Prager Juden erschaffen worden, daher schickte ihn Rabbi Löw jede Nacht auf Patrouille durch die Gassen des jüdischen Viertels. Mit Hilfe eines magischen Medaillons konnte sich der Golem sogar unsichtbar machen und in den Gasthäusern außerhalb des Ghettos horchen, ob etwas gegen die Prager Juden im Gange war. Mittels Zeichensprache berichtete er dann seinem Herren, was er

erlauscht hatte. Eines Tages verschwand eine christliche Magd, die bei einem reichen Juden den Haushalt führte, aus Prag. Der Jude dachte sich nichts dabei und stellte ein neues Mädchen ein. Bald sollte sich das Verschwinden der Magd jedoch als große Gefahr für die Prager Juden herausstellen. Eine junge Jüdin, die zum christlichen Glauben konvertieren wollte, stellte die Behauptung auf, die Synagogendiener Josef und Chajim hätten die Magd entführt, um mit deren Blut jüdische Rituale zu vollziehen. Das Gericht glaubte den Anschuldigungen und schickte Wachen ins jüdische Viertel, um Josef und Chajim zu verhaften. Rabbi Löw konnte den Golem in letzter Minute verstecken, so dass nur Chajim verhaftet wurde. Auf Grund der bösartigen Gerüchte war das ganze christliche Prag in Aufruhr und ein Pogrom stand kurz bevor. Rabbi Löw gab dem Golem den Auftrag, in Prag und wenn nötig, in ganz Böhmen nach der verschwundenen Magd zu suchen. Er gab Josef einen Brief und 25 Taler für das Mädchen mit, um sie zur Rückkehr zu bewegen. Lange Zeit hörte Rabbi Löw nichts von Josef. Inzwischen begann die Gerichtsverhandlung gegen den Synagogendiener Chajim. Die Verhandlung verkam zu einem Possenspiel, da das Urteil über den vermeintlichen Christenmörder bereits feststand. Die Konvertitin blieb bei ihrer Behauptung, dass Chajim und Josef die Magd entführt und ermordet hätten. Mitten in ihrer Aussage flog die Tür auf und der Golem Josef betrat gemeinsam mit der vermissten Magd den Gerichtssaal. Diese hatte sich zu ihrem Bruder an das andere Ende von Böhmen geflüchtet, weil sie den anstrengenden Dienst bei dem reichen Juden nicht mehr ausgehalten habe. Angesichts der geänderten Umstände ergriff Rabbi Löw das Wort und hielt eine eindringliche Rede. Er verwehrte sich ausdrücklich gegen die haltlosen Verleumdungen gegen die Juden und forderte die sofortige Freilassung des unschuldig Angeklagten. Das Gericht gab Rabbi Löw Recht und so kehrte wieder Ruhe in die jüdische Gemeinde von Prag ein.
Der Golem Josef hatte sich mittlerweile zu einem unverzichtbaren Mitglied der jüdischen Gemeinde von Prag entwickelt. Nachts sorgte er für Sicherheit in den Gassen, tagsüber half er den Nachbarn bei schweren Arbeiten und unterstützte Perla Löw bei der Hausarbeit. Allerdings mussten ihm seine alltäglichen Arbeiten jeden Tag aufs Neue aufgetragen werden. Er war nun einmal kein Mensch, sondern nur ein

Auch auf einer Tarot-Karte findet man die Darstellung eines Golems bei einer Kampfhandlung gegen Feinde.

Wesen, geschaffen aus Lehm und Magie. Ohne dass sein Herr und Meister, der Rabbi Löw, es merkte, hatte sich das Wesen des Golems verändert. Sobald jener untätig herumsaß, staute sich in ihm eine Kraft, die kaum zu bändigen war. So lange Rabbi Löw ihm regelmäßig Aufgaben erteilte, war alles in Ordnung, doch eines Tages vergaß er, Josef mit Arbeit zu betrauen. An jenem verhängnisvollen Tag saß der Golem also Stunde um Stunde untätig herum und seine Kraft wuchs und wuchs, er wurde zunehmend unruhiger. Schließlich ließ all seine Selbstbeherrschung nach und Josef stürmte ins Freie. Er begann alles zu zerstören, was ihm in den Weg kam. Er zerschlug Verkaufsstände, riss Bäume mit der Wurzel aus der Erde und zerbrach jeglichen Gegenstand, der ihm in die Hände fiel. Die Juden rannten schreiend aus ihrem Viertel, nur einer der Synagogendiener war so geistesgegenwärtig, Rabbi Löw zu holen, damit dieser dem rasenden Golem Einhalt gebot. Der Rabbiner traute sich zwar nicht in die Nähe seines wütenden Dieners, doch aus sicherer Entfernung schrie er mit lauter Stimme: „Josef! Josef, ich befehle dir, bleib stehen!“ Sofort blieb der Golem wie angewurzelt stehen und der Baum, den er gerade der Erde entrissen hatte, glitt aus seiner Hand. Er stand nur da und wirkte wie aus Stein. Rabbi Löw hieß Josef nach Hause zu gehen, was dieser augenblicklich tat. Eine schlimme Katastrophe war gerade noch verhindert worden, zum Glück hatte Josef keinem Menschen ein Haar gekrümmt. Rabbi Löw schwor sich jedoch, im Umgang mit dem Golem vorsichtiger zu sein.

Nach vielen Jahren, in denen der Golem für Sicherheit im Prager Judenviertel gesorgt hatte, kam eine Zeit, in der sich das Verhältnis zwischen Juden und Christen zu bessern schien. Rabbi Löw entschied eines Tages, dass die Dienste des Golems nicht mehr von Nöten waren. Jener war zwar ein nützlicher Helfer, doch stellte er auch eine Gefahr dar, wie der einstige Vorfall gezeigt hatte. So hieß Rabbi Löw den Golem, auf den Dachboden der Altneu-Synagoge zu gehen und dort auf weitere Befehle zu warten. Danach schickte er nach seinem Schwiegersohn und seinem früheren Schüler, die bei der Erschaffung des Golems geholfen hatten. Zu jenen sprach er: „Ihr habt teilgenommen an der Erschaffung des Golems und es ist notwendig, dass ihr auch bei seinem Ende zugegen seid. Jetzt bedürfen wir seiner Dienste nicht mehr. Gemeinsam werden wir das aus dem Leben abrufen, was wir einst ins Leben gerufen haben.“ Wie damals bei der Erschaffung des Golems machten sich die Männer in der vierten Stunde nach Mitternacht auf dem Dachboden der Synagoge ans Werk. Diesmal vollzogen sie die magischen Rituale in umgekehrter Reihenfolge. Als alle Riten absolviert und alle Formeln gesprochen waren, verwandelte sich die Gestalt des Golems wieder zurück in den Lehm, aus dem er einst erschaffen worden war. Sein Körper wurde mürbe und zerbröselte, die Gesichtszüge waren nun nicht mehr menschlich, nur die Form des Lehmhaufens erinnerte noch vage an einen menschlichen Körper. Die Männer nahmen dem wieder zu einem Lehmhaufen gewordenen Golem die Kleider weg und bedeckten die Überreste des einstigen Dieners mit Lumpen. Im Judenviertel ließ Rabbi Löw verbreiten, dass Josef über Nacht überstürzt die Stadt verlassen hätte, ohne einen Hinweis auf das Ziel seiner Reise zu hinterlassen. Das Betreten des Dachbodens der Altneu-Synagoge war zukünftig streng verboten, zu groß war die Angst des Rabbi Löw, jemand könnte den Golem erneut zum Leben erwecken und ihn für unlautere Zwecke missbrauchen.

Genau das geschah viele Jahre nach dem Tod von Rabbi Löw. Ein Student kam nach Prag, der schon viele Universitäten Europas besucht hatte, um sein Wissen zu erweitern. Während seiner Studien hatte er erfahren, dass die Prager Rabbiner einen Weg kannten, einen künstlichen Menschen zu erschaffen. Das schien jenem Studenten die Krönung der Weisheit zu sein. Er studierte in Prag monatelang uralte hebräische Schriften, bis er glaubte, endlich die richtige Formel zur Erschaffung eines Golems gefunden zu haben. Von einem betrunkenen Synagogendiener hatte der Student von dem Lehmhaufen auf dem Dachboden der Altneu-Synagoge gehört und ahnte, dass es sich um die Überreste des Golems von Rabbi Löw handelte. Eines Nachts verschaffte sich der Student Zutritt zur Synagoge und entdeckte zu seiner Freude tatsächlich einen Lehmhaufen, der vage an einen menschlichen Körper erinnerte. Der Student vollzog die erlernten magischen Rituale und der Golem erwachte tatsächlich wieder zum Leben. Doch irgendetwas hatte sein Schöpfer falsch gemacht, denn das Wesen wuchs und wuchs, verlor dabei jegliche menschliche Form, nur noch der Kopf war als solcher zu erkennen. Der verzweifelte Student versuchte, das missglückte Experiment rückgängig zu machen. Er kletterte an dem immer weiter wachsenden, unförmigen Lehmklumpen empor und zog dem Golem den Zettel mit der magischen Formel aus dem Mund, der zu seiner Erweckung notwendig war. Im selben Augenblick hörte der Golem auf zu wachsen, der Lehm wurde rissig und bröckelte, zerplatzte dann mit einem lauten Knall, wobei der Lehm in alle Ecken des Dachbodens spritzte. Der verstörte Student floh aus der Synagoge und verließ noch in der gleichen Nacht die Stadt. Seither hat niemand mehr versucht, einen Golem zu erschaffen.

Rabbi Löw war zweifelsfrei eine historische Person. Da Rabbi Löw nie über seine Kindheit und Jugend sprach, sind weder über sein Geburtsdatum noch seine Ausbildung genaue Informationen überliefert. Die geheimnisvolle Aura, die ihn und seine Herkunft zu umgeben schien, ließ schon frühzeitig Gerüchte und Legenden um Rabbi Löw entstehen. Erste Belege für sein Wirken finden sich erst in den Jahren 1553 bis 1573, wo er als Rabbiner im mährischen Nikolsburg wirkte. In Prag lebte Rabbi Löw erst, als er sein sechzigstes Lebensjahr überschritten hatte. Dort leitete er zunächst die örtliche Talmudschule. Da er bei der Wahl zum Oberrabbiner von Prag zweimal übergangen wurde, verließ Rabbi Löw zwischenzeitlich die Stadt und kehrte erst 1597 zurück, wo er nun mit fast achtzig Jahren doch noch zum Oberrabbiner ernannt wurde. Dieses Amt übte er bis zu seinem Tod am 17. September 1609 aus. Rabbi Löw galt als konservativer Rabbiner und Lehrer, der seinen Schülern die Grundwerte der jüdischen Lehren nach althergebrachter Weise vermittelte. Er war ein großer Verfechter der Kabbala, der mystischen Geheimlehre des Judentums. Daher wird er auch mit der Erschaffung des Golems in Verbindung gebracht, der nur mittels mystischen Wissens erschaffen werden konnte. Viele jüdische Gelehrte sahen in der Erschaffung eines künstlichen Menschen einen Frevel oder gar eine ketzerische Verfehlung. Für sie war es eine ungeheure Sünde, sich auf eine Stufe mit Gott stellen zu wollen.

Was taten jene vermessenen jüdischen Magier, die sich für gottgleich hielten? Formten sie tatsächlich aus Lehm einen menschlichen Körper und erweckten ihn mit kabbalistischen Geheimformeln zum Leben? Für heutige aufgeklärte Menschen, die in einer volltechnisierten Welt leben, ist das nur schwer vorstellbar. Laut alten jüdischen Überlieferungen wurde bei der Erschaffung eines Golems nach streng festgelegten Ritualen gehandelt. Der Kabbalist arbeitete nie allein, sondern bezog immer zwei Helfer in sein magisches Tun mit ein. Die drei Schöpfer reinigten sich vor ihrer Arbeit zunächst physisch wie spirituell. Sie legten zeremonielle Gewänder an und begannen immer in der vierten Stunde nach Mitternacht mit der Erschaffung des Golems. Genau so soll es sich in Prag ereignet haben, berichten die Geschichten über Rabbi Löw. Doch weder von ihm noch über ihn sind Aufzeichnungen erhalten, welche die Erschaffung eines künstlichen Menschen durch ihn tatsächlich belegen. Rabbi Löw war für seine Gelehrsamkeit und sein enormes Wissen über die Kabbala bekannt. Es war daher fast schon unumgänglich, ihn auch mit der Erschaffung eines Golems in Verbindung zu bringen.

Die Ursprünge der mystischen Gestalt des Golems liegen im Dunkel der Geschichte verborgen. Ausgestattet mit übermenschlichen Kräften, entstand der künstlich erschaffene Beschützer der Juden wohl aus deren verständlichem Wunsch nach Schutz und Frieden. Seit dem Beginn der Diaspora, dem jüdischen Exil in ganz Europa und im arabischen Raum, waren die Juden Anfeindungen und Gewalt ausgesetzt. Meist in Familienverbänden oder in kleineren Gemeinden in einer judenfeindlichen Umgebung, wuchs der Wunsch nach einem Beschützer wie dem Golem. Der Begriff Golem bedeutete ursprünglich im eigentlichen Sinne des Wortes Erdkeim oder ungestaltetes Erdklümpchen und wurde im Talmud zum Inbegriff für alles Unfertige und Ungestaltete, was noch im Werden begriffen war. Die Bezeichnung Golem veränderte sich mit den Jahrhunderten, bezeichnete später unter anderem einen seiner Seele beraubten Körper. Um das 12. Jahrhundert wurde der Golem zu einem magischen Wesen, das man mittels ritueller Beschwörungen erwecken konnte. Durch die Verbreitung der Legende von einem künstlichen Menschen, geschaffen aus Lehm, die auch in weniger gebildeten jüdischen Kreisen äußerst beliebt war, entstand im 16. Jahrhundert die reale Vorstellung von einem mystischen Wesen, das Diener und Beschützer zugleich war. Als erster bekannter Rabbiner wurde Elijahu Baalschem, welcher in der polnischen Stadt Chelm wirkte, mit dem Golem in Verbindung gebracht. Rabbi Baalschem galt als der gelehrteste Jude seiner Zeit und war ein erfahrener Meister der Kabbala. Die Familiengeschichte von der Erschaffung eines Golems durch Rabbi Baalschem wurde schließlich von dessen Enkel Jacob Israel Ben Ẓebi Ashkenazi Emden niedergeschrieben und so einem breiten Publikum zugänglich gemacht. In dieser Geschichte erschuf Rabbi Baalschem einen Golem aus Lehm und erweckte ihn mittels eines Schem, eines Papierstreifens mit magischen Formeln, an die Stirn des Golems gebunden, zum Leben. Der Golem war zunächst ein dienstbarer Geist, entwickelte später jedoch ein gefährliches Eigenleben und wurde schließlich von seinem Schöpfer wieder zerstört, indem dieser ihm den Schem entriss. Rabbi Löw, dem eigentlichen Protagonisten der hier vorliegenden Betrachtungen, wurde erst ab dem 19. Jahrhundert die Erschaffung eines Golems zugesprochen. Der immer wieder aufflammende Hass der Prager Bevölkerung gegen die jüdische Gemeinde der Stadt ließ bei den verängstigten Juden die Legende vom Prager Golem entstehen. Einst vom verehrten Rabbi Löw erschaffen, hatte dieses mystische Wesen angeblich die Prager Juden vor Verfolgung und Anfeindungen beschützt. In dieser Legende manifestierte sich die Hoffnung der Prager Juden auf ein Leben in Frieden und Sorglosigkeit. Später war es der tschechische Schriftsteller Eduard Petiška, der die Geschichten um Rabbi Löw und den Golem sammelte und sie in seinem Buch „Der Golem. Jüdische Märchen und Legenden aus dem alten Prag" veröffentlichte. Ihm ist es zu verdanken, dass Rabbi Löw bis heute mit jenem mystischen Wesen in Verbindung gebracht wird, das als der Beschützer der Juden gilt. Dass Rabbi Löw jemals daran dachte, tatsächlich einen Golem zu erschaffen, ist zweifelhaft.[10]

Tod am Djatlow-Pass

Im Februar 1959 machte sich eine Gruppe von neun russischen Skisportlern zu einer abenteuerlichen Expedition zum Berg Otorten im Ural auf. In der Nacht vor dem Erreichen ihres Zieles widerfuhr den Expeditionsteilnehmern eine furchtbare, bis heute ungeklärte Katastrophe, die allen neun Menschen den Tod brachte. Ein Suchtrupp fand das völlig zerstörte Lager und mehrere der vermissten Personen erfroren vor. Vier der Skiwanderer wurden erst zwei Monate später in einer vier Meter tiefen Schlucht gefunden, wo sie unter einer hohen Schneedecke verborgen lagen. Diese Opfer waren auf Grund von massiver Gewalteinwirkung gestorben.
Was war geschehen? Was hatte die Expeditionsteilnehmer derart erschreckt, dass sie panisch und kaum bekleidet mitten in der Nacht ihr Lager verließen? Welche unvorstellbare Kraft hatte auf einige der Opfer eingewirkt, um ihnen solch schreckliche Verletzungen beizubringen? Diese und weitere Fragen sollen in den folgenden Ausführungen geklärt werden.

Die Mehrzahl der ursprünglich zehn Expeditionsmitglieder waren Studenten oder Absolventen des Polytechnischen Instituts des Ural in Swerdlowsk, dem heutigen Jekaterinburg. In wechselnder Zusam-

mensetzung hatte die Gruppe bereits mehrere ähnliche Touren unternommen. Expeditionsleiter Igor Djatlow hatte die Tour von der Siedlung Vizhay zum Berg Otorten und zurück mit Bedacht gewählt. Auf Grund ihrer Länge von ca. 150 km, der Streckenbeschaffenheit und angesichts der Jahreszeit war die Strecke von Experten des Sowjetischen Sportkomitees in die Kategorie III eingestuft worden, was dem höchsten Schwierigkeitsgrad entsprach. Djatlow wollte die Teilnehmer einem Test unterziehen, da er für das nächste Jahr Mitstreiter für eine Arktisexpedition suchte.
Igor Djatlow war zum Zeitpunkt der Expedition 23 Jahre alt und Student der Rundfunktechnik an der 5. Fakultät für Nachrichtentechnik am Polytechnischen Institut des Ural. Er galt als passionierter Skifahrer, wobei sein Focus auf Touren unter extremen Bedingungen lag. Zur Expeditionsgruppe gehörten auch zwei Frauen, Sinaida Kolmogorowa und Ljudmila Dubinina. Sinaida, 22 Jahre alt, war Djatlow Kommilitonin und Freundin. Ljudmilla studierte Wirtschaft, war 21 Jahre alt und für das Fotografieren während der Expedition zuständig. Beide Frauen galten als erfahrene Skiwanderer, die ihr Können schon unter schwierigsten Bedingungen bewiesen hatten. Für die Navigation während der Tour hatte Djatlow den 37-jährigen Semen Solotarew engagiert. Jener war professioneller Skilehrer und hatte schon mehrfach Touren im Zielgebiet geführt. Weiterhin zur Gruppe gehörte Rustem Slobodin, der trotz seiner erst 23 Jahre bereits ein Studium in Maschinenbau abgeschlossen hatte und als Ingenieur in der Stadt Tscheljabinsk-40 arbeitete. Er war neben seinen beruflichen und sportlichen Erfolgen auch außerordentlich musikalisch begabt und führte bei seinen Skitouren stets eine Mandoline mit sich. Aus Tscheljabinsk-40 kam ebenfalls der Teilnehmer Georgi Kriwonischtschenko, der dort als Bauingenieur arbeitete und 23 Jahre alt war. Alexander Kolewatow war Student der Physik am Institut in Swerdlowsk. Juri Doroschenko, mit 21 Jahren jüngstes Mitglied der Expedition, studierte Energiewirtschaft. Er war kurzzeitig mit Sinaida Kolmogorowa liiert gewesen und hatte durch sie Igor Djatlow kennengelernt. Beide Männer verband die Begeisterung für extreme Skitouren. Der französischstämmige Nikolai Thibeaux-Brignolle, mit 23 Jahren bereits Bauingenieur, war begeisterter Wanderer und Skifahrer. Er war besonders beliebt, da er auf Touren

stets schwächeren Teilnehmern half, zeitweise deren Gepäck trug und ihnen mit aufmunternden Worten zur Seite stand. Nicht zu vergessen sei der zehnte Teilnehmer Juri Judin, Ökonomiestudent und 21 Jahre alt. Er erkrankte während der Reise zum Startpunkt der Expedition und kehrte nach Swerdlowsk zurück. Bis auf Semen Solotarew, der Djatlow wegen seiner Erfahrung empfohlen worden war, waren alle Expeditionsteilnehmer seit längerer Zeit befreundet oder kannten sich durch den Sport.

Nach umfangreichen Expeditionsvorbereitungen machte sich die zunächst zehnköpfige Gruppe in den frühen Morgenstunden des 24. Februar 1959 mit dem Zug von Swerdlowsk zu ihrem Abenteuer auf. Erster Stopp war die Stadt Serow. Dort war in der örtlichen Schule für die Gruppe eine Aufenthaltsmöglichkeit eingerichtet worden, da der Zug zur nächsten Zwischenstation erst am Abend fuhr. Als Dankeschön hatte man ein Treffen mit Schülern organisiert, bei dem Sinaida Kolmogorowa und Semen Solotarew von ihren sportlichen Erlebnissen berichteten. Der Rest der Gruppe verbrachte den Tag in der Stadt, wo es zu einem Zwischenfall mit polizeilicher Beteiligung kam. Im Bahnhofslokal wurde einer der Expeditionsteilnehmer von einem Betrunkenen beschuldigt, ihm die Brieftasche gestohlen zu haben. Da es in der Sowjetunion offiziell keine Kriminalität gab, war die Polizei schnell zur Stelle, um die Angelegenheit zu klären. Schnell stellte sich heraus, dass alles nur ein Missverständnis gewesen war.

Nach zwei weiteren Zugfahrten mit einer Zwischenübernachtung in der Stadt Iwdel trafen die Expeditionsteilnehmer am 26. Februar 1959 in Vizhay ein, dem Startpunkt ihrer Tour. Dort wurde die Ausrüstung noch einmal kontrolliert und vervollständigt, so dass die Tour wie geplant am Folgetag beginnen konnte. Die Bedingungen waren zunächst sehr gut, es schneite nicht und die Temperatur hielt sich um die für die Jahreszeit erwarteten -10 Grad Celsius. Die erste Nacht verbrachte die Gruppe in einem für Skiwanderer hergerichteten Haus in der ansonsten verlassenen Siedlung Sewerniy. Am nächsten Tag musste Juri Judin aus gesundheitlichen Gründen die Tour abbrechen. Ihn plagten seit einiger Zeit Rückenprobleme, die unterwegs unerträglich wurden. Juri kehrte allein nach Vizhay zurück. Igor Djatlow hatte ihm angeboten, einen der Teilnehmer als Begleitung mitzuschicken, auf den die Gruppe dann inzwischen warten würde. Das hatte Juri jedoch abgelehnt, er wollte der Gruppe nicht unnötig zur Last fallen. Er kehrte wohlbehalten nach Swerdlowsk zurück und war somit der einzige Überlebende der Expedition zum Berg Otorten.

Am 28. Februar kam die Gruppe in das von den Mansen bewohnte Gebiet. Die Mansen sind ein finno-ugrisches Volk mit einer in etwa konstanten Zahl von 11.000 Menschen, die seit Jahrhunderten im Bereich des Ural leben. Auf Fremde in ihrem Territorium reagierten die Mansen mitunter ungehalten, was sie bei den späteren Untersuchungen des Vorfalls am Djatlow-Pass zunächst als Verdächtige erscheinen ließ. Aus den Tagebuchaufzeichnungen von Igor Djatlow ist zu entnehmen, dass die Gruppe in den folgenden Tagen immer wieder von Mansen beobachtet wurde. Zu einem Kontakt kam es jedoch nicht.

Ab dem 30. Januar verschlechterte sich das Wetter merklich. Die Temperaturen sanken und es wehte ein starker Wind, was das Vorankommen erschwerte. Schon jetzt lag die Gruppe hinter dem von Igor Djatlow aufgestellten Zeitplan, was jenem als Perfektionist äußerst missfiel. Auch in den nächsten Tagen verbesserten sich die Bedingungen nicht. Eine dichte Wolkendecke behinderte die Sicht, die Temperaturen sanken weiterhin und der stark verharschte Schnee erschwerte das Vorwärtskommen erheblich. Sich aufmunternde Worte zurufend, zogen die neun Skiwanderer durch die schier endlose weiße Landschaft.

Am 1. Februar 1959 passierte die Gruppe den Berg Cholat Sjachl. Das eigentliche Ziel, der Berg Otorten, lag nur noch zehn Kilometer entfernt. Doch an diesem Tag war das Ziel nicht mehr zu erreichen, da es bereits dämmerte. Expeditionsleiter Igor Djatlow schaute versonnen auf den noch namenlosen Gebirgspass, dessen Namensgeber er auf Grund der kommenden dramatischen Ereignisse werden sollte. Gerne wäre er weitergezogen, doch die Vernunft siegte und Igor suchte an der Ostflanke des Cholat Sjachl nach einem geeigneten Platz für das nächtliche Biwak. In der Sprache der Mansen hieß der Ort „Berg der Toten“. Laut einer Legende hatten hier neun Männer des Stammes den Tod gefunden, weil sie gegen die uralten religiösen Gesetze ihres Volkes verstoßen hatten. Wäre die Legende den Expeditionsteilnehmern bekannt gewesen, hätten sie sich wohl einen anderen Ort für ihr Nachtlager gesucht. Vielleicht stand die ganze Expedition unter keinem guten

Der Gebirgspass, an dem das Unglück geschah, wurde später nach dem Expeditionsleiter Igor Djatlow benannt.

Stern, nannten die Mansen den Berg Otorten doch nicht ohne Grund „Geh nicht dort hin". Doch auch das wussten Igor Djatlow und seine Mitstreiter nicht. Die Gruppe baute wie immer ihr Zelt auf, ließ jedoch den mitgebrachten Ofen aus. Wie vereinbart, wollten die Teilnehmer einen sogenannten Kälteschlaf absolvieren. Dabei ging es darum, auch in arktischer Temperatur überleben zu können. Aus diesem Grund stieg die Mehrzahl der Expeditionsteilnehmer nur in Unterwäsche gekleidet in ihre Schlafsäcke. Was sich in der darauffolgenden Nacht ereignete, darüber kann nur spekuliert werden.

Igor Djatlow hatte mit Familienmitgliedern und Bekannten von der Universität verabredet, dass er sich nach der geplanten Rückkehr spätestens am 12. Februar 1959 aus Vizhay per Telegramm melden würde. Am 14. Februar kamen innerhalb der Familien der beteiligten Expeditionsmitglieder erste besorgte Stimmen auf. Die Behörden wurden informiert, dass den neun Skiwanderern möglicherweise etwas zugestoßen war. Am 20. Februar startete dann eine Suchmannschaft. Zunächst wurden die geplante Route und die möglicherweise abzweigenden Strecken der Skisportler ohne Erfolg abgesucht. Am 26. Februar fand der Suchtrupp dann das zerstörte Lager am Berghang des Cholat Sjachl. Die bestürzten Retter standen vor dem völlig zerfetzten

Zelt, das dem Anschein nach von den Insassen in Panik von innen her aufgeschnitten worden war. Von den neun Expeditionsteilnehmern fehlte zunächst jede Spur. Der Suchtrupp begann systematisch die Umgebung abzusuchen. Es wurden Fußspuren entdeckt, die zum Rand eines Waldes führten. Dort wurden unter einer Zeder die erfrorenen Leichen von Georgi Kriwonischtschenko und Juri Doroschenko gefunden. Beide waren nur mit zerfetzter Unterwäsche bekleidet und ihre Körper wiesen Spuren von Verbrennungen auf. Die Zweige der Zeder waren zum Teil abgebrochen, als wäre jemand mehrfach auf den Baum gestiegen. In einer Höhe von fünf Metern fanden sich Verbrennungen am Baum, als habe sich in der Luft eine Explosion ereignet. Auf dem Weg zwischen der Zeder und dem Lager wurden drei weitere Leichen entdeckt. Es handelte sich um die sterblichen Überreste von Igor Djatlow, Sinaida Kolmogorowa und Rustem Slobodin. Sie lagen in Abständen von 300, 480 und 630 Metern von der Zeder entfernt. Die Ausrichtung der Körper ließ darauf schließen, dass diese drei Personen versucht hatten, zum Lager zurückzukehren. Dabei waren sie wohl ebenfalls erfroren, denn ihre Körper waren nur dürftig bekleidet. Die vier verbleibenden Expeditionsteilnehmer wurden zunächst nicht gefunden. So blieb zunächst etwas Hoffnung für die Angehörigen, die jedoch am 4. Mai 1959 zerstört wurde. An diesem Tag wurden die vier Leichen in einer vier Meter tiefen Schlucht entdeckt, die etwa 75 Meter von der Zeder entfernt im Wald lag. Im Gegensatz zu ihren erfrorenen Freunden waren diese vier Expeditionsteilnehmer durch massive Gewalteinwirkung gestorben. Die Autopsie ergab, dass Nikolai Thibeaux-Brignolle einer schweren Kopfverletzung erlegen war. Die Körper von Ljudmila Dubinina und Semen Solotarew wiesen gravierende Brustverletzungen auf, wie sie häufig bei schweren Autounfällen vorkommen. Bei Ljudmila hatte sich eine gebrochene Rippe durch das Herz gebohrt, Semen fehlten beide Augen, zudem wies sein Gesicht Verbrennungen auf. Auch der Körper von Alexander Kolewatow wies schwere Verbrennungen auf. Zudem war die Kleidung der vier zuletzt gefundenen Opfer radioaktiv verstrahlt.

Nach umfangreichen Untersuchungen der Leichen und der Umgebung des Unglücks muss sich das Szenario in der Nacht vom 1. auf den 2. Februar 1959 in etwa so abgespielt haben:

Gegen 20:00 Uhr zog sich die Gruppe in das gemeinschaftliche Zelt zurück und nahm bis etwa 21:00 Uhr ein gemeinsames Abendessen bestehend aus Dosenfleisch und Dauerbrot zu sich. Das ließ sich aus dem nur wenig verdauten Mageninhalt der Toten schließen. Nach dem Essen legte sich ein Teil der Gruppe nur in Unterwäsche gekleidet in seine Schlafsäcke. Sie wollten den geplanten Kälteschlaf wohl in seiner extremsten Form durchführen. Der Rest der Gruppe legte sich in Kleidern schlafen. Der mitgeführte Ofen blieb wie vereinbart kalt. Nachdem die Gruppe kaum eine Stunde in ihren Schlafsäcken verbracht hatte, muss sie von einem bisher nicht geklärten Ereignis derart erschreckt worden sein, dass die neun unerschrockenen Skisportler in blanke Panik ausbrachen. Unverständlicherweise versuchten sie nicht, das Zelt durch den üblichen Eingang zu verlassen, sondern schlitzten vielmehr die Zeltwand mit Messern auf. Die Expeditionsteilnehmer rannten, so wie sie waren, in panischer Angst davon. Das heißt, einige waren nur in Unterwäsche, ohne Schuhe und teilweise sogar ohne Strümpfe einer Temperatur von ca. -25 Grad Celsius ausgesetzt. Obwohl anscheinend von nackter Angst getrieben und zum Teil orientierungslos, kam es innerhalb der fliehenden Gruppe zur Verständigung, in Richtung des etwa 1.500 Meter entfernten Waldes zu rennen. Zunächst scheinen die neun Personen zunächst noch als Gruppe fungiert zu haben, da untereinander Kleidungsstücke getauscht wurden, damit alle wenigstens etwas Schutz vor der beißenden Kälte hatten. Um dem sicheren Erfrierungstod zu entgehen, versuchte die Gruppe, ein Feuer zu entzünden, was zwar gelang, aber bei den eisigen Temperaturen und der unzureichenden Bekleidung wenig Erfolg zeigte. Es war wohl Expeditionsleiter Igor Djatlow, der anregte, dass ein Teil der Gruppe zum Lager zurückkehrte, um die dortige Lage zu sondieren oder zusätzliche Kleidungsstücke zu holen. Die akute Gefahr, welche die Gruppe so in Panik versetzt hatte, schien somit zunächst vorbei zu sein, sonst hätte sich die Gruppe komplett weiter in den Wald zurückgezogen. Auf dem Rückweg scheinen Igor, Sinaida und Rustem auf Grund der extremen Witterung die Kräfte verlassen zu haben und sie starben im Schnee. Danach scheint der Zusammenhalt innerhalb der Gruppe zerbrochen zu sein. Georgi und Juri blieben am Feuer unter der Zeder sitzen, während der Rest der Gruppe tiefer in den Wald zog,

womöglich um dort einen notdürftigen Unterschlupf zu finden oder zu bauen. Letztendlich fanden alle Beteiligten den Tod.
Die sowjetischen Behörden veranlassten eine ausführliche Untersuchung der Umstände des Unglücks am Djatlow-Pass. Diese Bezeichnung hatte sich nach der Entdeckung der Opfer für den Gebirgspass zwischen den Bergen Cholat Sjachl und Otorten eingebürgert. Die Umgebung des zerstörten Lagers der neun Skiwanderer wurde für volle drei Jahre vom russischen Militär weiträumig gesperrt. In den Focus der Ermittler rückten zunächst die ortsansässigen Mansen, da ja bekannt war, dass sie Eindringlingen in ihr Territorium bisweilen feindlich gegenüberstanden. Nach ausführlichen Befragungen aller relevanten Bewohner in der Umgebung wurde der anfängliche Verdacht jedoch wieder fallen gelassen. Die Mansen reagierten nur ungehalten auf das Eindringen in für sie heilige Bezirke, worum es sich an der Stelle am Cholat Sjachl nicht handelte. Außerdem hatten sich am Tatort keine Anzeichen für einen Kampf finden lassen und es waren außer den Abdrücken der neun Expeditionsteilnehmer keine weiteren Fußspuren zu finden.
Während der staatlichen Untersuchung wurden immer wieder Stimmen laut, dass sich am Djatlow-Pass ein streng geheimes militärisches Testgelände befinde und die neun Skiwanderer unglücklicherweise bei einem Waffentest ums Leben kamen. Das würde die radioaktive Verseuchung und Verbrennungen einiger Opfer erklären. Außerdem hatten Angehörige eine unnatürlich orangene Gesichtsfarbe ihrer Toten bemerkt. Jegliche Beteiligung des russischen Militärs am Unglück am Djatlow-Pass wurde von staatlicher Seite jedoch vehement verneint. Bleibt die Frage, warum der Tatort drei Jahre vom Militär abgeschirmt wurde. Bereits im Mai 1959 stellten die zuständigen Behörden die Untersuchung der Unglücksumstände ein. Als Begründung wurde die Abwesenheit einer schuldigen Partei genannt, sprich die Behörden konnten auch nicht schlüssig erklären, was am Djatlow-Pass passiert war. Das offizielle Urteil des Untersuchungsausschusses lautet, dass die Expeditionsteilnehmer „durch höhere Gewalt“ starben.

Auf Grund der unzureichenden Aufklärung der tragischen Ereignisse am Djatlow-Pass setzte die Legendenbildung mit rasender Schnelle ein. Unzählige Verschwörungstheorien und Gerüchte ranken sich bis heute um den Tod der neun jungen Skisportler. Jene Theorien und Gerüchte kann man grob in vier Gruppen einteilen. Dabei handelt es sich um naheliegende Ursachen, technische Möglichkeiten, naturbedingte Varianten sowie fantastische Theorien.

Bei den Theorien, die von einem naheliegenden Ereignis als Anlass für das Unglück am Djatlow-Pass ausgehen, gehört die oft geäußerte Vermutung, eine sich ankündigende Lawine wäre die Ursache für die überstürzte Flucht der Expeditionsteilnehmer aus ihrem Lager gewesen, an erste Stelle. Befürworter dieser Theorie gehen von zwei möglichen Szenarien aus: Es besteht die Möglichkeit, dass die Gruppe von den Geräuschen einer herannahenden Lawine geweckt wurde und fluchtartig das Lager verließ. Eine zweite Variante besagt, dass die Lawine über das Lager fegte und das Zelt unter sich begrub. Die verschütteten Insassen zerfetzten dann das Zelt und gruben sich aus dem Schnee. Warum sie dann aber ihre bereitliegenden Kleidungsstücke nicht mitnahmen und 1.500 Meter weit vom Lager wegrannten, lässt sich mit der Lawinentheorie nicht erklären. Gegen diese These spricht auch die Tatsache, dass die Nordflanke des Cholat Sjachl, an der das Zelt stand, so flach ansteigend ist, dass keine Gefahr von einer Lawine drohte. Semen Solotarew hätte als erfahrener Tourenführer von der Lagerstelle abgeraten, wenn dort die Gefahr einer Lawine abzusehen gewesen wäre. Bei der Untersuchung der Unglücksstelle wurden auch keinerlei Hinweise auf eine abgegangene Lawine gefunden. Außerdem passen die Verletzungen der Toten nicht zu einem Lawinenunfall. Schnee verursacht keine Verbrennungen. Zudem hätten die Schwerverletzten mit Rippenbrüchen kaum so weit rennen können.

Es wurde auch der Verdacht geäußert, dass es innerhalb der Gruppe zum Streit und zu körperlichen Auseinandersetzungen kam. Zur Gruppe gehörten mit Sinaida Kolmogorowa und Ljudmila Dubinina zwei Frauen, so dass theoretisch die Möglichkeit besteht, dass unter den männlichen Teilnehmern ein Streit um die Gunst der Damen entstand. Bevor Sinaida eine Beziehung mit Igor Djatlow einging, war sie kurze Zeit mit Juri Doroschenko liiert gewesen. Möglich, dass dieser auf Grund des täglichen Zusammenseins mit seiner früheren Freundin erneut Gefühle für diese entwickelte. Dagegen spricht die Tatsa-

che, dass Igor und Juri eng befreundet waren und regelmäßig Sport miteinander trieben. Zudem ist in den erhaltenen Tagebuchaufzeichnungen der Expeditionsteilnehmer nichts von einem Streit innerhalb der Gruppe zu lesen.
Streitigkeiten auf Grund von Alkohol und Drogen sind daher auch auszuschließen. Vom Drogenkonsum eines der Skiwanderer ist nichts bekannt und Alkohol wurde auf der Expedition nur in geringem Maße mitgeführt.
Auch die Theorien von illegalen Goldsuchern oder von ausgebrochenen Häftlingen, die aus dem Arbeitslager geflohen waren, sind nicht haltbar, weil es keinerlei Beweise dafür gibt.

Eine scheinbar recht vielversprechende Vermutung äußerte der Autor Donnie Eichar in seinem 2014 erschienenen Buch „Dead Mountain: The Untold True Story of the Dyatlov Pass". Seiner Ansicht nach sind immer wiederkehrende Höhenwinde für die Panik unter den Expeditionsteilnehmern verantwortlich. Laut Eichar können solche Höhenwinde Infraschallwellen entstehen lassen, die zwar für das menschliche Ohr nicht wahrnehmbar sind, sich jedoch ungünstig auf die Psyche auswirken. Ab einer gewissen Stärke können solche Infraschallwellen sogar panikartige Zustände auslösen, eben wie am Djatlow-Pass geschehen. Wissenschaftlich sind die Auswirkungen von Infraschall auf Menschen allerdings umstritten. Obwohl Experimente schon mehrfach die negative Wirkung auf den menschlichen Organismus nachgewiesen haben, ist es fraglich, ob damit das Unglück am Djatlow-Pass zu erklären ist.

Es gibt auch eine Vielzahl von Theorien, die eine technische Möglichkeit als Todesursache der neun Skisportler in Erwägung ziehen. In erster Linie werden da natürlich verschiedene Waffentests in Betracht gezogen, welche das sowjetische Militär durchgeführt haben soll. An erster Stelle wird dabei immer wieder ein missglückter Atomwaffentest vermutet. So gehen Anhänger dieser Theorie davon aus, das Militär habe eine neuartige Atombombe getestet, die auf Grund falscher Berechnungen im Bereich des Berges Cholat Sjachl explodierte. Obwohl die Bombe nur eine geringe Menge Uran enthielt, reichte die Sprengkraft aus, um die Expeditionsteilnehmer zu töten und zu kontaminieren. Gegen diese Theorie spricht allerdings, dass nur vier der neun Opfer Spuren von Gewalteinwirkung, Verbrennungen und radioaktiver Verseuchung aufwiesen. Der Rest war erfroren. Bei einer Atomexplosion im Bereich des Lagers hätten alle Beteiligten die gleichen Verletzungen aufweisen müssen, da sie sich ja zusammen in einem Zelt befunden hatten. Außerdem wies weder das Lager noch die nähere Umgebung Zeichen einer Bombenexplosion auf.

Andere Vermutungen gehen in die Richtung einer chemischen Waffe, die vom Militär getestet worden sein könnte. Unbewiesene Behauptungen sprechen von metallischen Rückständen, die im Bereich der Unglücksstelle gefunden wurden und Reste einer Waffe sein sollen. Auf Grund der vermeintlich orangenen Gesichtsfarbe einiger der Opfer wird dabei von einer neuartigen chemischen Waffe ausgegangen. Allerdings gibt es weder für die angeblichen Waffenreste noch für die unnatürliche Hautfarbe beeidete Zeugenaussagen.

Neben den erwähnten hinlänglich bekannten Waffen finden auch immer wieder exotisch anmutende Waffen Erwähnung, die vom russischen Militär geheimen Tests unterzogen worden sein sollen. Unter anderem wird von einer sogenannten psychotronischen Waffe gesprochen, die für die Panik unter den Skisportlern verantwortlich gewesen sein soll. Solch eine Art von Waffen bestehen angeblich aus Generatoren, die mit elektromagnetischen Wellen oder Ultraschall- bzw. Infraschallwellen auf die menschliche Psyche einwirken. Daraus soll sich das unerklärliche Verhalten der Expeditionsteilnehmer, wie etwa das Aufschlitzen des Zeltes und die Flucht in Unterwäsche erklären. Seit Jahrzehnten wird behauptet, das russische Militär entwickle und teste solche psychotronischen Waffen. Beweise gibt es für diese Behauptungen nicht. Das Unglück am Djatlow-Pass damit erklären zu wollen, grenzt schon an eine Verschwörungstheorie. Es sollte auch nicht vergessen werden, dass es sich bei der Unglücksstelle um frei zugängliches Gebiet handelte und nicht etwa um militärisches Sperrgelände, wo normalerweise Waffen getestet werden.

Doch auch ohne mysteriöse Waffentests gibt es noch eine Vielzahl an technischen Möglichkeiten, die für den Tod der Expeditionsteilnehmer verantwortlich sein sollen. So wird behauptet, dass ein Flugzeug möglicherweise genau über dem Lager Treibstoff abließ, um ein sicheres Landegewicht zu erreichen. Die neun Zeltinsassen flohen zunächst vor dem herabregnenden Treibstoff, wurden von diesem jedoch vergiftet. Beim Versuch ein Feuer zu entzünden, habe dann die in Treibstoff getränkte Kleidung einiger Opfer Feuer gefangen, was die Verbrennungen erklären soll. Mit ähnlichen Erklärungsversuchen wird auf den Treibstoff einer fehlgezündeten Rakete verwiesen, der die Expeditionsteilnehmer vergiftet haben soll. Des Weiteren wird behauptet, der Überschallknall eines Militärflugzeuges hätte die Schlafenden erschreckt und zur Flucht getrieben. Es gibt im Bereich der technischen Möglichkeiten noch unsinnigere Behauptungen, die es nicht wert sind, hier niedergeschrieben zu werden.

Auch im Bereich der naturbedingten Möglichkeiten als Ursache für das Unglück am Djatlow-Pass gibt es eine Vielzahl von Theorien. Dazu gehört die Möglichkeit, die Skiwanderer wären von einem Orkan überrascht worden. Das Unwetter tobte demnach so stark, dass einige Personen durch herumwirbelnde Gegenstände Knochenbrüche erlitten und der Rest der Gruppe sich im Schneetreiben verirrte. Dagegen spricht, dass die Gruppe zwar fluchtartig ihr Lager verließ, aber zunächst alle Schutz am Waldrand suchten, was die gefundenen Fußspuren beweisen. Außerdem ist im bewussten Zeitraum nichts von einem Orkan in der weiteren Umgebung des Djatlow-Passes bekannt.

Oft wird auch geäußert, dass ein Meteorit den Tod der Expeditionsteilnehmer verursacht haben könnte. Laut einer forensisch medizinischen Untersuchung der Opfer besteht die Vermutung, dass die schweren inneren Verletzungen einiger der Toten auf die Druckwelle einer Explosion zurückzuführen ist. Da aber im Bereich der Unglücksstelle keinerlei Reste einer Bombe oder Rakete gefunden wurden, besteht die Möglichkeit, dass die vermutete Druckwelle durch einen in der Luft explodierenden Meteoriten entstand. Allerdings hätte solch eine gewaltige Druckwelle auch den angrenzenden Wald zerstört, man bedenke nur die verheerenden Auswirkungen eines Meteoriten beim

Tunguska-Vorfall 1908. Zudem wurden keine Bruchstücke eines Meteoriten gefunden. Aus diesem Grund können wir auch den vermuteten Meteoritenschauer ausschließen, der häufiger als Unglücksursache genannt wird.

Auf Grund der Tatsache, dass einige der erfrorenen Opfer nur notdürftig bekleidet vorgefunden wurden, entwickelte sich die Theorie, dass einige der unterkühlten Expeditionsteilnehmer vom Phänomen des paradoxen Entkleidens, auch bekannt als „Kälteidiotie“, betroffen waren. Dazu kommt es, wenn die Körperkerntemperatur unter 32 Grad Celsius sinkt. Bei starken Unterkühlungen ziehen sich die Gefäße in den Extremitäten stark zusammen, um den Organismus zu schützen und das Blut zu den lebenswichtigen Organen zu transportieren. Kurz bevor der Erfrierungstod eintritt, weiten sich die Gefäße wieder und das Blut schießt zurück in die unterkühlten Extremitäten. Dem Betroffenen wird warm und er beginnt zu schwitzen. In diesem Stadium der Unterkühlung sind die Opfer nicht mehr Herr ihrer Sinne und es kommt in manchen Fällen zum sogenannten paradoxen Entkleiden. Gegen diese Theorie spricht die anhand der gefundenen Fußspuren bewiesene Tatsache, dass einige Mitglieder der Gruppe das Lager bereits in Strümpfen oder sogar barfuß verließen. Zudem wurden im Bereich der erfrorenen Opfer keine weggeworfenen Kleidungsstücke oder Schuhe gefunden.

Um eine recht exotische Theorie handelt es sich bei der Vermutung, eine beängstigende Stille habe sich auf die Psyche der neun Sportler ausgewirkt und diese in eine regelrechte Panik versetzt. Bewohner des Uralgebirges berichten im Winter von einer absoluten Stille, wenn kein Wind weht und alle Vögel sich auf Grund der Kälte in den Wald verzogen haben. Diese Stille soll Menschen auf Dauer krank machen. Ob sich absolute Stille negativ auf die menschliche Psyche auswirken kann, ist wissenschaftlich nicht nachgewiesen. Aus den letzten Tagebuchaufzeichnungen der Expeditionsteilnehmer lässt sich nicht entnehmen, dass die Stimmung innerhalb der Gruppe gedrückt gewesen wäre. Im Gegenteil, alle Beteiligten waren stolz und glücklich, das Ziel ihrer Reise, den Berg Otorten, bald erreicht zu haben.

In der Riege der fantastischen Vermutungen über die Ursachen des Unglücks am Djatlow-Pass nimmt der vermeintliche Kontakt mit Außerirdischen zweifelsohne die erste Stelle ein. Diese wohl von vornherein als haltlos zu betrachtende Theorie basiert auf angeblichen Lichtanomalien, die im Ural in der Nacht des 1. Februar 1959 beobachtet worden sein sollen. Bei diesen als „Feuerbällen" bezeichneten Lichtern soll es sich laut Vertretern der Ufologie um Hochenergiestrahlen, bekannt auch als „Todesstrahlen", handeln, mit denen die neun Skiwanderer getötet wurden. Als Grund wird ein unbeabsichtigtes Zusammentreffen von Menschen mit Außerirdischen vermutet. Urheber dieser abstrusen Idee ist der Staatsanwalt Lev Ivanov, der nach dem Zerfall der Sowjetunion die nunmehr frei zugänglichen Fallakten studierte und in einer unbedeutenden Zeitung den Artikel „Das Geheimnis der Feuerbälle" veröffentlichte. Für Ufologen und Verschwörungstheoretiker war der Artikel eine wahre Fundgrube, wurde doch von verschwiegenen Informationen, beeinflussten Zeugen und bewusst lancierten Falschmeldungen berichtet. Auch die so oft zitierte Farbveränderung der Gesichtshaut einiger Opfer wurde erneut herangezogen, um die These der „Todesstrahlen" zu erhärten. Die dunklere Hautfarbe lässt sich allerdings mit der Sonneneinstrahlung und den klimatischen Bedingungen erklären, denen die Leichen ausgesetzt waren. Über die vermeintlichen Lichterscheinungen im Winter 1959 im Bereich der Unglücksstelle sind in den Fallakten beeidete Zeugenaussagen vermerkt. Die „Feuerbälle" wurden von Zeugen am 17. Februar und 31. März 1959 gesichtet, lange nach dem Tod der Gruppe um Igor Djatlow. Noch abstruser ist die Vorstellung, die neun Expeditionsmitglieder seien von Außerirdischen entführt und grausamen medizinischen Untersuchungen unterzogen worden. Bei der Untersuchung wären einige der unglücklichen Opfer gestorben, die restlichen wären völlig verstört sich selbst überlassen worden und erfroren. Nicht viel besser ist die Vorstellung, ein Alien-Raumschiff wäre beim Landeanflug explodiert und die herabstürzenden Trümmer hätten die Skisportler getötet. An dieser Theorie mögen Freunde der Präastronautik ihre Freude haben, wissenschaftlich haltbar ist sie nicht.

Ähnlich geht es den Vertretern der Kryptozoologie, die den geheimnisvollen Yeti in Verbindung mit den Toten vom Djatlow-Pass bringen. Als Yeti oder auch Schneemenschen bezeichnete man ursprünglich ein auf zwei Beinen gehendes behaartes Fabelwesen aus dem Himalaya. Das Wesen soll zwischen zwei und drei Metern groß sein und über 200 Kilo wiegen. Da der Yeti angeblich nur in kalten Regionen auftritt, kann es sich nicht um einen großen Affen handeln. Zoologen gehen davon aus, dass es sich bei den vermeintlichen Sichtungen um Exemplare des Tibetischen Braunbären handelt. Seit einigen Jahren wird die Behauptung lanciert, auch in kalten Regionen Russlands würden Yetis leben. Dort werden sie allerdings Menk oder Almas genannt, was übersetzt Schneemensch bzw. Wildmensch bedeutet. Der russische Kryptozoologe Dr. Igor Burtsev ist felsenfest davon überzeugt, dass solch ein Wesen die neun Menschen am Djatlow-Pass getötet habe. Burtsev behauptet, überall im Ural wären die übergroßen Fußabdrücke des russischen Yetis zu finden, die Menschen wollten sie nur nicht sehen. Getreu dem Motto: „Was nicht sein kann, das nicht sein darf." Von einem unheimlichen menschenähnlichen Wesen oder auch einem ungehaltenen russischen Bären wurden die Expeditionsteilnehmer jedenfalls nicht getötet. Dazu passen keine der Verletzungen und es wurden auch keine Spuren eines Kampfes, mit wem auch immer, gefunden.

Einen wirklich interessanten Lösungsansatz für die Ursache des Todes der neun Skiwanderer liefert der bulgarische Grenzwissenschaftler Alexander Popoff in seinem Buch „Der Djatlow-Pass-Vorfall". Popoff ist der Ansicht, dass die Expeditionsteilnehmer von einem der seltenen Wintergewitter überrascht wurden und an den Folgen von Blitzschlägen starben. Wenn wir diese Annahme als gegeben ansehen, müsste sich das Szenario in der Unglücksnacht in etwa so abgespielt haben: Etwa eine Stunde, nachdem sich die Gruppe niedergelegt hatte, wurden die Schlafenden von einem unheimlichen Grollen geweckt. Da die Sportler von ihrer anstrengenden Tagestour erschöpft waren, befand sich die Mehrzahl von ihnen nach dem urplötzlichen Erwachen wohl in einer Art Halbschlaf, war desorientiert und sich über die Ursache der Geräusche im Unklaren. Wintergewitter sind ein seltenes Phänomen, so dass sich die Expeditionsteilnehmer zunächst nicht bewusst waren, was das dumpfe Grollen zu bedeuten hatte. Eine Besonderheit der Wintergewitter ist das Elmsfeuer, das einen baldigen Blitzeinschlag ankündigt. Diese außergewöhnlichen Lichterscheinungen sind elektrische Entladungen, die bei Gewittern in Gebirgen häufig zu beobachten sind. Elmsfeuer manifestieren sich im Gebiet der zu erwartenden Blitzeinschläge an höherstehenden Gebilden oder, im gegebenen Fall, an einer Zeltstange, wie Alexander Popoff vermutet. Das unheimliche Leuchten über ihrem Zelt in Verbindung mit dem unerwarteten Donnergrollen wird die Panik innerhalb der Gruppe ausgelöst haben. Da sich das Elmsfeuer an der Stange am Zelteingang befand, schlitzten die verängstigten Insassen kurzerhand die Zeltwände auf, um zu entkommen. Möglicherweise leuchteten auf den umliegenden Felsen ebenfalls Elmsfeuer, die nichts Gutes verhießen. Der erfahrene Tourenführer Semen Solotarew erkannte wohl als Erster die drohende Gefahr und lotste die Gruppe mehr oder weniger zielgerichtet hangabwärts Richtung Wald. Dort angekommen wurde sich die Mehrzahl der Expeditionsteilnehmer erst bewusst, dass sie das Lager völlig unzureichend bekleidet verlassen hatten. Um dem drohenden Erfrierungstod zu entgehen, wurde ein Feuer entzündet und die wenige vorhandene Kleidung innerhalb der Gruppe geteilt. Das Entzünden des Feuers sollte sich als fataler Fehler erweisen. Die Flammen und der Rauch wirkten wie elektrische Leiter für die Blitze, von denen die verängstigten Menschen am Feuer getroffen wurden. Mit diesen Blitzschlägen lassen sich auch die vielfältigen Verletzungen der Opfer erklären. So besitzt ein Blitzschlag eine derartige Kraft, dass er einen menschlichen Körper mehrere Meter in die Luft katapultieren kann. Die Opfer mit massiven Knochenbrüchen wurden daher möglicherweise gegen Bäume geschleudert oder erlitten ihre Verletzungen beim Sturz auf den verharschten Schneeboden. Die Verletzten schleppten sich dann noch 75 Meter in den Wald und stürzten unglücklicherweise in eine vier Meter tiefe Schlucht. Dabei bohrte sich eine gebrochene Rippe in das Herz von Ljudmila Dubinina, was deren Tod herbeiführte. Wenn ein Mensch von einem Blitz getroffen wird, fließt der größte Teil der

Elektrizität durch die Haut und dringt durch Körperöffnungen in den Betroffenen ein. Das würde die fehlende Zunge und das zerstörte Gesichtsgewebe von Ljudmila Dubinina sowie die fehlenden Augen von Semen Solotarew erklären. Auch die schwere Schädelverletzung von Nikolai Thibeaux-Brignolle könnte von einem Blitzschlag stammen. Die Verbrennungen einiger der erfrorenen Opfer deuten ebenfalls auf einen Blitzschlag hin, ebenso die angekohlte und zerrissene Kleidung einiger der Expeditionsteilnehmer. Die Luftschicht zwischen Kleidung und Körper des Getroffenen wird durch die Energie des Blitzes im Bruchteil einer Sekunde zu einer so hohen Temperatur erhitzt, dass Kleidung und Schuhe praktisch zerfetzt werden. Blitzschläge beeinflussen auch das Nervensystem der getroffenen Person. Das Opfer wird dadurch desorientiert, neigt zu unerklärlichen Handlungen. Daher krochen wohl Igor Djatlow, Sinaida Kolmogorowa und Rustem Slobodin zurück Richtung Lager, obwohl auf Grund ihrer unzureichenden Bekleidung der Erfrierungstod unausweichlich bevorstand. Auch die bisher unerklärliche radioaktive Strahlung, die bei einigen der Opfer gemessen wurde, lässt sich mit einem Gewitter erklären. Erst vor einigen Jahren haben Wissenschaftler feststellen können, dass Gewitter bei Blitzschlägen unter günstigen klimatischen Bedingungen auch Gammastrahlen aussenden. Wenn eine Person vom Blitz getroffen wird, der von Gammastrahlen begleitet ist, weist sein Körper eine messbare Radioaktivität auf.

Zusammenfassend kann gesagt werden, dass es sich bei der Blitzschlag-Theorie um einen ernsthaften Lösungsansatz bei der Erforschung des Unglücks am Djatlow-Pass handelt. Mit dieser Theorie lassen sich so gut wie alle mysteriösen Umstände erklären, die den Tod der neun Skiwanderer umgeben. Verschwörungstheoretiker werden mit Sicherheit weiter an einer geheimnisvolleren Lösung tüfteln. Das ist auf Grund der jahrzehntelangen Geheimhaltung der sowjetischen Behörden nicht verwunderlich. Es darf dabei allerdings nicht vergessen werden, dass die staatlichen Stellen in der Sowjetunion in puncto Geheimhaltung ihrer inneren Angelegenheiten ein geradezu paranoides Verhalten an den Tag legten.

Wenn die Vorstellung eines tödlichen Wintergewitters im Falle des Unglücks am Djatlow-Pass ziemlich plausibel erscheint, bleibt sie jedoch ebenfalls nur eine Theorie. Wer oder was den neun Skisportlern in der Nacht des 1. Februar 1959 den Tod brachte, wird wohl niemals gänzlich geklärt werden.

Das zerstörte Zelt, wie es der Suchtrupp am 26. Februar 1959 fand.

Der Graf von Saint-Germain

– Zeitreisender oder Scharlatan?

Der geheimnisvolle Graf von Saint-Germain ist wohl eine der mysteriösesten Gestalten der Weltgeschichte. Schon die Frage, ob er tatsächlich ein Graf war, lässt sich nicht mit Sicherheit beantworten, da es über seine Herkunft die verschiedensten Vermutungen gibt. Er selbst hat stets ein Geheimnis um seine Abstammung gemacht. Fakt ist, dass Saint-Germain im 18. Jahrhundert lebte und ein gern gesehener Gast an den Herrscherhöfen in ganz Europa war. Das beweisen die Niederschriften von vertrauenswürdigen Personen, die dem vermeintlichen Grafen begegnet sind. Bei Saint-Germain muss es sich um eine Art Allroundtalent gehandelt haben, wenn man die ihm zugesprochenen Talente und Fähigkeiten näher betrachtet. So war er Alchemist, Diplomat, Musiker, Schriftsteller, Heilkundiger und noch einiges mehr. Er soll Abgesandter des Papstes gewesen sein und der russischen Zarin Katharina der Großen als Berater gedient haben. Zudem hatte er angeblich enge Kontakte zu Geheimbünden wie den Freimaurern, Illuminaten, Rosenkreuzern, Martinisten und Maltesern. Als Alchemist galt er als einer der erfolgreichsten seiner Zunft. Zudem besaß Saint-Germain das Wissen, einen lebensverlängernden Trank herzustellen, der ihn praktisch unsterblich machte. So soll er Jesus und Kleopatra getroffen haben, war

Mitglied bei den legendären Tempelrittern und hatte praktisch alle Königshäuser längst vergangener Epochen besucht. Seine Anhänger hielten Saint-Germain gar für einen Zeitreisenden, der auch die Zukunft besucht hatte und einen Weltraumflug unternahm. Seine treuesten Anhänger, die verstärkt in der esoterischen und okkulten Szene beheimatet sind, halten es sogar für möglich, dass er noch heute auf dem Angesicht der Erde wandelt. Gerüchte, Lügen, Halbwahrheiten und wissenschaftlich belegte Fakten haben einen fast undurchdringlichen Kosmos um den Grafen von Saint-Germain geschaffen, hinter dem die historische Person fast kaum noch zu finden ist.

Über die Herkunft und Abstammung des Grafen von Saint-Germain streiten Wissenschaftler, Hobbyforscher und Esoteriker bis in die heutige Zeit. Es gibt eine Vielzahl von Theorien, wer jene geheimnisvolle Person war, die bei ihren Anhängern als der „Meister Europas" gilt.

Nach einer oft geäußerten Theorie war Saint-Germain der Sohn der letzten spanischen Habsburgerkönigin Maria Anna von Pfalz-Neuburg und ihrem Finanzberater, dem jüdischen Bankier Comte Adanero. Nachdem der spanische König Karl II. im Jahr 1700 kinderlos verstorben war, fiel der Thron in Folge des Spanischen Erbfolgekrieges an das Haus Bourbon. Maria Anna lebte fortan mit dem Comte Adanero im Exil im französischen Bayonne. Der dänische Diplomat Baron Carl Heinrich von Gleichen berichtet in seinen Memoiren von einem Gespräch mit dem Baron Philipp von Stosch, der ihm von einem Marquis de Montferrat erzählte, dessen Bekanntschaft er in Paris um das Jahr 1720 gemacht habe. Jener Marquis war nach eigenen Angaben der Sohn der spanischen Königswitwe Anna Maria und eines portugiesischen Bankiers. Bekannt ist, dass der Graf von Saint-Germain auf Reisen des Öfteren den Decknamen Montferrat benutzte. Ob es sich hierbei um einen Zufall handelt oder er tatsächlich der Sohn der früheren spanischen Königin war, ist nicht nachvollziehbar.

Eine weitere, oft zitierte These besagt, Saint-Germain sei der erstgeborene Sohn des transsylvanischen Fürsten Franz II. Rákóczi gewesen. Jener Leopold Georg starb nach einem offiziellen Eintrag im Kirchenbuch bereits im Jahre 1700. Dabei soll es sich jedoch um eine Finte des Vaters gehandelt haben, der seinen Erstgeborenen vor den Habsburgern in Sicherheit bringen wollte. Mit jenen lag Fürsten Rákóczi im blutigen Streit um die Vorherrschaft in Transsylvanien. Leopold Georg soll am Hofe des Großherzogs von Toscana erzogen worden sein und könnte später als Graf von Saint-Germain in ganz Europa bekannt geworden sein. Diese These wird an späterer Stelle noch ausführlicher erörtert.

Verschiedene Zeitzeugen, die Saint-Germain persönlich kannten, äußerten sich ebenfalls zu seiner Herkunft. Laut des berühmten Schriftstellers und Frauenhelden Giacomo Casanova war er ein italienischer Geigenvirtuose namens Catalani. Casanova begründete seine Vermutung mit Saint-Germains hervorragendem Geigenspiel und dessen akzentfreiem Italienisch. Madame de Pompadour, die Mätresse des französischen Königs Louis XV., hielt Saint-Germain für einen unehelichen Sohn des Königs von Portugal. Das soll er jedenfalls bei einem Gespräch ihr gegenüber im Schloss von Versailles geäußert haben. Ein Minister des Marktgrafen von Baden, für den Saint-Germain einige Zeit arbeitete, will bei Nachforschungen in Italien erfahren haben, dass der vermeintliche Graf der Sohn eines Steuereintreibers aus der Stadt San Germano im italienischen Piemont war. Es ließe sich noch eine Vielzahl an weiteren Vermutungen über die Herkunft des Grafen von Saint-Germain erwähnen, aus Platzgründen sollte die vorliegende Auswahl jedoch genügen.

Aus Memoiren, Briefen und anderen verlässlichen Dokumenten von Personen, die in das Umfeld von Saint-Germain involviert waren, ergibt sich der folgende Lebenslauf des vermeintlichen Grafen:

Das erste durch gesicherte Informationen belegte Auftreten des Grafen von Saint-Germain auf der europäischen Bühne ist aus dem Jahre 1731 bekannt. Der französische Marschall und spätere Kriegsminister, Charles Louis Auguste Fouquet de Belle-Isle soll den Grafen in Wien kennengelernt haben und von dessen politischem wie militärischem Scharfsinn begeistert gewesen sein. Belle-Isle lud Saint-Germain nach Paris ein und machte ihn mit der dortigen gehobenen Gesellschaft bekannt. Der geheimnisvolle Unbekannte avancierte bald zum Liebling der Pariser Aristokratie und war gern gesehener Gast auf den regelmäßig stattfindenden Gesellschaften. Saint-Germain besaß ein eindrucksvolles erzählerisches Talent, das jeden Zuhörer unweigerlich in seinen Bann zog. Er hatte es sich zur Gewohnheit gemacht, Geschichten aus längst vergangenen Epochen, von Königshöfen und historischen Ereignissen so zu erzählen, als wäre er selbst dabei gewesen. Darauf angesprochen, ließ er andeutungsweise durchblicken, er sei schon sehr lange auf dieser Welt und könne durch die Zeit reisen. Aufgeklärte Geister hätten darin nur Saint-Germains Versuch gesehen, sich mit einer Aura des Geheimnisvollen zu umgeben und sich in der aristokratischen Gesellschaft von Paris beliebt zu machen. Doch viele seiner Zuhörer glaubten die abenteuerlichen Geschichten anstandslos, sogar als der Graf behauptete, er habe Jesus gekannt und sei im Hause von dessen Großmutter Anna ein- und ausgegangen.

Die Kunde vom mysteriösen Zeitreisenden drang auch schnell bis an den königlichen Hof in Versailles. Louis XV. hatte davon gehört, dass Saint-Germain behauptete, er könne künstliche Diamanten herstellen, alte Diamanten neu aufbereiten und vergrößern. Wie fast jeder Monarch war auch der französische König stets bestrebt, sein Vermögen zu vergrößern. Der geheimnisvolle Graf schien genau der richtige Mann dafür, hieß es doch, er sei auch im Besitz des „Steins der Weisen", womit er sogar Gold machen könne. Bei einer Audienz zeigte Saint-Germain dem König mehrere wunderschöne Edelsteine, die er angeblich selbst hergestellt hatte. Er ließ verlauten, dass er die Technik dazu bei jahrelangen Studienaufenthalten in Indien gelernt habe. Louis XV. verlangte eine Kostprobe seines Könnens, doch laut Saint-Germain waren dazu ein speziell ausgestattetes Laboratorium und ein angemessener Zeitraum nötig. Er könne aber einen alten Diamanten reinigen und so dessen ursprünglichen Wert wiederherstellen. Der König ließ einen verschmutzten Diamanten aus seiner Schatzkammer bringen und Saint-Germain zog sich in ein angrenzendes Zimmer zurück. Schon nach kurzer Zeit präsentierte er Louis XV. und dessen staunenden Höflingen einen wieder im alten Glanz strahlenden Diamanten. Das Ankaufsgebot eines Pariser Juweliers für jenen Edelstein erbrachte

Das einzig zeitgenössische Portrait des Grafen von Saint Germain

nun einen Preis, der ein Drittel über dem Gebot für den verschmutzten Stein lag. Der französische König war von den Talenten des Grafen von Saint-Germain überzeugt und bot ihm eine Stelle als Hofalchemist an. Louis XV. überließ Saint-Germain ein bereits vorhandenes Laboratorium im Schloss Chambort, das jener nach Gutdünken ausstatten durfte.

Sooft es die Regierungsgeschäfte zuließen, besuchte der König seinen neuen Hofalchemisten, um gemeinsam mit ihm zu experimentieren. Allerdings wurde Louis XV. schnell klar, dass Saint-Germain zwar in der Lage war, alte Edelsteine und anderen Schmuck gewinnbringend aufzubereiten, er jedoch keine künstlichen Diamanten herstellen konnte. Saint-Germain erzählte dem König von seinen langwierigen Studien im Orient, die allerdings noch zum Abschluss gebracht werden müssten, um letztendlich Diamanten und Gold herstellen zu können. Louis XV. glaubte den Beteuerungen seines Hofalchemisten und schickte ihn auf mehrere ausgedehnte Reisen in den Orient, wobei Saint-Germain auch einige Zeit am Hofe des Schahs von Persien weilte, wo er angeblich das noch fehlende Wissen erwarb. Tatsächlich schien es nach der Rückkehr nach Frankreich mit den Experimenten im Schloss Chambort voranzugehen. Immerhin ist nachweislich überliefert, dass Saint-Germain fünfzehn Jahre lang einen Mann namens Boissy beschäftigte, der ihm Stoffe und Kenntnisse aus China und Indien lieferte.

Saint-Germain war aber allem Anschein nach kein bloßer Alchemist, sondern ein wissenschaftliches wie politisches Multitalent. So soll er an den Entwurfsarbeiten zum Suez-Kanal im Jahre 1733 beteiligt gewesen sein und wurde 1735 vom französischen König als Abgesandter zu einem Freimaurerkongress in Den Haag geschickt. Hauptsächlich beschäftigte sich Saint-Germain jedoch weiterhin mit Experimenten im Schloss Chambort. Louis XV. war mittlerweile etwas paranoid geworden und fürchtete, von einem seiner politischen Gegner vergiftet zu werden. Nun war es an Saint-Germain, geeignete Gegengifte und Heiltränke zu entwickeln. Darin scheinen ihm einige Erfolge gelungen zu sein, denn es heißt, er habe Louis XV. von einer Vergiftung mit Aqua Tofana, einem heimtückischen Gift, gerettet, das Unbekannte dem König in Metz verabreicht hatten. Louis XV. war Saint-Germain unendlich dankbar für seine Rettung, doch konnte er sich in der Folgezeit wenig um seinen Hofalchemisten und die gemeinsamen Experimente kümmern, da Frankreich in den Österreichischen Erbfolgekrieg involviert war. Saint-Germain nutzte die Gelegenheit und verweilte in den Jahren 1745/46 für längere Zeit als Ehrengast im Wiener Palais des Prinzen Lobkovitz. Jener machte ihn auch mit Kaiserin Maria Theresia bekannt, die Saint-Germain in geheimer Mission zum Herzog von Cumberland schickte, um Friedensgespräche zu führen. Die Gespräche verliefen erfolgreich und Saint-Germain wurde der Titel eines

Reichsgrafen von Mailand verliehen. Wieder einmal hatte er sein diplomatisches Geschick bewiesen.

Zurück in Frankreich, erreichte seine Gunst am königlichen Hofe ihren Höhepunkt. Grund dafür war das Faible, das Madame de Pompadour, die Mätresse des Königs, für Saint-Germain entwickelt hatte. Die Dame sann darauf, sich die Gunst von Louis XV. auf Dauer zu sichern und setzte daher alles daran, sich ihre jugendliche Frische und Schönheit möglichst lange zu erhalten. Saint-Germain hatte am Hofe immer wieder geheimnisvolle Andeutungen über ein Lebenselixier gemacht, dem er sein sich über die Jahre kaum verändertes Aussehen verdanke. Immer wieder ließ er verlauten, er sei sehr viel älter als sein Äußeres verriet. Auf dieses Elixier hatte es Madame de Pompadour abgesehen. Aus den Memoiren der Madame du Hausett, der Ersten Hofdame von Madame de Pompadour, ist uns ein Gespräch überliefert, in dem die königliche Mätresse Saint-Germain um das vermeintliche Lebenselixier bat. Sie ging dabei vergleichsweise subtil vor und fragte Saint-Germain erst über seine angebliche Bekanntschaft mit Personen längst vergangener Epochen aus. Saint-Germain ahnte, worauf die Dame hinauswollte und ließ verlauten, dass er solche Geschichten zwar zu seiner eigenen Belustigung erzähle, er jedoch nicht im Besitz eines lebensverlängernden Elixiers sei. Madame de Pompadour ließ aber nicht locker und drängte den Alchemisten, ihr ein Mittel herzustellen, um ihre jugendliche Schönheit zu erhalten. Saint-Germain witterte die Chance, seinen Stand am französischen Königshof zu halten und vielleicht sogar noch zu verbessern. Der König hatte zwar noch keine öffentliche Kritik an seinem Hofalchemisten geübt, doch Saint-Germain ahnte, dass Louis XV. langsam ungeduldig wurde ob der versprochenen künstlichen Diamanten, deren Herstellung bisher gescheitert war. Am Hofe des türkischen Sultans hatte Saint-Germain die Herstellung von Rosenöl erlernt, aus dem er nun mit einigen weiteren Ingredienzien ein wohlriechendes Elixier herstellte. Dieses überreichte er der königlichen Mätresse nun als Schönheitswässerchen.

In der Folgezeit erreichte die Popularität von Saint-Germain am französischen Hof ihren Höhepunkt. Mit seinen Experimenten für den König kam er zwar nicht wirklich weiter, dafür war sein vermeintliches Lebenselixier fast täglich Gesprächsthema. Es war den Höflingen

aufgefallen, dass Saint-Germain bei höfischen Gesellschaften niemals Alkohol oder andere Erfrischungen trank, sondern nur eine selbst mitgebrachte Flüssigkeit zu sich nahm, in welcher man das geheimnisvolle Elixier vermutete. Um die Gerüchte um seine Person anzuheizen, erzählte Saint-Germain immer aufsehenerregendere Geschichten aus seinem angeblichen Vorleben. König Louis XV. interessierten diese Geschichten wenig, er gedachte vielmehr, das diplomatische Geschick von Saint-Germain für seine Zwecke zu nutzen. So soll jener maßgeblich am Friedensschluss von Aachen beteiligt gewesen sein, der den Österreichischen Erbfolgekrieg am 18. Oktober 1748 beendete. In den folgenden Jahren war Saint-Germain immer wieder in diplomatischer Mission für Frankreich unterwegs, betrieb weiterhin seine Experimente im Schloss Chambort und unternahm Studienreisen in den Orient. Im Jahre 1760 kam es dann allerdings zum Bruch mit König Louis XV. Vorausgegangen war ein politischer Eklat, den der französische Kriegsminister Fouquet de Belle-Isle ausgelöst hatte. Jener hatte mit Saint-Germains Hilfe die Bestrebungen des Herzogs von Choiseul hintertrieben, einen dauerhaften Frieden mit dem vormaligen Kriegsgegner Österreich zu erreichen. Auf diese Intrige, die zur sofortigen Entlassung Saint-Germains führte, soll später noch näher eingegangen werden.
Über das weitere Leben des Grafen von Saint-Germain sind viele Informationen überliefert, die sich jedoch oft widersprechen oder unglaubwürdig erscheinen. Möglich ist, dass Saint-Germain unter einem Pseudonym als diplomatischer Vertreter verschiedener europäischer Herrscher auftrat oder für diese in geheimer Mission unterwegs war. So soll er auch eine entscheidende Rolle beim Sturz des russischen Zaren Peter III. durch dessen eigene Frau gespielt haben. Der zum Regieren völlig ungeeignete Peter III. gefährdete durch seine politischen Fehlentscheidungen nachhaltig das politische Gleichgewicht, so dass die französische Krone einen gewissen Monsieur Odar an den russischen Hof schickte. Dabei soll es sich um niemand anderes als den Grafen von Saint-Germain gehandelt haben. Jener erwarb sich das Vertrauen von Katharina der Großen, die schon lange darauf sann, ihren unfähigen Ehemann loszuwerden. Mit Hilfe der Palastgarde und der Unterstützung des geheimnisvollen Monsieur Odar stürzte Katharina

Zar Peter III. und übernahm als Katharina II. selbst die Regierungsgeschäfte in Russland. Jener Odar verschwand nach dem Putsch. Es wird behauptet, dass Saint-Germain nur wenig später unter dem Pseudonym Bailli de Solar nach Russland zurückkehrte und zum persönlichen Berater der Zarin avancierte. Dass jener Bailli de Solar tatsächlich der Graf von Saint-Germain war, ist äußerst zweifelhaft. Katharina II. kannte ihn und es wäre Saint-Germain wohl kaum möglich gewesen, eine dauerhafte Maskerade aufrecht zu erhalten.
In dem Jahrzehnt zwischen 1770 und 1780 scheint Saint-Germain verstärkt die Nähe verschiedener Logen und Geheimbünde gesucht zu haben. So ist seine Teilnahme am Freimaurerkongress vom 16. August bis 5. September 1771 belegt. Später wandte er sich verstärkt dem esoterischen Bund der Rosenkreuzer zu und nahm nachweislich im Jahre 1777 an deren Kongress in Leipzig teil. Zwischenzeitlich soll Saint-Germain eine erneute Reise nach Indien unternommen haben, von der er scheinbar neue Erkenntnisse mitbrachte, denn ab 1779 unternahm er wieder verstärkt alchemistische Experimente. Er weilte zu jener Zeit als Gast beim Landgrafen Carl von Hessen-Kassel, einem begeisterten Anhänger der Alchemie. Dieser hatte sich auf dem Gelände seiner Sommerresidenz Louisenlund im sogenannten Alchemistenturm ein hochmodernes Laboratorium eingerichtet. Den beiden Männern gelang es, aus Quecksilber und Kupfervitriollösungen eine goldähnliche Substanz herzustellen, die als Truggold bekannt war. Da dieses jedoch wertlos war, verlegten sich Saint-Germain und der Landgraf auf die Entwicklung von neuen Färbe- und Gerbtechniken, die immerhin einen finanziellen Gewinn versprachen. Als Ergebnis der gemeinsamen Forschung eröffnete Carl von Hessen-Kassel eine Manufaktur in Eckernförde und machte den nunmehr schon hochbetagten Saint-Germain zum Firmendirektor. Zu dessen Freude fanden die neuen Techniken in der Produktion von hochwertigen Garnen und Stoffen ihre Anwendung. Lange konnte sich Saint-Germain jedoch nicht an seinen Erfolgen erfreuen. Er verstarb am 27. Februar 1784 und wurde am 2. März 1784 in der Gruft der Kirche St. Nicolai in Eckernförde beigesetzt.

Der Graf von Saint-Germain führte sicherlich ein aufregendes und abwechslungsreiches Leben, doch objektiv betrachtet ist aus dem vorangestellten Lebenslauf nicht erkennbar, was ihn für esoterische und okkulte Kreise bis heute so attraktiv macht. Es ist vielmehr die schier endlose Zahl von Gerüchten, die schon zu Lebzeiten über Saint-Germain verbreitet wurden und die noch immer neue Blüten treiben. Es ist davon auszugehen, dass die Mehrzahl der fantastischen Geschichten über den Grafen tatsächlich nur aus Übertreibungen, Lügen, Halbwahrheiten und falsch verstandenen Aussagen von Saint-Germain entstanden. Einen Teil der Gerüchte verbreiteten Neider und Gegenspieler. Viele bisweilen bizarre Geschichten erschuf Saint-Germain wohl auch selbst, um sich mit einer Aura des Geheimnisvollen zu umgeben oder sich seinen Lebensunterhalt zu sichern. Zwar war er ein begnadeter Alchemist, allerdings war er natürlich nicht in der Lage, echtes Gold oder Edelsteine herzustellen. Das behauptete er nur, um sich verschiedene gekrönte Häupter Europas gewogen zu machen. An verschiedenen ihm zugeschriebenen Aktivitäten, wie etwa dem Sturz des russischen Zaren Peter III., war Saint-Germain gar nicht wirklich beteiligt, vielmehr wurden die tatsächlichen Akteure absichtlich mit ihm verwechselt, um neue Gerüchte zu erschaffen.

Ein entscheidender Teil der Legendenbildung um den Grafen von Saint-Germain rankt sich um sein vermeintlich ewiges Leben, seine Fähigkeit durch die Zeit zu reisen und als Wiedergänger an mehreren Orten gleichzeitig auftreten zu können. Verschiedene Personen, die Saint-Germain über viele Jahre hinweg immer wieder begegneten, bemerkten angeblich keinerlei Alterung an ihm. Die französische Schriftstellerin Stéphanie Félicité du Crest de Saint-Aubin, Comtesse de Genlis lernte Saint-Germain im Jahre 1759 kennen. In ihren Memoiren beschrieb sie ihn als einen Mann um die 45. Die Dame zeigte sich sehr verwundert, da Personen aus ihrem Bekanntenkreis den Grafen bereits vor dreißig Jahren getroffen hatten und jener damals rein äußerlich ebenfalls wie 45 gewirkt hatte. Über sein wahres Alter schwieg sich Saint-Germain grundsätzlich aus. Außerdem war es ihm ein Vergnügen, in Gesellschaft über längst vergangene Epochen zu sprechen, als ob er sie selbst erlebt hätte. Das tat er vermutlich jedoch nur, um seine geheimnisvolle Aura zu bewahren. Zum Baron von Gleichen sagte er einmal: „Die dummen Pariser glauben, dass ich 500

Jahre alt sei und ich bestärke sie in dieser Annahme; denn ich sehe, daß ihnen das viel Spaß macht. Ich bin freilich ungleich älter als ich aussehe.«[11]

Unter seinen Bewunderern war es wohl zweifelsohne Madame de Pompadour, welche die Gerüchte über Saint-Germains ewiges Leben am nachhaltigsten verbreitete. Nicht ohne Grund, glaubte sie doch mit jeder Faser ihres Herzens an die Wirkung von Saint-Germains Lebenselixier. Diese Gerüchte zogen in Frankreich immer weite Kreise. So war von einer gewissen Gabrielle Pauline Bouthillier de Chavigny, Comtesse d'Adhémar, zu hören, sie habe den Grafen von Saint-Germain mehrfach zu Lebzeiten und darüber hinaus auch nach seinem offiziellen Tode im Jahr 1784 getroffen. Eine Freundin, die Gräfin Gergy, will dem Grafen im Venedig des Jahres 1710 begegnet sein, wobei jener dem Aussehen nach um die 45 Jahre alt gewesen sein soll. Die Comtesse d'Adhémar begegnete Saint-Germain erstmals im Jahre 1774, als sie als Hofdame bei der französischen Königin Marie Antoinette weilte. Die warnte der Graf vor einer großen Verschwörung, die das Haus Bourbon beträfe. Saint-Germain wirkte auch auf sie etwa um die 45. Bei der Hinrichtung der Königin 1793 soll Saint-Germain ebenfalls gesehen worden sein. Saint-Germain wirkte angeblich um keinen Tag gealtert. Doch es kommt noch besser: Obwohl Saint-Germain am 1784 in Eckernförde beigesetzt worden war, berichtete die Comtesse d'Adhémar von weiteren Treffen mit ihm in den Jahren 1804, 1813 und 1820. Bei der letzten Begegnung müsste der Graf also um die 155 Jahre alt gewesen sein, eine schier unglaubliche Vorstellung. Licht ins Dunkel dieser Fantastereien bringt die Tatsache, dass die Memoiren der Comtesse d'Adhémar nicht von ihr selbst, sondern vielmehr erst im Jahre 1836 von dem Schriftsteller Baron Étienne-Léon de Lamothe-Langon verfasst wurden. Jenem schien das Leben der Comtesse wohl nicht interessant genug, so dass er es mit den in ganz Frankreich bekannten Geschichten über den geheimnisvollen Grafen von Saint-Germain würzte.

Nachweislich verkehrte Saint-Germain bei verschiedenen Logen wie den Freimaurern und Rosenkreuzern oder war sogar zeitweilig Mitglied in jenen Bünden. Da solche Verbindungen von jeher vom Schleier des Geheimnisvollen umgeben sind, ist es nicht verwunderlich, dass der Graf von Saint-Germain auch nach seinem Tod angeblich bei den Zusammenkünften verschiedener Geheimbünde gesehen wurde. So soll er am 15. Februar 1785 an einem gemeinschaftlichen Treffen von Rosenkreuzern, Illuminaten und Freimaurern teilgenommen und dort, so heißt es, sogar eine Rede gehalten haben. Jene Information stammt von Alessandro Graf von Cagliostro, einem europaweit bekannten Hochstapler. Der Wahrheitsgehalt dieser Aussage ist also als eher zweifelhaft zu betrachten.

Aus den vergangenen Jahrhunderten sind auch immer wieder Begebenheiten mit mysteriösen Personen bekannt, bei denen es sich um den Grafen von Saint-Germain inkognito gehandelt haben soll. Aus dem Tagebuch eines Söldners von 1618 ist dessen Begegnung mit einem außergewöhnlichen Mann namens Montsalveri überliefert. Jener betrat eines Abends das Stammwirtshaus des bewussten Söldners und erregte durch sein ungewöhnliches Auftreten sowie seine eigentümlichen Aussagen großes Aufsehen. Er sprach mit eindringlichen Worten von längst vergangenen Epochen und gab Weissagungen über die ferne Zukunft ab, welche die Zuhörer verblüfften. Auf die Frage, was für ein Gewerbe er betreibe, antwortete er: „Nennet mich Showman, Televisionär oder wie ihr sonst möget."[12] Die Formulierung entspricht dem 17. Jahrhundert, doch woher kannte der Söldner die Begriffe Showman und Televisionär? Esoteriker halten daher jenen geheimnisvollen Montsalveri in Wirklichkeit für den Grafen von Saint-Germain, der in Vergangenheit und Zukunft reisen konnte.

Aus zwei Feldpostbriefen eines deutschen Soldaten im Ersten Weltkrieg ist ebenfalls die Begegnung mit einem ungewöhnlichen Menschen überliefert. Der Schreinermeister Andreas Rill aus Oberbayern war zum Einsatz an die Vogesenfront abkommandiert worden, wo er im August 1914 ganz Außergewöhnliches erlebte. Während eines Erkundungsrittes hatte ein Leutnant der Kompanie einen verdächtigen Zivilisten festgenommen und ins Kompanielager gebracht. Der Unbekannte beherrschte mehrere Sprachen, unterhielt sich mit seinen Bewachern jedoch vorzugsweise auf Deutsch und Französisch. Mehr als seine akzentfreie Aussprache verblüffte die Offiziere und Soldaten jedoch seine seltsamen Prophezeiungen für die Zukunft. Den Männern, die auf ein schnelles Ende des Krieges hofften, versicherte er, das Völkerringen würde noch Jahre andauern. Deutschland würde am Ende als der große Verlierer dastehen und zudem gäbe es eine Revolution im Lande, welche die Herrschaft des Kaisers beenden würde. Weiterhin prophezeite der Fremde eine folgenschwere Zeit mit Inflation und wirtschaftlicher Depression die einen „starken Mann" hervorbringen würde, womit zweifelsohne Adolf Hitler gemeint war. Auch von einem Zweiten und Dritten Weltkrieg wurde gesprochen. Letzterer würde nur 58 Tage dauern und praktisch das Ende der Menschheit bedeuten. Angesichts des heutigen weltweiten Waffenarsenals eine beunruhigende Feststellung. Woher der Mann sein Wissen über jene düstere Zukunft hatte, verriet er nicht. Vielmehr soll er nach einigen Tagen in Gefangenschaft plötzlich verschwunden sein. Ob der vom Soldaten Andreas Rill beschriebene Mann ein Hellseher oder Prophet war oder ob es sich tatsächlich um den Zeitreisenden Saint-Germain handelte, ist nicht nachprüfbar. Das ändert jedoch nichts an der Tatsache, dass Esoteriker und Okkultisten bis heute glauben, Saint-Germain sei noch am Leben.

Im Januar des Jahres 1972 kam es zu einem äußerst ungewöhnlichen Ereignis im französischen Fernsehen. Wenige Stunden vor Beginn einer regelmäßig ausgestrahlten wissenschaftlichen Sendung mit Experten und Experimenten hatte sich im Büro des Produzenten ein junger Mann namens Richard Chanfray eingefunden, der allen Ernstes behauptete, er könne vor laufender Kamera Blei in Gold verwandeln und ein lebensverlängerndes Elixier herstellen. Der Produzent war begeistert, erhoffte er sich doch durch den zusätzlichen Gast noch höhere Einschaltquoten als sonst. Ob die versprochenen Experimente gelangen oder der junge Mann sich blamierte, eine unterhaltsame Sendung schien gewiss. Zum Erstaunen aller Anwesenden gelang es Richard Chanfray mit nichts als einem einfachen Campingkocher und verschiedenen chemischen Substanzen, den mitgebrachten Bleiklumpen in pures Gold zu verwandeln. Mehrere eingeladene Chemiker untersuchten das Edelmetall und erklärten, es handele sich tatsächlich um echtes Gold. Das mit bekannten Kräutern und Tinkturen hergestellte vermeintliche Lebenselixier erwies sich nach Untersuchung in einem Labor als gesundheitsfördernd. Die Sensation schien perfekt, weder die Kameraleute oder die anwesenden Wissenschaftler noch die hunderttausende von Zuschauern an den Fernsehgeräten konnten bei den Experimenten von Richard Chanfray irgendwelche Unkorrektheiten geschweige denn Betrugsabsichten erkennen. Obwohl kritische Stimmen laut wurden, die den vermeintlichen Alchemisten für einen Illusionskünstler hielten, gab es keinerlei Anhaltspunkte für diese Behauptung. Wenn schon die von Richard Chanfray vorgeführten Experimente sensationell waren, so setzte das anschließende Gespräch mit dem Moderator der Sendung allem die Krone auf. Auf die Frage nach seiner Herkunft und seinem beruflichen Hintergrund verkündete er mit völligem Ernst: „Dies alles beherrsche ich schon seit vielen Jahrhunderten. Lassen Sie sich deshalb von meinem bürgerlichen Namen nicht irritieren, denn in Wahrheit bin ich der Graf von Saint-Germain!“[13]

Solche Art von Ereignissen und Nachrichten lassen es natürlich nicht verwunderlich erscheinen, dass der Graf von Saint-Germain bei Esoterikern und Okkultisten heute einen besonderen Ruf genießt. Es waren die Okkultistin Helena Blavatsky und der Philosoph Rudolf Steiner, die Saint-Germain als den „Meister Europas“ oder auch die „Sphinx“ in die moderne Esoterik einführten. Madame Blavatsky, wie sie von ihren Anhängern und Verehrern ehrfurchtsvoll genannt wurde, war Mitbegründerin der Theosophischen Gesellschaft. Die am 7. September 1875 in New York gegründete Gesellschaft formulierte ihre Zielsetzungen wie folgt:

1. Die Bildung eines Kerns der universellen Bruderschaft der Menschheit, ohne Unterscheidung von Rasse, Glaubensüberzeugung, Geschlecht, gesellschaftlicher Stellung und Hautfarbe.

2. Die Ermutigung zum Studium der vergleichenden Religion, Philosophie und Wissenschaft.

3. Die Erforschung ungeklärter Naturgesetze und der verborgenen Kräfte der Menschen.

Neben dem Studium alter Mysterienbücher, der jüdischen Kabbala und okkulter Schriften waren es im Besonderen die Überlieferungen fernöstlicher Geheimlehren, die die Mitglieder in ihr theosophisches Weltbild einfließen ließen. Zur Erweiterung ihres geistigen Horizontes unternahmen Helena Blavatsky und ihre Mitstreiter ausgedehnte Reisen durch Indien, Ägypten, Syrien und Tibet. Die Theosophische Gesellschaft gilt heute als der Wegbereiter der modernen Esoterik. Verschiedene Religionswissenschaftler sehen in der theosophischen Lehre die erste nichtchristliche Religionsgründung seit der Antike in Europa.

Ein glühender Anhänger dieser Lehre war auch der bereits erwähnte Rudolf Steiner, der heute in erster Linie als der Begründer der Waldorfschulen bekannt ist. Bei den deutschen Anhängern der Theosophischen Gesellschaft trat Steiner häufig als Vortragsredner auf. Sein fundiertes Wissen über die Arbeiten des Philosophen Friedrich Nietzsche und andere artverwandte Themen begeisterte das anspruchsvolle Publikum, so dass Steiner gebeten wurde, der 1902 in Berlin gegründeten Deutschen Sektion der Theosophischen Gesellschaft beizutreten. Später wurde Rudolf Steiner sogar zum Generalsekretär der Gesellschaft gewählt. Sein Faible für uraltes Geheimwissen ließ Steiner auch Kontakt zur Rosenkreuzerbewegung suchen, deren Ursprünge bis ins frühe 17. Jahrhundert zurückreichen. Es handelte sich dabei im Ursprung um eine Reformbewegung innerhalb des Protestantismus. In der Folgezeit wandelten sich die einzelnen Sektionen jedoch verstärkt zu esoterischen Bünden, die in der legendären Person des Christian Rosenkreutz ihren Begründer sahen. Jener soll 1378 als Kind deutscher Eltern an einer unbekannten Örtlichkeit geboren worden sein und im Laufe seines 106-jährigen Lebens ein schier unbegrenztes Wissen in esoterischen und magischen Dingen erworben haben. Laut den Überlieferungen unternahm Christian Rosenkreutz ausgedehnte Reisen durch Marokko, Spanien, Ägypten und den Orient, wo er verschiedene Geheimwissenschaften studierte. Zurück in Deutschland gründete er einen Geheimorden, um das erworbene Wissen an wissbegierige Adepten weiterzugeben. In historischen Kreisen ist die Person des Christian Rosenkreutz mehr als umstritten, da es keine gesicherten Hinweise auf seine tatsächliche Existenz gibt. Das hält die treuen Rosenkreuzer bis heute jedoch nicht davon ab, die vermeintlich von ihrem Begründer verfassten Schriften zu studieren und ihr Wissen in geheimen Zusammenkünften weiterzugeben. Da mit dem Namen Saint-Germain automatisch Alchemie, lebensverlängernde Elixiere und der „Stein der Weisen“ in Verbindung gebracht werden, ist es in der Esoterik inzwischen zur unbewiesenen Tatsache geworden, dass der „Meister Europas“ auch Rosenkreuzer war. Gewisse Kreise innerhalb der weitverzweigten Gemeinschaft sehen im Grafen von Saint-Germain sogar die Reinkarnation von Christian Rosenkreutz. Andere gehen sogar noch weiter und betrachten den Grafen als Begründer der Bewegung, der in den folgenden Jahrhunderten immer wieder in führenden Köpfen der Rosenkreuzerbewegung inkarnierte. Neben Christian Rosenkreutz werden hier die berühmten Alchemisten Robert Bacon (ca. 1214-1292) und Francis Bacon (1561-1626) genannt. Es scheint schon mehr als ein Zufall, dass in der esoterischen Szene seit Jahrzehnten ein Foto zirkuliert, auf dem neben Madame Blavatsky und dem Grafen von Saint-Germain, der Meister Kuthumi sowie der Mahatma El Morya, beide für die Theosophen bedeutende „Welt-Lehrer“, abgebildet sind. Das Foto gilt gleichsam als Beweis für Saint-Germains ewiges Leben sowie die enge Verbindung von Theosophen und Rosenkreuzern mit altorientalischen „Meistern der Weisheit“, die in der Esoterik als erleuchtete Wesen gelten. Dass es sich bei dem bewussten Foto allerdings um eine billige Fotomontage handelt, wird dabei außer Acht gelassen.

In regelmäßig neu erscheinenden Büchern, auf esoterischen Webseiten und in Internetforen wird der Graf von Saint-Germain immer weiter mystifiziert. Auf diese Weise treibt in der esoterischen Szene das „Wissen“ über die Person des Grafen immer neue, immer unwahrscheinlichere Blüten. So soll er Mitglied des Tempelritterordens gewesen sein, sogar die legendäre Figur des Götzenidols Baphomet verkörpert haben. Diese aberwitzige Vorstellung basiert wohl auf den Aussagen einiger selbsternannter Experten, die die Behauptung aufstellen, dass die Freimaurerei in ihrem Ursprung auf den Tempelritterorden zurückgeht. Da sich Saint-Germain in seiner zweiten Lebenshälfte verstärkt der Freimaurerei zuwandte, wird auf diese Weise eine Schlussfolgerung gezogen, die jeglicher Logik entbehrt. Weiter wird behauptet, dass Saint-Germain sein allumfassendes Wissen aus der Akasha-Chronik bezogen haben soll. Bei dieser handelt es sich ebenfalls um ein esoterisches Phantasiegebilde. Bei jener diffusen Chronik soll es sich um ein immaterielles „Weltgedächtnis“ handeln, das unseren Planeten umspannt. Die bereits erwähnten Helena Blavatsky und Rudolf Steiner waren Verfechter der Akasha-Theorie, für die es allerdings keine stichhaltigen Beweise gibt.

In Anbetracht des regelrechten Starruhms, der dem Grafen von Saint-Germain in esoterischen Kreisen auch heute noch widerfährt, darf nicht vergessen werden, dass es sich bei ihm auch um eine historische Person handelt. Es gibt eine Vielzahl von Urkunden, Registereinträgen, Memoiren und anderen Schriftstücken, die seine tatsächliche Existenz belegen. Doch wie war es möglich, dass eine einzelne Person auf so unterschiedlichen Gebieten in Wissenschaft, Politik und Wirtschaft tätig war? Nicht zu vergessen Saint-Germains Mitgliedschaft bei verschiedenen Geheimbünden und sein breitgefächertes künstlerisches Talent. Es ist schier unmöglich, dass ein einzelner Mensch in seinem Leben so viel vollbrachte. Wir können wohl davon ausgehen, dass Saint-Germain über keine übermenschlichen Fähigkeiten verfügte, für die es auch keinerlei schlüssigen Beweise gibt. Daher ist eigentlich nur die Tatsache in Betracht zu ziehen, dass es im 18. Jahrhundert in Europa mehrere Personen gab, die unter dem Namen Saint-Germain agierten. So ist es möglich, dass es mindestens drei unterschiedliche Personen waren, die zur Legendenbildung um den vermeintlich übermenschlichen Grafen von Saint-Germain beitrugen.
Da gab es zunächst den berühmten Alchemisten, der an verschiedenen Herrscherhöfen in Europa tätig war. Jener Mann, der sich im 18. Jahrhundert in Europa unter dem Decknamen Saint-Germain einen Ruf als herausragender Alchemist schuf, wurde am 28. Mai 1696 in Klausenburg/Transsylvanien als Leopold Georg Rákóczi, Prinz von Transsylvanien, geboren. Transsylvanien stand seit der Schlacht bei Mohács am 29. August 1526 unter der Oberhoheit des Osmanischen Reiches, die Regierungsgeschäfte wurden jedoch vom Fürstenhaus Rákóczi geleitet. Nach dem Sieg Österreichs über die Osmanen 1683 geriet Transsylvanien immer weiter unter den Einfluss der Habsbur-

ger. 1699 wurde die Zugehörigkeit Siebenbürgens zu Österreich vom Osmanischen Reich im Frieden von Karlowitz anerkannt. Zu jener Zeit hatte sich Franz II. Rákócz, der Vater des kleinen Leopold, bereits an die Spitze der transsylvanischen Freiheitsbewegung gestellt. Um die Sicherheit seines erstgeborenen Sohnes zu gewährleisten, rieten Freunde dem Fürsten, den Jungen in Sicherheit zu bringen. Unter strengster Geheimhaltung – nicht einmal die Mutter wurde zunächst eingeweiht – brachte man Leopold zu einem befreundeten Adligen nach Florenz. Zudem wurde, wie bereits erwähnt, der Name Leopold Georg Rákóczi ins Sterberegister der zuständigen Kirche eingetragen, um die Täuschung perfekt zu machen.

Im Hause seines Ziehvaters Gian Gastone de' Medici, dem Großherzog der Region Toscana, fühlte sich der von allen nur „Bambino" genannte Junge sehr wohl. Am liebsten folgte er dem Herzog in dessen Studierzimmer, wo er begeistert in den alten Büchern blätterte, die ihm sein Ziehvater zeigte. Frühzeitig entwickelte der Knabe auch eine große Begeisterung für Gemälde und Musik. Um dessen Interessen zu fördern, engagierte der Herzog die besten Lehrer Italiens, die seinem Ziehsohn eine ausgezeichnete Ausbildung angedeihen ließen. „Bambino" entwickelte einen außerordentlichen Lerneifer. Neben den musischen Künsten waren es besonders die Naturwissenschaften, die den Knaben begeisterten. Über das Lernen und die liebevolle Zuneigung seiner Zieheltern vergaß der Junge die wenigen Erinnerungen an sein altes Leben und nannte sich selbst nur „Bambino". Der Herzog nahm den Knaben häufig mit auf Reisen. Oft verweilte man in der Benediktinerabtei Montecassiono in der Stadt Cassino, die der Junge in sein Herz schloss. Als die Firmung des Knaben anstand, führte Gian Gastone de' Medici ein langes Gespräch mit ihm. Es ging auch um den Namen, den der Junge nun führen sollte, da er sich wohl kaum Zeit seines Lebens „Bambino" nennen konnte. Spontan nannte der Knabe den Namen San Germano, die alte Bezeichnung für die Stadt Cassino. Dem weltgewandten Herzog schien jener Name jedoch etwas zu altertümlich, worauf er das modernere Saint Germain vorschlug, was dem Knaben ebenfalls sehr gut gefiel. Anzumerken sei an dieser Stelle, dass der Name Saint Germain in diesem Fall ohne Bindestrich verwendet wurde, im Gegensatz zum Comte de Saint-Germain, der später noch ausführlich angesprochen wird.

Ausgerüstet mit diesem wohlklingenden Namen und seiner ausgezeichneten Bildung, in einem der vornehmsten Adelshäuser Italiens erworben, begann der junge Mann sein Studium der Naturwissenschaften in der Stadt Siena. Obwohl er anfangs ein eifriger Student war, galt seine wahre Liebe bald der Alchemie, in die ihn ein ortsansässiger Goldschmied einführte. Nächtelang experimentierten die Männer in einem geheimen Labor, so dass Saint Germain seinen Lehrern in der Universität wegen Unkonzentriertheit und regelmäßigen Einschlafens unangenehm auffiel. Dem jungen Studenten waren die Naturwissenschaften schon längst egal geworden, hatte ihn sein geheimer Lehrmeister doch inzwischen mit den hermetischen Lehren bekannt gemacht. Die antike Geheimlehre der Hermetik geht auf die sagenhafte Gestalt des Hermes Trismegistos zurück, der den „Stein der Weisen“ entdeckt haben soll, jene Formel, mit der es möglich sein sollte, unedle Metalle in Gold zu verwandeln. Seine Schriften bildeten den Grundstock der Alchemie. Obwohl im 18. Jahrhundert längst bekannt war, dass es sich bei den Hermes Trismegistos zugeschriebenen Texten um uralte wissenschaftliche Überlieferungen aus Griechenland und Ägypten handelte, war die Suche nach dem „Stein der Weisen“ der höchste Ehrgeiz für jeden Alchemisten. Auch Saint Germain wurde davon befallen, und er setzte es sich in den Kopf, auf Reisen in exotische Länder die Formel für die Goldherstellung zu finden. Zu Ärger seines Ziehvaters brach Saint Germain sein Studium ab und reiste ohne Vorankündigung ins ferne Mexiko. Warum gerade Mexiko und nicht die aus der Hermetik bekannten Länder wie Ägypten oder Griechenland ist nicht nachvollziehbar. Vielleicht hatte Saint Germain von den Geschichten der Konquistadores gehört, die von gewaltigen Goldschätzen in der neuen Welt berichteten und die glaubten, Azteken, Majas und Inkas besäßen den „Stein der Weisen“.

Wie lange Saint Germain in der Ferne weilte, ist nicht bekannt, doch bei seiner Rückkehr wartete ein Brief seines leiblichen Vaters auf ihn, der Saint-Germain in das osmanische Rodosto rief, wo Franz II. Rákóczi im Exil lebte. Der schwer kranke Fürst wollte vor seinem Tod seinen erstgeborenen Sohn noch einmal sehen. Das Wiedersehen mit seiner Familie wurde für Saint Germain zu einem unwirklichen Erlebnis. Seine beiden jüngeren Brüder waren just am gleichen Tag in Rodosto eingetroffen und bis auf seine bereits verstorbene Mutter stand er nun seinen engsten Verwandten gegenüber, die für ihn jedoch Fremde waren. Dementsprechend kühl verlief das Treffen, doch Saint Germain erklärte sich bereit, den letzten Wunsch seines Vaters zu erfüllen und dem Sultan in Konstantinopel eine Nachricht zu überbringen. Dabei handelte es sich um ein Empfehlungsschreiben, in dem Rákóczi seinen alten Freund, den Sultan des Osmanischen Reiches, bat, seinen Sohn am Hofe aufzunehmen. Saint Germain fand freundliche Aufnahme in Konstantinopel und verbrachte einige Zeit am herrschaftlichen Hof. Wie zu erwarten, verbrachte er die meiste Zeit davon in den Laboratorien des Hofalchemisten. Hier lernte der wissensdurstige junge Mann viel über spezielle Färbe- und Gerbtechniken, die in Europa noch völlig unbekannt waren. Mit diesem Wissen konnte Saint Germain später in seiner Heimat brillieren und schuf so seinen Ruf als geradezu überirdischer Alchemist und Chemiker. Er erlernte auch die im Osmanischen Reich so beliebte Herstellung von Rosenöl, dem Grundstoff seines später so begehrten Lebenselixiers. In Konstantinopel reifte in Saint Germain der Plan, sein abgebrochenes Studium der Naturwissenschaften nicht wieder aufzunehmen, sondern sich fortan ganz der Alchemie zu widmen.

Dazu muss man wissen, dass die Alchemie im 18. Jahrhundert einen anderen Stellenwert als heute hatte, wo diese wahlweise als Pseudowissenschaft oder bloßer Hokuspokus betrachtet wird. In ihrem Ursprung war die Alchemie ein alter Zweig der Naturphilosophie, der später von der modernen Chemie und Pharmakologie abgelöst wurde. Die heute weit verbreitete Meinung, den Alchemisten wäre es nur um die Herstellung von Gold und damit einhergehend der Suche nach dem „Stein der Weisen" gegangen, ist schlichtweg falsch. Natürlich war die Transmutation unedler in edle Metalle ein Zweig der Alchemie, nahm aber nur einen kleinen Teil davon ein. Es gab sogar eine Vielzahl anerkannter Alchemisten, wie etwa Arnaldus de Villanova (1235 - 1311), welche die Herstellung von Gold vehement als Betrügerei ablehnten. Schwarze Schafe der Branche bedienten sich eines Tricks, um eine goldähnliche Substanz herzustellen. In erster Linie diente die Alchemie jedoch zur Entdeckung und Entwicklung von praktischen Dingen, wie etwa neuen Färbetechniken oder auch der Herstellung von Medizin. Die Vielfalt der alchemistischen Entdeckungen reichte natürlich noch viel weiter, war aber oft auch durch bloße Zufälle bedingt. So gelang dem sächsisch-kurfürstlichen Alchemisten Johann Friedrich Böttger die Herstellung von Porzellan, obwohl er auf Geheiß des Kurfürsten August dem Starken eigentlich Gold machen sollte.

Nach mehreren Jahren am Hofe des osmanischen Sultans zog es Saint Germain zurück nach Europa. Er kehrte jedoch nicht in das Haus seines Ziehvaters zurück, sondern verbrachte mehrere Jahre in Neapel, Rom und Malta, wo er seine alchemistischen Fähigkeiten verfeinerte. Erst 1729 kehrte er zum Herzog von Toscana zurück. Um seinen Ziehsohn nicht wieder für lange Zeit zu verlieren, richtete Gian Gastone de' Medici für Saint Germain ein Laboratorium ein, das nichts zu wünschen übrig ließ. Jener hatte sich inzwischen zum Ziel gesetzt, seine alchemistischen Fähigkeiten in den Dienst eines hochrangigen Monarchen zu stellen. Dazu bedurfte es jedoch besonderer Fähigkeiten. Durch Färbe- und Gerbetechniken oder falsches Gold ließen sich Fürsten und Könige nicht beeindrucken. Saint Germain kam auf die Idee, Diamanten zu reinigen. Den Einfall hatte er beim Betrachten des jahrhundertealten Familienschmucks des Herzogs, der zum Teil schon arg in Mitleidenschaft gezogen war. Mittels spezieller Säuren, die er von seinen Reisen mitgebracht hatte, gelang es Saint Germain, stark verschmutzten und stumpfen Diamanten alten Glanz zu verleihen. Um sich nicht auf diese einzige Fähigkeit verlassen zu müssen, kreierte Saint Germain auf der Basis des osmanischen Rosenöls ein wohlriechendes „Wässerchen“, das er den Damen des europäischen Hochadels als Schönheitselixier verkaufen wollte und das ewige Jugend und Schönheit verleihen sollte. So gerüstet machte sich Saint Germain auf nach Paris, um dem französischen König seine Dienste anzubieten. 1731 reiste Saint Germain nach Versailles, wo ihm ein Empfehlungsschreiben seines Ziehvaters eine Audienz bei König Louis XV. verschaffte. Der französische König war recht angetan von dem wortgewandten Alchemisten, der auf ausschweifende Weise von seinen Reisen in exotische Länder und den dort erworbenen Kenntnissen erzählte. Mit den Jahren hatte Saint Germain eine gewisse Menschenkenntnis erworben, die ihm nun sagte, dass er allein mit der Wertsteigerung von Edelsteinen und Schönheitswässerchen

keinen Eindruck beim König würde machen können. Tief in seinem Inneren war Louis XV. ein habgieriger Mensch. Um sich interessanter zu machen, ließ Saint Germain durchblicken, es gäbe Möglichkeiten, Edelsteine zu vergrößern oder sogar künstlich herzustellen, was sich, wie ja bereits geschildert, ganz nach Plan auszahlte. Louis XV. war bald von den Fähigkeiten Saint Germains überzeugt und engagierte ihn als Hofalchemisten – dieser Teil der Legende um den Comte de Saint-Germain liegt also bei Saint Germain, alias Leopold Georg Rákóczi.
Im Jahre 1759 bekam das gute Verhältnis zwischen Saint Germain und Louis XV. einen Dämpfer. Während der Abwesenheit des Alchemisten experimentierte der König ziellos in Saint Germains Laboratorium, was diesem außerordentlich missfiel. Es kam zu einem lautstarken Streit, in dessen Verlauf Saint Germain seine Entlassung forderte. Dieses Ansinnen lehnte der König jedoch rigoros ab. Saint Germain fühlte sich verraten, ertrug seinen Dienst nur noch mit Bitterkeit. Gegen 1765 muss es dann endgültig zum Bruch mit Louis XV. gekommen sein, denn Saint Germain hielt sich für fünf Jahre im Orient auf. Aus den Unterlagen des französischen Hofes ist nicht ersichtlich, dass der König den Alchemisten auf diese Reise geschickt hatte. Möglich ist, dass Saint Germain heimlich aus Frankreich abreiste, um sich aus dem Bann des Königs zu befreien.

Über die Folgezeit nach Saint Germains Rückkehr aus dem Orient, gibt es nur wenig gesicherte Informationen. So soll er unter dem Decknamen Baron Gugomos für den Markgrafen von Baden-Durlach in der Stadt Baden-Baden ein Heilbad errichtet haben. Des Weiteren wird berichtet, dass Saint Germain unter dem Namen eines Herrn Surmont für den Grafen von Cobenzl gearbeitet haben soll. Der österreichische Politiker wollte im niederländischen Tournai eine Tuchmanufaktur errichten, die jener Herr Surmont leiten sollte. Dieser sei ein Experte in Stoffveredelung und Färbetechniken gewesen. Anscheinend war es mit den Kenntnissen des Herrn Surmont aber doch nicht so weit her, denn erste Proben seines Könnens überzeugten die potentiellen Abnehmer der Manufaktur nur wenig, so dass der Graf von Cobenzl das geplante Projekt nicht verwirklichte.

Wirklich gesicherte Hinweise auf den Verbleib von Saint Germain haben wir erst wieder aus dem Jahre 1780. Zu jener Zeit war er, wie bereits beschrieben, Gast des Landgrafen Carl von Hessen-Kassel, eines begeisterten Anhängers der Alchemie. Dieser hatte sich in den Kopf gesetzt, mit Saint Germains Hilfe den „Stein der Weisen" zu finden. Anscheinend waren die beiden Männer nicht wirklich erfolgreich, denn statt Gold zu machen, erfanden die Männer verschiedene neuartige Färbetechniken. Dass Saint-Germain infolgedessen Direktor der Otte'schen Manufakture wurde, wurde bereits erwähnt, ebenso wie sein Tod 1784 in Eckernförde.
Im November 1872 erlebte die an der Ostsee gelegene Stadt Eckernförde die bisher schlimmste Sturmflut ihrer Geschichte. Auch die Kirche St. Nicolai wurde durch die Wassermassen stark in Mitleidenschaft gezogen. Bei den Renovierungsarbeiten an der Kirche wurde die vom Wasser stark durchfeuchtete Gruft kurzerhand zugemauert, um so die Feuchtigkeit vom Rest des Gebäudes fernzuhalten. Seit jener Zeit ist die Ruhestätte von Saint Germain nicht mehr zugänglich. Daraus entstand wohl die beliebte Legende, dass sein Sarg eines Tages leer aufgefunden wurde. Für die Anhänger der esoterischen Szene ist diese Geschichte Beweis genug, dass ihr Meister Saint Germain ewiges Leben hat.

Der Graf von Saint-Germain ist nicht nur für Esoteriker und Grenzwissenschaftler eine beliebte Gestalt, auch die Geschichtswissenschaft hat sich seiner Person angenommen. Aus Nachforschungen und Veröffentlichungen historischer Akten ist tatsächlich ein Aristokrat namens Saint-Germain bekannt, der im Europa des 18. Jahrhunderts seine Spuren hinterlassen hat. Claude-Louis, Comte de Saint-Germain wurde am 15. April 1707 im Schloss seiner Familie im französischen Vertamboz geboren. Nach einer unbeschwerten Kindheit wurde Claude-Louis im schulpflichtigen Alter in die etwa zwanzig Kilometer entfernte Jesuitenschule in Lons-le-Saunier geschickt. Obwohl in der Ordensschule strenge Ordnung herrschte, gefiel es dem Jungen dort. Mit fortschreitendem Alter reifte in Claude-Louis zunächst der Entschluss, nach seiner Ausbildung als Rhetoriklehrer an der Jesuitenschule zu unterrichten. Seine Pläne änderten sich jedoch drastisch. Mit 17 Jahren bestand Claude-Louis darauf, das Kloster zu verlassen und trat

in das von seinem Vater kommandierte Dragonerregiment ein. Mit Ehrgeiz und Protektion von familiärer Seite gelangte der junge Soldat schnell in den Rang eines Leutnants. Da weitere Beförderungen jedoch auf sich warten ließen und der ungeduldige Saint-Germain eine rasche militärische Karriere anstrebte, verließ er das Dragonerregiment und trat in den Dienst des Kurfürsten von der Pfalz. Einige Historiker vertreten die Meinung, dass Saint-Germain Frankreich wegen eines Duells verlassen musste, wofür es aber keine gesicherten Beweise gibt. Hier lernte er den österreichischen Gesandten und offiziellen diplomatischen Vertreter der Habsburger, Herrn Blondel, kennen. Die Männer schlossen schnell Freundschaft und Blondel wurde so etwas wie ein Mentor für Saint-Germain. Blondel war es auch, der die Hochzeit Saint-Germains mit der Tochter des Barons von Oststein, des Oberkämmerers des Kurfürsten Karl Albrecht von Bayern, vermittelte. Auf Betreiben seines Schwiegervaters wurde Saint-Germain zunächst ebenfalls Kammerherr des bayrischen Kurfürsten. Da sein neuer Dienstherr Gefallen an dem engagierten jungen Mann fand und Saint-Germain den Kurfürsten von seinen militärischen Fähigkeiten überzeugen konnte, wurde er kurzerhand zur bayrischen Kavallerie versetzt und nahm als Offizier am Österreichischen Erbfolgekrieg teil. Auf Grund seiner Tapferkeit und herausragender militärischer Leistungen beförderte ihn der Kurfürst danach zum Generalmajor und später sogar zum Vizepräsidenten des bayrischen Kriegsrates.
Mit dem Tod von Kurfürst Karl Albert im Jahr 1745 endete das Dienstverhältnis von Saint-Germain in Bayern. Der neue Kurfürst strukturierte die Regierung des Landes völlig neu und hatte keine Verwendung mehr für ihn. Es war wiederum sein Freund und Mentor Blondel, welcher für das berufliche Fortkommen von Saint-Germain sorgte. Dieser wurde dem französischen Kriegsminister Charles Louis Auguste Fouquet de Belle-Isle vorgestellt, der sich für Saint-Germain bei König Louis XV. verwendete. Auf königlichen Erlass war Saint-Germain künftig als diplomatischer Vertreter seines Heimatlandes Frankreich tätig und wurde zunächst an den Hof des Preußenkönigs Friedrich II. geschickt. Da ihm der diplomatische Dienst nicht wirklich zusagte, bat Saint-Germain um die Versetzung zum französischen Militär, welche ihm gnädig gestattet wurde. Nachdem er in mehreren Schlachten des

immer noch andauernden Österreichischen Erbfolgekriegs mit heldenhaften Taten sein militärisches Talent erneut unter Beweis gestellt hatte, wurde Saint-Germain zum Brigadegeneral befördert. Bei Ausbruch des Siebenjährigen Krieges im Jahr 1756 bekleidete er dann sogar den Rang eines Generalleutnants.

Am königlichen Hof in Versailles erfreute sich der erfolgreiche Kriegsmann wachsender Beliebtheit. Er genoss besonders die Gunst von Madame de Pompadour. Diese hörte sich stundenlang die ausschweifenden Kriegsgeschichten an, die Saint-Germain zu erzählen wusste. Mit seinem inzwischen erworbenen Ruhm und Einfluss wäre es Saint-Germain unter der Herrschaft von Louis XV. wohl gelungen, in die allerhöchsten militärischen Ränge aufzusteigen, hätte er sich nur nicht in eine politische Intrige verstricken lassen, die schließlich zum Bruch mit dem französischen König führen. Auslöser für diese Intrige waren die Bestrebungen des französischen Außenministers Étienne-François de Choiseul d'Amboise, auch bekannt als der Herzog von Choiseul. Dessen erklärtes Ziel war die Aussöhnung und Verbündung der vormaligen Kriegsgegner Frankreich und Österreich. Das widerstrebte dem Kriegsminister Fouquet de Belle-Isle außerordentlich, der in Österreich den erklärten Feind Frankreichs sah. Louis XV., der ewigen Kriege müde, unterstützte die Pläne des Herzogs von Choiseul. Um dessen Bestrebungen zu boykottieren, zog der Kriegsminister Saint-Germain ins Vertrauen, der aus persönlichen Gründen in gespanntem Verhältnis zum Herzog stand. In geheimer Mission wurde Saint-Germain nach Den Haag geschickt, um die dortigen Friedensverhandlungen zu hintertreiben. Der Plan flog allerdings auf und der Herzog von Choiseul forderte vom König die sofortige Inhaftierung Saint-Germains. Louis XV. kam dieser Aufforderung zwar nicht nach, entließ Saint-Germain allerdings nach einem ernsthaften und lautstarken Gespräch aus dem Dienst der französischen Krone.
Saint-Germain trat daraufhin in den Dienst des dänischen Königs Friedrich V., wo er zunächst wieder als Diplomat tätig war. Später wurde er als Feldmarschall mit der Reorganisation der dänischen Armee beauftragt. Nach dem Tod von Friedrich V. schied Saint-Germain aus dem militärischen Dienst aus und kehrte in seine Heimat Frankreich

zurück, wo er auf einem Gut in Lauterbach im Elsass lebte. Durch Zutun der Minister Turgot und Malesherbes wurde Saint-Germain im Oktober 1775 vom neuen König Louis XVI. zurück in den Staatsdienst geholt und zum französischen Kriegsminister ernannt. Seine Bestrebungen, die französische Armee nach preußischem Vorbild umzustrukturieren, stießen auf heftigen Widerstand bei den höheren Offiziersrängen. Die andauernden Streitigkeiten und gesundheitliche Probleme ließen in Saint-Germain den Entschluss reifen, nach nur zwei Jahren im Amt den Dienst zu quittieren. Am 23. September 1777 trat er von seinem Posten als französischer Kriegsminister zurück. Er erhielt eine großzügige königliche Pension und lebte fortan in einer luxuriösen Wohnung in Paris, wo er nur wenig später am 15. Januar 1778 im Alter von 70 Jahren verstarb.

Somit haben beide Männer, der Alchemist Saint Germain und auch der Diplomat Saint-Germain, Teile zur Geschichte des Comte de Saint-Germain beigesteuert. Beide waren herausragende Männer ihrer Zeit, doch sie waren dennoch nicht allein für die Legendenbildung um den legendären Grafen verantwortlich. Verschiedene Historiker gehen heute davon aus, dass sich im Verlaufe des 18. Jahrhunderts mindestens noch eine dritte Person auf dem gesellschaftlichen und politischen Parkett Europas bewegte, der sich als Graf von Saint-Germain ausgab. Da sich Saint-Germain laut Zeugenaussagen zeitweilig gleichzeitig an verschiedenen Orten aufhielt und ein wissenschaftliches wie politisches Arbeitspensum absolvierte, das ein einzelner Mensch niemals hätte bewältigen können, ist diese Schlussfolgerung durchaus nachvollziehbar. Auch die künstlerischen und beruflichen Fähigkeiten, die der vermeintliche Graf von Saint-Germain in sich vereinte, lassen auf mehrere Personen schließen, welche unter diesem Decknamen agierten. Neben der Vielzahl an positiven Aspekten, die über den geheimnisvollen Grafen von Saint-Germain berichtet wurden, haftete ihm zeitlebens der Nimbus des Übertreibers, Aufschneiders und Fabulierers an. Obwohl viele der Gerüchte als Fehlinterpretationen seiner Handlungen und Aussagen gewertet werden können, muss es einen Gegenspieler gegeben haben, der sich als Saint-Germain ausgab und diesen bewusst diskreditierte.

Wer war nun jene dritte Person, die sich neben dem Alchemisten namens Saint Germain und dem Aristokraten Claude-Louis, Comte de Saint-Germain, als Graf von Saint-Germain ausgab? Bei Nachforschungen bezüglich jener Person fällt bis heute immer wieder der Name Mylor Glower bzw. Monseigneur Gauve, wie der Mann sich in Frankreich nannte. Über die Herkunft von Glower sind keine historisch gesicherten Fakten bekannt. Es wird vermutet, dass er in England geboren wurde, da er die Sprache perfekt beherrschte. Im Siebenjährigen Krieg soll er zeitweise von Frankreich als Spion beim britischen Heer eingesetzt worden sein. Nachdem seine Dienste von der französischen Krone nicht mehr benötigt wurden, nahm der französische Außenminister Étienne-François de Choiseul d'Amboise, Herzog von Choiseul, den erwerbslosen Glower unter seine persönlichen Fittiche. Der Herzog hatte das schauspielerische Talent des Mannes erkannt und gedachte, dieses für seine Rache zu nutzen. Da der Kriegsminister Fouquet de Belle-Isle unter der besonderen Gunst des Königs stand und somit praktisch unantastbar war, wollte sich der Herzog von Choiseul an Saint-Germain rächen, der ja die Friedensverhandlungen zwischen Frankreich und Österreich hintertrieben hatte. Es war ein glücklicher Umstand, dass Glower Saint-Germain in Aussehen und Statur durchaus ähnelte. Für Glower wurde eine passende Garderobe angefertigt; zudem ließ der Herzog ihn von seinen Dienern in gesellschaftlicher Etikette unterrichten. Mit nicht allzu großem Aufwand wurde so ein Doppelgänger von Saint-Germain geschaffen, der für die Pläne des Herzogs von großem Nutzen war. Dessen Komplizen führten Glower in die Pariser Gesellschaft ein, wo jener sich als Graf von Saint-Germain schnell einen Ruf als grandioser Geschichtenerzähler erwarb. Der Betrüger setzte in seiner Rolle zunächst noch gemäßigte Übertreibungen ein. Als er jedoch bemerkte, dass die Leute seine Geschichten aus fernen Ländern und von historischen Persönlichkeiten glaubten, steigerte Glower sich in seinen Fantastereien. Er machte geheimnisvolle Andeutungen, dass er unsterblich sei und schon mehrere tausend Jahre auf der Erde weilte. So behauptete Glower dreist, er habe Jesus gut gekannt und sei schon im Hause von dessen Großmutter Anna verkehrt. Auch hätte er am Konzil von Nicäa im Jahre 325 teilgenommen, wo er sich angeblich für die Heiligsprechung von Anna und deren Tochter Maria ausgesprochen hätte.

Aus schriftlichen Überlieferungen von Zeitzeugen geht hervor, dass die adlige Gesellschaft von Paris nur zu gern den phantastischen Geschichten des Betrügers lauschte. In der Folgezeit gab es kein gesellschaftliches Ereignis, zu dem Glower von den Komplizen des Herzogs nicht eingeschleust wurde. Seine Geschichten wurden immer abenteuerlicher. So behauptete er beispielsweise, seinem Freund Jesus gewisse Dienste beim römischen Statthalter Pontius Pilatus geleistet zu haben. Der Plan des Herzogs von Choiseul schien aufzugehen, denn schon bald berichteten alle großen Zeitungen Frankreichs von jenem geheimnisvollen Grafen von Saint-Germain, der unsterblich sei und sogar durch die Zeit und in die Zukunft reisen könnte. Glower hatte sich tatsächlich erdreistet, kryptische Hinweise auf einen vermeintlichen Weltraumflug verlauten zu lassen. In der Bibliothek von Troyes befindet sich ein Schriftstück mit dem Titel „La très sainte Trinosophie", das von einem Grafen von Saint-Germain stammen soll. Darin heißt es: „Die Geschwindigkeit, mit der wir durch den Raum jagten, läßt sich mit nichts anderem als sich selbst vergleichen. In einem Augenblick hatte ich die Sicht auf die unten liegenden Ebenen vollkommen verloren. Die Erde erschien mir nur noch wie eine verschwommene Wolke. Man hatte mich zu riesiger Höhe emporgehoben. Eine ganze Weile zog ich durch den Weltraum dahin. Ich sah Himmelskörper um mich herum sich drehen und Erdkugeln zu meinen Füßen versinken."[14] Sollte das Dokument tatsächlich eine Schrift aus dem 18. Jahrhundert sein und von einem gewissen Saint-Germain stammen, dann mit Sicherheit weder von Claude-Louis, Comte de Saint-Germain, noch vom Alchemisten Saint Germain. Beim Verfasser kann es sich dann nur um den Betrüger Mylor Glower alias Monseigneur Gauve handeln. Die Intrige des Herzogs von Choiseul zeigte mit fortschreitender Zeit seine infame Wirkung. Personen, die dem Comte de Saint-Germain zum ersten Mal begegneten, aber schon von den obskuren Geschichten des Betrügers Glower gehört hatten, der sich als Graf von Saint-Germain ausgab, begegneten dem Aristokraten mit zurückhaltender Skepsis oder gar Ablehnung. Auch dem Alchemisten Saint Germain widerfuhr mittlerweile Zurückweisung in der wissenschaftlichen Welt. Glower hatte nämlich auch verkündet, dass er im Verlaufe seines seit Tausenden Jahren währenden Lebens auch den „Stein der Weisen" gefunden hätte und somit Gold machen könnte. Es war also nicht zuletzt der Herzog von Choiseul, der mit Hilfe jenes Doppelgängers erheblichen Anteil an der Erschaffung der Fantasiegestalt des „Grafen von Saint-Germain“ hatte.

Heute ist der Graf von Saint-Germain aus der esoterischen Szene nicht mehr wegzudenken. Vielmehr ist er ein gemeinsamer Nenner, in dem sich die verschiedenen Teilgebiete der Esoterik wiederfinden. Jedes Jahr erscheinen weltweit immer neue Bücher, die mit dem Namen Saint-Germain für ihren teilweise obskuren Inhalt werben. Sein angeblich göttliches Wissen über die Zusammenhänge des Universums muss als Quelle für eine vermeintliche spirituelle Erweckung herhalten. Mit einer historischen Person hat das alles herzlich wenig zu tun. Der Graf von Saint-Germain, wie er heute dargestellt wird, ist ein reines Kunstprodukt.

KRABAT
UND DIE SCHWARZE MÜHLE

In ihren Ursprüngen geht die Krabat-Sage bis in das 17. Jahrhundert zurück. So erzählten sich die sorbisch-wendischen Bewohner der Lausitz von einem Zauberer namens Krabat, der einst in einem Stein vom Himmel gefallen sei und auf der Erde wandelte. Ob er Gutes oder Böses im Schilde führte, das wussten die Menschen nicht. Es hieß nur, dass jener Krabat einst wieder in einem Stein gen Himmel fahren würde, wenn sein Werk auf Erden vollendet sei.

Mit den Jahrzehnten verdichtete sich die Sage und wurde folgendermaßen erzählt: In Eutrich bei Königswartha lebte einst ein Junge namens Krabat mit seinen Eltern in einer armseligen Hütte. Die Familie war arm und Krabat musste das Vieh der Nachbarn hüten, um etwas Geld zu verdienen. Wenn die Not besonders groß war und die Familie nichts zu essen hatte, ging Krabat betteln. Auf einer dieser Bettelrunden gelangte der Junge auch nach Schwarzkollm. Dort stand die Mühle des schwarzen Müllers, den Krabat um etwas Mehl bat. Stattdessen bot ihm der Müller eine Stelle als Müllerbursche an. Nach einigem Zögern nahm Krabat das Angebot an und lernte die anderen elf Müllerburschen kennen, die ihm zunächst mit Argwohn begegneten. Schon bald merkte Krabat, dass es in der schwarzen Mühle nicht mit rechten Dingen zuging. Nach der Probezeit offenbarte der Müller dem Jungen, dass die schwarze Mühle eine Zauberschule sei, in der die Schüler die dunkle Magie erlernten. Krabat erwies sich als gelehriger Schüler und lernte schnell die Zauberkunst. Als seine Lehrjahre zu Ende gingen, erfuhr Krabat, dass er nun seine Seele dem Teufel verschreiben sollte,

Krabat ist noch heute in der ganzen Lausitz präsent: Holzschnitzerei in Groß Särchen

um ein wirklicher Hexenmeister zu werden. Er erbat sich Urlaub und suchte seine Mutter auf, denn er hatte erfahren, dass nur eine Mutter ihren Sohn aus der Macht des schwarzen Müllers befreien konnte. Krabat vereinbarte mit seiner Mutter ein Erkennungszeichen und kehrte nach Schwarzkollm zurück. Einige Tage später erschien seine Mutter in der schwarzen Mühle und forderte ihren Sohn zurück. Der Müller erklärte sich bereit, Krabat freizugeben, wenn seine Mutter ihn unter den zwölf Müllerburschen erkennen würde. Er führte die Frau in eine Kammer, wo zwölf schwarze Raben auf einer Stange saßen. Der schwarze Müller hieß die Frau, nun ihren Sohn Krabat auszuwählen. Elf der Raben zupften sich am linken Flügel, nur der zwölfte zupfte sich am rechten. Das war das vereinbarte Zeichen. Auf jenen Raben zeigte die Frau und erklärte, dass dieser ihr Sohn Krabat sei. Wütend musste der schwarze Müller Krabat freigeben, denn gegen die Liebe einer Mutter konnte seine dunkle Magie nichts ausrichten.

Die nachweislich erste gedruckte Schrift, die Bezug auf die Sagengestalt Krabat nahm, war 1837 „Von einem bösen Herrn in Groß-Särchen“ von Joachim Leopold Haupt. Der Verfasser nannte den vermeintlich bösen Herrn zwar nicht beim Namen, verschiedene Geschehnisse seines kurzen Textes lassen jedoch unweigerlich den Schluss zu, dass es sich dabei um die bekannte sorbische Sagengestalt Krabat handelte. Wie etwa die wilde Kutschfahrt durch die Luft, bei der die Spitze des Kamenzer Kirchturmes in Mitleidenschaft gezogen wurde oder die Verwandlung von Haferkörnern in Soldaten. Beide Ereignisse finden in verschiedenen Weiterführungen der Krabat-Sage ihre Verwendung. Auch die Erwähnung der Ortschaft Groß Särchen ist beachtenswert, war diese doch zeitweilig Wohnort einer historischen Persönlichkeit, die immer wieder mit der Gestalt des Krabat in Verbindung gebracht wird. In der Studentenzeitung „Lužičan“, einem handschriftlichen Blatt für sorbische Seminaristen in Prag, erschien 1865 ein Artikel von Jurij Kubas. Darin wurde von einem armen Viehhirten namens Krabat berichtet, der die Schule des Teufels besucht und später als Grundherr von Groß Särchen im Dienst des Kurfürsten von Sachsen gestanden hätte. Erstmals fand auch das Zauberbuch „Koraktor“ Erwähnung, ein wichtiger Baustein der Sagenbildung um Krabat. Jenes Zauberbuch erwähnte auch der Theologiestudent Jan Golc, der 1885 in einem Artikel schrieb, dass der hochbetagte Krabat erst sterben könnte, nachdem der Koraktor vernichtet war. Zwei Jahre später ließ Křesćan Bohuwěr Pful in einem Zeitungsartikel verlauten, dass Krabat sein Zauberbuch im Schwarzwasser versenkt hätte, um beruhigt sterben zu können. Niemand sollte nach seinem Tod mit der Macht des Koraktors in Berührung kommen.

Eine bedeutende Aufwertung der Sagengestalt Krabat gelang im Jahr 1896 dem Autor Jurij Pilk mit seinem zehnseitigen Artikel „Der wendische Faust“ in der sorbischen Zeitung „Lužičan“. Pilk brachte die verschiedenen in der Lausitz kursierenden Sagenmotive in eine logische Abfolge und verdichtete die Geschichte mit Verbindungsstücken, die er

Dorf Eutrich. Nach Jurij Pilk Geburtsort von Krabat

der sorbisch-wendischen Sagenwelt entlieh. Krabat begegnet uns hier als Sohn eines armen Viehhirten aus Eutrich, der in der Teufelsmühle von Schwarzkollm das Zaubern lernt und dem schwarzen Müller das Zauberbuch Koraktor stiehlt. Mittels eines Verwandlungszaubers gelingt es Krabat, den schwarzen Müller zu besiegen und wird später auf Grund seiner Fähigkeiten in den Dienst des sächsischen Kurfürsten berufen. Er wird zum Grundherrn und Wohltäter von Groß Särchen. Mit der Vernichtung des Koraktors kurz vor seinem Tod bewahrt Krabat die Menschen der Lausitz schließlich vor kommendem Schaden, welchen das Zauberbuch in den falschen Händen anrichten könnte. Der Krabat von Jurij Pilk macht eine erstaunliche Wandlung durch, die ein Abbild der sorbisch-wendischen Glaubenswelt darstellt. Zu Beginn ist er ein der schwarzen Magie verfallener Zauberlehrling. Erst langsam gelangt er zu der Einsicht, dass ein Pakt mit dem Teufel sein Leben zerstören würde und er lehnt sich gegen den schwarzen Müller auf. Jurij Pilk gelang es, die dunkle, dämonisierte Figur des Krabat der Ur-Sage hin zur leuchtenden Gestalt des Wohltäters des sorbisch-wendischen Volkes zu wandeln.

Mit „Die schwarze Mühle“ erschien 1968 in der ehemaligen DDR eine außergewöhnliche Bearbeitung der Krabat-Sage. Der Autor Jurij Brězan verwandelte die Volksgeschichte in ein fantastisches Märchen. Gleich zu Anfang seiner Erzählung greift Brezan die bereits erwähnte Geschichte von Krabats Himmelsreise auf und rückt sein Werk weiter in die Richtung von Fantasy und Science-Fiction, einer in der DDR beliebten Literaturgattung. Bei Brězan erwacht Krabat in einer kalten Novembernacht in einem Waldstück, weiß nicht, wer er ist und woher er kommt. Nur eine uralte Weissagung hat sich in sein Gehirn eingebrannt. Sie erzählt dem Jungen von einer großen eisernen Truhe mit sieben Schlössern, die von einem riesigen Wolf bewacht wird. In der Truhe stecken sieben Bücher mit dem Wissen der Welt, und wer den Wolf überwinden kann, dem eröffnen sich alle Geheimnisse. Daran erinnert sich Krabat. Woher er diese Weissagung kennt, bleibt dem Jungen jedoch verborgen. Auf der Suche nach Nahrung trifft Krabat auf einen düster wirkenden Mann, der sich als der hiesige Müller zu erkennen gibt und Krabat eine Stelle als Müllerbursche anbietet. Jener zögert zunächst, doch als ihm der Müller von einer Truhe mit sieben Schlössern erzählt, die in seiner Mühle stehe, wird der Junge neugierig. Als ihm der Müller zum Beweis noch sieben schmuckvolle Schlüssel zeigt und anbietet, Krabat in sieben Lehrjahren das Wissen der sieben Bücher zu lehren, wird der Pakt besiegelt. Krabat folgt dem Müller in die schwarze Mühle und lernt die zwölf Müllerburschen kennen. Bei seinem Eintreffen wird er von diesen frostig empfangen, muss doch Krabat sogleich einen der Burschen auswählen, der die Mühle verlässt, damit er dessen Platz einnehmen kann. Zwölf sei das Prinzip der schwarzen Mühle, daher müsse einer der Burschen gehen, erklärt der Müller. Es werde ihm jedoch an nichts fehlen, er bekomme beim Abschied einen festen Anzug aus Leder und eine gute Waffe, um sich zu verteidigen. Krabat wählt aufs Geradewohl einen der Burschen aus, der sich daraufhin in einen schwarzen Wildeber mit spitzen Hauern verwandelt. Krabat ist entsetzt, doch der Müller lacht nur. Er habe dem Burschen doch einen Anzug aus Leder und eine Waffe zum Wehren gegeben. Krabat stellt mit Entsetzen fest, dass er sich in die Hände eines Hexenmeisters begeben hat. Doch nun ist es zu spät, der Pakt ist besiegelt. Für sieben Jahre ist Krabat nun in der Hand des schwarzen Müllers. Die Arbeit in der Mühle ist hart und zu seinem Entsetzen verwandelt der Müller die Burschen des Nachts in Raben und sperrt sie ein. Eines Tages hört Krabat durch Zufall den Müller laut aus einem der Zauberbücher vorlesen und erfährt dadurch, dass nur eine mutige Mutter ihren Sohn aus dem Bann der schwarzen Mühle befreien kann. Krabat ist bestürzt, denn er kann sich nicht erinnern, je eine Mutter gehabt zu haben. Mit Hilfe seines Freundes, des Müllerburschen Markus, gelingt es Krabat jedoch, dessen Mutter in die Befreiung der beiden Burschen aus der Macht der schwarzen Mühle einzubeziehen. Sie erklärt sich bereit, Krabat als ihren Sohn anzuerkennen. Der Müller indes ahnt nicht, dass Krabat und Markus sich aus seiner Gewalt befreien wollen, hält sie eher für zuverlässige Müllerburschen und macht sie zu seinen Zaubergehilfen. Die Burschen haben nun Zugang zu den Zauberbüchern und lernen die wahre Macht der schwarzen Magie kennen. Nach langwieriger Planung erscheint die Mutter von Markus in der schwarzen Mühle und fordert vom Müller ihre Söhne zurück. Da Krabat mit ihr ein Zeichen vereinbart hat, erkennt die Frau die

Gasthaus „Zum Schwan“ in Groß Särchen. Hier verstarb Oberst Schadowitz im Jahr 1704.

Burschen unter den zwölf Raben, die ihr der Müller präsentiert. Wütend muss der Müller Krabat und Markus ziehen lassen. Bald stellt er fest, dass Krabat eines seiner Zauberbücher gestohlen hat und sinnt auf Rache. Jener sucht derweil nach Mitstreitern, um den schwarzen Müller ein für alle Mal zu vernichten. In der Folgezeit entspinnt sich ein fast episch zu nennender Kampf zwischen Krabat und dem schwarzen Müller. Beim entscheidenden Kampf steht Krabat kurz davor, den Müller zu besiegen. Als letztes Mittel nutzt der Müller einen Zauberring, der Zeit und herrschende Umstände völlig verändert. Der schwarze Müller ist plötzlich Markgraf und Krabat der Heerführer der rebellierenden Bevölkerung, die sich Fürst Lubomier angeschlossen hat, um den Markgrafen zu stürzen. Ein gnadenloser Kampf entwickelt sich, der letztendlich aber ebenso die Fehde zwischen dem schwarzen Müller und Krabat beinhaltet. Am Ende ist es Krabat, der triumphiert. Obwohl Jurij Brězan das Volk der Sorben nicht namentlich erwähnt, sind seine Ausführungen ein Fingerzeig in Richtung der Auseinandersetzungen zwischen Germanen und Slawen sowie der Unterdrückung der Sorben durch die deutschen Kaiser und später durch die Nationalsozialisten. Vor dem anfänglich historischen Hintergrund der sorbisch-wendischen Welt verlegt der Autor die Handlung zunehmend ins Fantastische. Zeit und Raum übergreifende Akteure lassen den Geschichten um Krabat etwas Unwirkliches anhaften.

Ganz anders geht der Autor Otfried Preußler an den Sagenstoff heran, dessen Buch „Krabat" 1971 im westlichen Teil Deutschlands erschien. Preußler bedient sich der ursprünglichen Geschichten über Krabat, baut zusätzlich Gestalten der sorbischen Sagenwelt ein, wie etwa den legendären Müllerburschen Martin Pumphut, der mittels Zauberkräften habgierigen Müllern das Handwerk legt. Außerdem begegnet uns die Gestalt des Herrn Gevatter, der sich als der leibhaftige Teufel entpuppt, in dessen Dienst der schwarze Müller steht. Preußler siedelt die Handlung seines Romans in der Zeit des Großen Nordischen Krieges an. Durch die Wirren des Krieges ist Krabat ein Waisenkind geworden und schlägt sich gemeinsam mit zwei Kameraden mehr schlecht als recht als Bettler durch. In der Weihnachtszeit ziehen die Burschen als Sternsinger durch die Lausitz und versuchen, so etwas Geld zu verdienen. In der Gegend von Hoyerswerda vernimmt Krabat drei Nächte hintereinander eine Stimme, die ihn auffordert, zu einer Mühle bei Schwarzkollm zu kommen. Dort werde es ihm an nichts mangeln. Nach einigem Überlegen verlässt Krabat des Nachts heimlich seine Kameraden und macht sich nach Schwarzkollm auf. Im Koselbruch findet Krabat tatsächlich eine Mühle und wird von einem unheimlichen Mann begrüßt, der sich als der schwarze Müller zu erkennen gibt. Der Müller bietet Krabat eine Lehrstelle als Müllerbursche an. Er wolle ihn das Müllerhandwerk und „das andere auch" lehren. Obwohl Krabat nicht wirklich weiß, was das zweite sein soll, willigt er ein. Von den anderen elf Müllerburschen wird Krabat kühl empfangen und erfährt, dass er die Stelle eines erst kürzlich verunglückten Burschen einnimmt. Die Arbeit in der Mühle ist hart, doch Krabat fügt sich in sein Schicksal. Nach einer dreimonatigen Probezeit erfährt Krabat, um was es sich bei „das andere auch" handelt: Er wird in die Zauberschule des Müllers aufgenommen, in der die Burschen schwarze Magie erlernen. In der Osternacht führen die Schüler ein besonderes Ritual durch: Immer zu zweit müssen sie die Nacht an einem Ort verbringen, an dem jemand ermordet worden ist. Krabat und Tonda wachen an „Bäumels Tod", wo ein mannhohes Kreuz steht. In dieser Nacht hört Krabat zum ersten Mal die Kantorka aus dem nahegelegenen Schwarzkollm singen und verliebt sich in deren Stimme. Nach der Rückkehr in die Mühle schwört der Müller seine Schüler erneut auf die schwarze Magie ein. Mit Hilfe seines neuen Freundes Tonda lernt Krabat die Geheimnisse der schwarzen Mühle kennen. So erfährt er, dass auch der Müller einen Meister hat, dem er sich verschrieben hat. Dieser unheimliche Herr Gevatter erscheint in jeder Neumondnacht und lässt sich säckeweise menschliche Knochen mahlen. Mittlerweile kommt es immer wieder zum Streit zwischen dem Müller und Tonda. In der Silvesternacht verunglückt Tonda tödlich, doch keiner der anderen Burschen will etwas davon hören, dass der Müller ihn ermordet hat. Angst geht in der Mühle um. Am Dreikönigstag ist Krabats erstes Lehrjahr beendet und er wird zum Gesellen. Sein zweites Jahr in der schwarzen Mühle ist zunehmend von Ereignissen geprägt, die einerseits mit der Zunahme seiner magischen Fähigkeiten und andererseits mit seiner Liebe zur Kantorka im Zusammenhang stehen. Anzumerken sei, dass eine Kantorka die Vorsängerin der religiösen Lieder in einer Kirchengemeinde ist. Obwohl Krabat die Kantorka von Schwarzkollm noch niemals gesehen hat, ist sie ständig in seinen Gedanken. Das ist allerdings gefährlich, da der schwarze Müller die Gedanken seiner Schüler lesen kann. Von Tonda weiß Krabat, dass der Müller niemals von dem Mädchen erfahren darf, da es sonst des Todes sei. Die Schüler der schwarzen Mühle haben sich der dunklen Magie verschrieben, niemand anderes darf sie beeinflussen. Dank seiner erworbenen Fähigkeiten kann Krabat jedoch seine Gedanken vor dem Meister verbergen. Ein zweites einschneidendes Erlebnis in Krabats zweitem Lehrjahr ist der Auftritt des Pumphut in der schwarzen Mühle. Jener weist den schwarzen Müller auf sein oft ungerechtes Verhalten gegenüber den Müllerburschen hin und es kommt zu einem Zauberduell. Der schwarze Müller wird besiegt und lässt seine Wut an den Burschen aus. Krabat ist von den Zauberkräften des Pumphut fasziniert und lernt fleißig, um ebenfalls so ein begnadeter Zauberer zu werden. Insgeheim hat er es sich zum Ziel gesetzt, den schwarzen Müller zu vernichten, dessen Verhalten immer unerträglicher wird. Der Müller ahnt nichts von Krabats Plänen, ist stattdessen von seinem Fleiß begeistert.

Erlebnishof Krabat, Mühle Schwarzkollm.
Das touristische Zentrum der Krabat-Verehrung

Er macht Krabat zu seinem persönlichen Gehilfen und jener darf an dem berühmten Flug mit der Kutsche nach Dresden teilnehmen, der schon aus anderen Geschichten bekannt ist. Das Jahr endet mit dem Tod des Müllerburschen Michael. Von Juro, der den Einfaltspinsel spielt, insgeheim aber in den Zauberbüchern des schwarzen Müllers liest, erfährt Krabat Ungeheuerliches: Die tödlichen Unfälle der Müllerburschen zum Jahresende sind kein Zufall. Sie gehören zum Pakt, den der Müller mit dem Teufel, dem Herrn Gevatter, geschlossen hat. Er muss jedes Jahr seinen besten Schüler opfern, um sein eigenes Leben zu verlängern. Mit Juros Hilfe kann auch Krabat aus den Zauberbüchern lernen, und seine magischen Fähigkeiten wachsen. Der Müller spürt Krabats wachsende Kraft, ohne zu wissen, wie jener seine Fähigkeiten erwirbt. Er bietet Krabat die Teilhaberschaft an der Mühle an, die jener jedoch ablehnt. Jetzt weiß der Müller, dass sein Lieblingsschüler gegen ihn arbeitet. Krabat hat längst seine Befreiung aus der schwarzen Mühle geplant und hat sich schon im Geheimen mit der Kantorka getroffen. Sie ist der Schlüssel. Nur die Liebe eines Mädchens kann den Müllerburschen aus den Fängen der schwarzen Mühle befreien. Zur vereinbarten Stunde erscheint die Kantorka in der Mühle und muss mit verbundenen Augen ihren Liebsten erkennen. Die Angst, die Krabat um sein Mädchen verspürt, lässt

die Kantorka ihren Liebsten erkennen und das Paar verlässt gemeinsam die Mühle. Damit ist auch die Macht des schwarzen Müllers gebrochen. Sein Pakt mit dem Herrn Gevatter wird am Ende des Jahres erlöschen und der Müller sterben. Die schwarze Mühle wird im Feuer verbrennen und nur noch ein Mythos sein.
Otfried Preußlers Version ist die wohl komplexeste Aufarbeitung des Krabat-Stoffes. Er greift die ältesten Aspekte der Legende auf, vermischt sie mit neueren Versionen der Geschichte und baut zusätzlich sorbisch-wendische Sagen in seine Arbeit ein. Die Liebe von Krabat zu der jungen Kantorka gibt Preußlers Buch einen zusätzlichen Reiz. Interessant ist auch der Gegensatz zwischen der dörflich-christlichen Welt in Schwarzkollm und der heidnisch-magischen Welt in der schwarzen Mühle im Koselbruch, in der Zauberei und Teufelspakt vorherrschen. Mühlen galten von jeher als unheimliche Orte, da sie meistens außerhalb der dörflichen Gemeinschaft lagen. Oft tritt der Müller in Sagen und Legenden als Mann auf, der „alles weiß und alles kann". Er ist als Zauberer und Hexenmeister bekannt, kann angeblich sogar das Wetter beeinflussen. Die Müllerin gilt als Hexe oder heilkundige Frau. Der Teufelspakt ist immer ein zentrales Thema in Müllersagen.

Obwohl die Person des Zauberlehrlings Krabat durch die vielfältige, teils fantastische Bearbeitung als rein fiktive Gestalt erscheint, verbirgt sich hinter den Legenden eine historische Person. Es handelt sich dabei um den kroatischen Reiterobristen Johannes von Schadowitz. Jener stand lange im Dienst der sächsischen Kurfürsten und erhielt zu seiner Pension von August dem Starken den herrschaftlichen Gutshof Groß Särchen als Lehen. Dass Johannes von Schadowitz als der Krabat der Volkserzählungen bekannt war, erfahren wir bereits aus der Chronik von Wittichenau, die der Pfarrer Franz Schneider Mitte des 19. Jahrhunderts verfasste. Darin heißt es: „1704 d. 29. Mai starb in Groß Särchen der ausgediente Obrist Johannes Schadowitz, 80 Jahre alt, in Angram in Kroatien gebürtig, und wurde in der Pfarrkirche in Wittichenau begraben. Der Sächsische Kurfürst August der Starke, der 1695 als höchster General die kaiserlichen Truppen gegen die Türken führte, hatte dem kroatischen Obristen auf Lebzeiten das Gut in Groß Särchen geschenkt, weil er dereinst mit seinen Reitern den Kurfürsten aus

Krabat-Denkmal in Wittichenau

feindlichen türkischen Händen befreit hatte. Der Volksmund nennt den Kroatischen Obristen Krabat und hält ihn für einen Zauberer. Es wird erzählt: Krabat hat im Pfarrhaus in Wittichenau eine Handvoll Hafer in den Ofenkessel geworfen und ein Regiment Soldaten sei heraus auf den Pfarrhof marschiert. Krabat sei von Särchen nach Dresden zum Mittagessen beim Kurfürsten durch die Luft gefahren und habe dabei in Kamenz die eiserne Turmspitze verbogen. Nach Krabats Tod warf man die Zauberbücher in den Fluss, und das Wasser schäumte und brauste, als wolle es aus dem Flussbett springen. Von dieserlei Märchen steht aber natürlich in den Wittichenauer Begräbnisbüchern nichts.«[15]

Schadowitz wurde im Jahr 1624 im kroatischen Sichelberg als Janko Šajatović geboren. Er schlug früh die militärische Laufbahn ein und trat 1660 der neugegründeten „Leib Compagnie Croaten zu Ross“ bei, die vom sächsischen Kurfürsten Johann Georg II. ins Leben gerufen worden war. Die Kompanie war in Pirna stationiert und diente zur Unterstützung der sächsischen Truppen. Johannes Schadowitz, wie sich der begeisterte kroatische Soldat inzwischen nannte, stieg schnell die Karriereleiter hinauf und wechselte nach der Auflösung seiner Kompanie im Jahre 1680 zur sächsischen Garde-Kavallerie, wo er es bis zum Rittmeister brachte. In dieser Funktion nahm Schadowitz am „Großen Türkenkrieg“ 1686 bis 1699 teil und wurde auf Grund seiner militärischen Erfolge und Tapferkeit am 1. Mai 1690 zum Brigadechef der sächsischen Garde-Kavallerie berufen. Als solcher wurde ihm die Ehre zuteil, den Trauerzug seines verehrten Herren Kurfürst Georg III. im Herbst 1691 anzuführen. Am 12. Dezember 1691 wurde Brigadechef Johannes Schadowitz dann vom neuen Kurfürsten Johann Georg IV. feierlich aus dem militärischen Dienst entlassen. Ihm wurde eine monatliche Pension von 100 Reichstalern gewährt. August I., der seinem frühzeitig verstorbenen Bruder auf den sächsischen Thron folgte, ernannte Schadowitz zu seinem Generaladjutanten, erhob ihn in den Adelsstand und vermachte ihm auf Lebenszeit die Ländereien um Groß Särchen. Diese Aufwertung seiner Person zeigt, wie sehr Johannes von Schadowitz vom sächsischen Kurfürsten geschätzt wurde.

Die Schwarze Mühle

Unter seiner Herrschaft erlebte die Lausitzer Ortschaft Groß Särchen eine Blütezeit, die nicht unwesentlich zur Legendenbildung beigetragen hat. Auf Grund seiner neugewonnenen Titel standen Johannes von Schadowitz im Jahr mehrere Tausend Reichstaler aus der kurfürstlichen Kasse zu, die jener zum Teil auch für den Wohlstand der Dorfbewohner verwendete. Obwohl Schadowitz ob seiner Freigiebigkeit sehr beliebt war, blieb er doch „der Fremde“. Auf Grund seiner ungewöhn-

Mühle in Spohla. Wirkungsstätte des legendären Zauberers Pumphut

lichen körperlichen Größe, seines osteuropäischen Aussehens, seiner für die Dorfbewohner zum Teil fremdländischen Bräuche und seines im Selbststudium erworbenen Wissens in der Landwirtschaft hieß es bald, der neue Herr sei ein Zauberer. Die Bauern nannten ihn Chorwat, das sorbische Wort für Kroate, woraus sich später Krabat entwickelte. Nach dem Tod von Johannes von Schadowitz am 29. Mai 1704 setzte schnell die Legendenbildung ein. Der gütige Herr aus dem fremden

Kroatien wurde schnell zu einem großen sorbischen Zauberer, dessen tatsächlich verübte Wohltaten mit allerlei sorbisch-wendischen Sagen verknüpft wurden. Da Schadowitz zu Lebzeiten ein begnadeter Reiter und Kutscher war, entstand die fantastische Geschichte von der wilden Kutschfahrt durch die Lüfte. Die uralten Bücher, die Schadowitz studierte, wurden zum Zauberbuch Koraktor, das er angeblich kurz vor seinem Tod im Fluss versenkte.

Heute ist Krabat zu so etwas wie einem Markenzeichen der Lausitz geworden. In Schwarzkollm finden jährlich die Krabatfestspiele statt, die dortige Erlebnismühle ist zu einem Touristenmagneten geworden. Mit dem Namen Krabat wird für Lebensmittel, Getränke, Karten- und Computerspiele geworben. Außerdem erfreuen sich die beiden Spielfilme, die auf den Büchern von Jurij Brezan und Otfried Preußler basieren, wachsender Beliebtheit. Johannes von Schadowitz wäre sicherlich mehr als erstaunt, was die wenigen Jahre seines Wirkens in der Lausitz ausgelöst haben. 300 Jahre nach seinem Tod wurde in Groß Särchen feierlich seiner Person gedacht. Der Kantor von Hoyerswerda, Johannes Leue, komponierte extra ein „Te deum laudamus", das am 29. Mai 2004 mit Chören und Orchester in der Kirche von Groß Särchen aufgeführt wurde.

Zauberstube des Schwarzen Müllers mit dem Zauberbuch Koraktor

Endnoten

1 Zitat entnommen aus: Karl Sewart, „Karl Stülpner"

2 Zitat entnommen aus: Johannes Pietzonka, „Karl Stülpner"

3 Zitat entnommen aus: Caroline Phillips, „Die Dunkelgräfin"

4 Zitat entnommen aus: Caroline Phillips, „Die Dunkelgräfin"

5 Zitat entnommen aus: Caroline Phillips, „Die Dunkelgräfin"

6 Zitat entnommen aus: Caroline Phillips, „Die Dunkelgräfin"

7 Zitat entnommen aus: Caroline Phillips, „Die Dunkelgräfin"

8 Zitat entnommen aus: Dieter Nadolski, „Wahre Geschichten um Gräfin Cosel"

9 Zitat entnommen aus: Eduard Dietrich, „Die Sagen der Sächsischen Schweiz"

10 Alle Geschichten und Zitate frei nach:
Eduard Petiška, „Der Golem.
Jüdische Märchen und Legenden aus dem alten Prag"

11 Zitat entnommen aus: Gustav Berthold Volz, „Der Graf von Saint-Germain"

12 Zitat entnommen aus: Gustav Berthold Volz, „Der Graf von Saint-Germain"

13 Zitat entnommen aus: Peter Krassa, „Der Wiedergänger"

14 Zitat entnommen aus: Peter Krassa, „Der Wiedergänger"

15 Zitat entnommen aus: Kristin Luban (Hrsg.), „Krabat-Analysen und Interpretation"

Literaturverzeichnis

Verlag und Jahr beziehen sich auf die jeweils vom Autor verwendete Ausgabe; soweit bekannt, steht das Erscheinungsjahr der Originalausgabe in Klammern

Anges, Jeanne des und Werner, Helmut: *Die Memoiren einer Besessenen*; TOSA Verlag; 2008 [1642]

Ardnassak, Ralph: *Der grauenhafte Tod am Djatlow-Pass*; United P.C. Verlag; 2013

Aubin, Nicolas: *Geschichte der Teufel von Loudun*; Verlag Clemens Zerling; 1981 [1716]

Bote, Hermann: *Till Eulenspiegel*; Insel Verlag; 1981 [1510]

Brauer, Robert; Wilckerlin, Andrè und Mertens, Cornelia: *Rungholt und die Insel Strand: Im Meer vergangen*; Boyens Buchverlag; 2009

Brĕzan, Jurij: *Die schwarze Mühle*; Ernst Klett Verlag; 1995 [1986]

Dietrich, Eduard: *Die Sagen der Sächsischen Schweiz*; Schönig & Co. ; 2006

Duerr, Hans Peter: *Rungholt: Suche nach einer versunkenen Stadt*; Insel Verlag; 2005

Hagemeister; Jörn: *Rungholt: Sage und Wirklichkeit*; Verlag H. Lühr & Dircks; 1980

Henningsen, Hans Herbert: *Rungholt – der Weg in die Katastrophe, Band 1 & 2*; Husum Druck – und Verlagsgesellschaft; 2002 (Nachdruck)

Hoffmann, Gabriele: *Constantia von Cosel und August der Starke. Geschichte einer Mätresse*; Bastei Lübbe; 2007 [1984]

Huxley, Aldous: *Die Teufel von Loudun*; dtv; 1983 [1952]

Kalensee, Ingrid und Mahnkopf, Brigitte: *Krabat und Schadowitz: Geschichte einer Spurensuche in der Lausitz*; Geiger Verlag; 2015

Krassa, Peter: *Der Wiedergänger: Das zeitlose Leben des Grafen Saint-Germain*; Herbig Verlagsbuchhandlung; 1998

Kurowski, Franz: *Die Friesen: Das Volk am Meer;* 2009 [1987]

Lilienstein, Helga Rühle von und Salier, Hans-Jürgen: *Das große Geheimnis von Hildburghausen. Auf den Spuren der Dunkelgräfin*; Salier Verlag; 2012 [2008]

Luban, Kristin (Hrsg.): *Krabat. Analysen und Interpretationen*; Technische Universität Cottbus; 2008

Meiche, Alfred und Schober, Manfred: *Sagenbuch der Sächsischen Schweiz und ihrer Randgebiete*; Altis Verlag; 2011 [1929]

Nadoski, Dieter: *Wahre Geschichten um die Gräfin Cosel*; Tauchaer Verlag; 2000

Petiška, Eduard und Jelinek, Oldřich: *Der Golem. Jüdische Märchen und Legenden aus dem alten Prag*; Martin Verlag; 2001

Phillips, Caroline: *Die Dunkelgräfin: Das Geheimnis um die Tochter Marie Antoinettes*; Piper Verlag; 2012

Pietzonka, Johannes und Fritzsche, Karl: *Der Wildschütz Karl Stülpner: Legende und Wirklichkeit*; Sachsenbuch; 2006

Popoff, Alexander: *Der Djatlow-Vorfall: Eine Untersuchung, die alle verwirrenden Fakten erklärt*; Ancient Mail Verlag; 2014

Preußler, Otfried: *Krabat*; dtv; 2013 [1971]

Roloff, Ernst-August: *Ewiger Eulenspiegel*; Hafferburg Verlag; 1948

Sachsen-Altenburg, Erich Ernst Prinz von: *Das Rätsel der Madame Royal. Marie Therese Charlotte von Frankreich – Ein zweihundertjähriges Geheimnis im Licht neuerer Forschungen*; Verlag Frankenschwelle; 1991 [1954]

Sarkowicz, Hans: *Sachsens böse Kerle. Räuber, Schmuggler, Wilderer*; Eichborn Verlag; 1993

Sewart, Karl: *Karl Stülpner. Die Geschichte des erzgebirgischen Wildschützen*; Chemnitzer Verlag & Druck; 2002

Sichtermann, Siegfied H. (Hrsg.): *Die Wandlungen des Till Eulenspiegel. Texte aus fünf Jahrhunderten Eulenspiegel-Dichtung*;.Verlag: Köln u. Wien; 1982

Tetzlaff, Irene: *Unter den Flügeln des Phönix. Der Graf von Saint Germain. Aussagen – Meinungen – Überlieferungen*; Lichthort Verlag; 1992

Vogler, Mike: *Hexen, Teufel und Germanen: Teufelsglaube und Hexenwahn als Folge der Christianisierung*; Bohmeier Verlag; 2012

Volz, Gustav Berthold: *Der Graf von Saint Germain: Das Leben des Alchimisten nach größtenteils unveröffentlichten Urkunden*; Paul Arentz Verlag; 2009 [1923]